Pratique de la communication écrite

▶ Corinne Abensour

▶ Luc Pinhas

▶ Marie-Hélène Tournadre

NATHAN

© Éditions Nathan, 9 rue Méchain, 75014 Paris, 1998.
ISBN 2 09 181103-3

AVANT-PROPOS

Tout écrit, et plus particulièrement l'écrit professionnel, s'insère dans un processus de communication. Il a pour but de transmettre un message d'un émetteur à un destinataire, de la manière la plus claire et la plus efficace possible. Il répond à un besoin précis et cherche à atteindre un résultat spécifique, en fonction d'une situation donnée. Mais bien souvent, il inquiète nombre d'entre nous, nous inhibe, nous fait perdre nos moyens. Que dois-je faire ? Comment dois-je m'y prendre ? Quelles sont les règles à respecter ? Les erreurs à éviter ? Pratique de la communication écrite répond de manière concrète à ces questions, loin de tout discours théorique et abstrait.

L'ouvrage s'adresse tout autant aux étudiants du premier cycle universitaire (BTS, IUT, DEUG, écoles de commerce, écoles d'ingénieurs...) qu'à un large public soucieux d'améliorer sa maîtrise de ce type d'écrits.

Il poursuit trois objectifs majeurs :
- *situer l'écrit professionnel dans sa perspective communicationnelle,*
- *proposer une approche méthodologique rigoureuse, détaillée et pratique, des différents types d'écrits professionnels,*
- *fournir les outils qui permettront de réaliser une mise en œuvre efficace et d'obtenir un résultat satisfaisant.*

L'utilisation du manuel est simple. Chaque chapitre vous guide pas à pas dans votre démarche, précise le processus à suivre, détaille les difficultés potentielles et vous explique comment les déjouer. De nombreux exercices vous permettent de vous entraîner.

Deux grandes parties vous sont proposées : la première pose des principes généraux et traite des différents écrits professionnels, la seconde offre des outils de langue. Un système de renvois entre les chapitres vous permet d'organiser au mieux votre progression : ainsi, nous vous indiquons quels outils vous devez maîtriser avant de travailler sur tel ou tel type d'écrit. L'utilisation conjointe des différentes parties de l'ouvrage doit vous permettre non seulement de concevoir vos documents selon les règles mais aussi d'en améliorer la qualité rédactionnelle.

Les auteurs

SOMMAIRE

PRINCIPES et SITUATIONS de COMMUNICATION ÉCRITE

◆ La communication écrite : principes généraux

1. Facteurs et fonctions de la communication écrite **8**
2. Les spécificités de l'écrit professionnel **14**
3. La logique du discours **20**
4. Les types de plans **28**

L'argumentation

5. L'argumentation : typologie des arguments **34**
6. Confronter, réfuter **42**
7. Impliquer **50**

◆◆ Les écrits professionnels

1. Les techniques de la prise de notes **56**
2. La lecture et le traitement des dossiers **62**
3. Les principes de l'écriture journalistique **68**
4. Les techniques rédactionnelles journalistiques **76**

Rédaction de documents informatifs

5. La contraction d'un texte d'idées : résumé et analyse **82**
6. Les notes de lecture **90**
7. La note de synthèse **98**
8. La note d'information, le communiqué et le dossier de presse . . **108**
9. Le rapport professionnel **114**
10. Les comptes rendus **122**
11. La lettre administrative et professionnelle **128**
12. Le curriculum vitae (CV) **138**

Les OUTILS de L'ÉCRIT

I | Orthographe et grammaire

1. L'accord des adjectifs et des déterminants **148**
2. L'accord du verbe avec son sujet **154**
3. L'accord du participe passé **158**
4. Les homophones grammaticaux **164**
5. Formes verbales : les confusions **170**
6. L'emploi des pronoms **174**
7. Erreurs de constructions **180**

II | Vocabulaire

1. Éviter les confusions lexicales **186**
2. Enrichir son vocabulaire **192**
3. Choisir le bon registre de langue **196**

III | Expression

1. Principes de lisibilité rédactionnelle **202**
2. Discours rapporté et discours transposé **208**
3. L'expression des relations logiques (I) **216**
   (temps, cause, conséquences et but)
4. L'expression des relations logiques (II) **224**
   (opposition, concession, atténuation, comparaison,
   hypothèse, addition et exception)

IV | Ponctuation, typographie, mise en page

1. Les signes de ponctuation **232**
2. Les accents - les majuscules **238**
3. Abréviations, coupures de mots et sigles **244**
4. La mise en page **246**

Index **252**

PRINCIPES et SITUATIONS
de communication écrite

I. La communication écrite : principes généraux

II. Les écrits professionnels

Facteurs et fonctions de la communication écrite

 **Connaître les principes de fonctionnement de la communication, savoir les repérer dans une « action de communication » et les utiliser lorsqu'on rédige.**

Les facteurs de la communication : définition

Dans une action de communication, un certain nombre de facteurs interviennent et à chacun de ces facteurs correspond une fonction[1] linguistique.

Les six facteurs essentiels qui permettent de caractériser une action de communication sont les suivants :
– l'émetteur : celui qui émet le message (qui le rédige, dans le cas de la communication écrite) ;
– le récepteur : celui à qui le message est destiné (qui le lit) ;
– le message : ce qu'on véhicule par le texte ou par l'image, ce qui passe entre l'émetteur et le récepteur, l'information ;
– le référent : le contexte, la situation, propres à un acte de communication ;
– le canal : le support matériel qu'emprunte le message (support papier à l'écrit : affiche, livre, journal, etc.) ;
– le code : le langage commun à l'émetteur et au récepteur (la langue écrite dans le cas de la communication écrite).

Analyse des facteurs et des fonctions de la communication

Un tableau de concordance permet de montrer comment chacun des six facteurs de la communication est associé à une fonction linguistique.

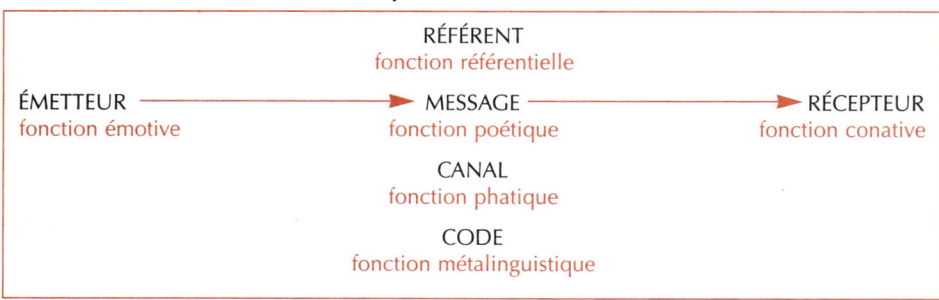

---

1. C'est le linguiste Roman Jakobson qui a imaginé cette description du langage selon six fonctions.

Toutes les fonctions ne sont pas présentes dans chaque action de communication :

1. **La fonction émotive** concerne l'émetteur. Elle est présente lorsqu'on peut repérer des marques de sa subjectivité (en particulier lorsqu'il s'exprime à la 1re personne), lorsqu'il exprime un jugement, des sentiments.

2. **La fonction conative** traduit la volonté d'influencer ou même seulement d'impliquer le récepteur (on la repère aux occurrences de la 2e personne, à l'impératif, à la présence des adresses au lecteur, etc.).

3. **La fonction référentielle** concerne le contexte. Elle est présente lorsque des informations ne prennent sens qu'en fonction de la situation.

4. **La fonction poétique** est présente lorsque des effets de sens sont obtenus par un jeu sur le code ou lorsque le message se caractérise par un agencement inhabituel des éléments du code (effets de rythme, assonances, images, répétitions, etc.) destiné à surprendre, à amuser, à motiver le récepteur.

5. **La fonction phatique** est présente lorsque le message sert à assurer le bon fonctionnement du canal (à l'écrit, tout ce qui concourt à une meilleure lisibilité du message relève de la fonction phatique : marges, titres, etc.).

6. **La fonction métalinguistique** est présente lorsque le message sert à s'assurer d'une bonne compréhension du code commun au récepteur et à l'émetteur (elle se traduit à l'écrit par des définitions, des notes explicatives, l'introduction d'un lexique, la traduction de termes appartenant à une langue étrangère, etc.).

Classement des types d'écrit

Les fonctions qui viennent d'être décrites peuvent toutes apparaître dans un même écrit, mais, plus souvent, quelques fonctions seulement sont illustrées. La présence très marquée de l'une ou l'autre de ces fonctions permettra donc de différencier les types de textes et de les classer.

1. **La fonction émotive** domine dans des textes où la subjectivité joue un rôle essentiel et lorsque l'émetteur tient à s'engager fortement (certains textes littéraires, lettres, documents promotionnels).

2. **La fonction conative** domine lorsque l'objectif principal est de produire un effet sur le lecteur, de le séduire, de le faire réagir, d'influencer ses choix (textes publicitaires, lettres, rapports).

3. **La fonction référentielle** est dominante lorsque le message est conditionné par le contexte, la situation (notes, communiqués, comptes rendus).

4. **La fonction poétique** est très présente lorsqu'on privilégie la forme du message (titres, slogans, mais aussi rédactionnels publicitaires et, bien sûr, textes littéraires).

5. **La fonction phatique** caractérise les textes ou fragments de textes qui ont pour fonction de préparer ou d'améliorer la communication (introductions, sommaires, pages de présentation, pages de titre).

6. **La fonction métalinguistique** est dominante dans tous les textes, fragments de textes et documents à valeur explicative (glossaires, lexiques, dictionnaires, notes, légendes).

Facteurs et fonctions de la communication écrite

CHAPITRES COMPLÉMENTAIRES
- Principes de lisibilité rédactionnelle (p. 200)
- La mise en page (p. 246)
- L'argumentation (impliquer) (p. 50)

APPLICATIONS

1) a. Lisez cet extrait d'un article de Christian Sorg paru dans *Télérama* (14 décembre 1994).
Définissez les facteurs et les fonctions de la communication qui y sont présents.
b. Expliquez la présence de chacune de ces fonctions dans l'article.

GÉNÉRATION ZAPPING

76 % des Français utilisent un téléviseur avec télécommande, soit une augmentation substantielle en moins d'une décennie : ils n'étaient que 58 % en 1987, d'après un sondage équivalent réalisé alors par *France-Soir*. Sur cet échantillon, qui nous servira désormais de base, nous découvrons 65 % de zappeurs qui déclarent tapoter sur leur boîtier « souvent » ou « de temps en temps ».

Le zappeur n'attend pas le nombre des années. C'est même plutôt l'inverse : le Français zappe jeune. 79 % des moins de 25 ans zappent, et le pourcentage va en diminuant avec le poids des ans. (…)

Les femmes (60 %) zappent moins que les hommes (70 %). Ce sont les fidèles de M6 et de Canal + qui zappent le plus (75 et 72 %), ceux d'Arte le moins (59 %). Enfin, on zappe plus dans les grandes agglomérations (73 %) que dans les communes rurales (61 %), mais Paris sera toujours Paris, qui fait le malin avec un 62 % très paysan. Bizarre.

Mais considérons, par exemple, les 13 % de notre échantillon qui assurent ne jamais zapper. L'anti-zapping militant serait le plus faible à Paris et en région parisienne (10 %), le plus élevé dans les villes moyennes (17 %) et dans la moyenne à la campagne (14 %). Pas de doute : la géographie de la planète zapping est assez tordue.

« *Quand les chiffres t'égarent, demande aux lettres de te guider* », conseille un proverbe birman. Que signifie exactement le mot « zapper » ?

« *Passer constamment d'une chaîne de télévision à d'autres à l'aide de la télécommande* », assure *Le Petit Robert*, qui date de 1985 l'apparition de ce néologisme dans le vocabulaire. Le mot vient de l'anglais argotique *zap* et il a une lourde hérédité. Utilisé par le milieu, les gangs de rue ou les troupes au Vietnam pendant la guerre, il signifie « tuer », « mutiler », « démolir ». À l'hôpital, « passer aux électrochocs ». Interjection, c'est une exclamation imitant un impact brutal. Enfin, c'est une onomatopée utilisée dans les BD pour rendre, notamment, le bruit d'une arme laser.

Zap… Voilà donc le phénomène qui démolit l'Histoire, qui mutile les histoires, qui électrocute les scénarios, qui liquide les stars de la télévision.

2) a. Lisez attentivement le texte ci-contre. Dites quelles sont les fonctions dominantes.
b. Réécrivez le texte en 100 mots en introduisant les fonctions émotive et conative.

c. Ce texte fait la promotion d'une gamme de produits (bouilloire, grille-pain, cafetière électrique, presse-agrumes) caractérisés par une recherche de qualité et de design. Ces appareils électroménagers d'un prix élevé sont en vente dans les grands magasins. Vous rédigerez un court slogan pour la gamme, puis en une phrase vous ferez la promotion de chacun des quatre produits (vous vous inspirerez des marques de la fonction poétique dans le texte).

Le raisonnement à la base de ce projet prend source dans la conviction que la production de masse internationale actuelle de biens de consommation est dominée en large mesure par des considérations d'ordre technologique et de marketing, et qu'elle se soucie donc très peu des aspects poétiques de la vie. Le résultat est un monde d'objets anonymes et impassibles, qui se ressemblent. Or un changement crucial s'est produit dans l'écologie de l'espèce humaine : les gens ne sont pas tellement entourés d'autres personnes mais plutôt d'une multitude d'objets sans âme, pseudomorphiques. Pourtant, l'homme se rend compte aujourd'hui plus que jamais de la soif insatiable d'art et de poésie qui domine l'ensemble de l'expérience des hommes.

Les objets ne sont pas tout : ils dissimulent souvent le vide des relations humaines. La ruse politique de la société consommatrice consiste précisément à tenter de venir à bout de ses contradictions en accumulant les biens avec pour but la standardisation par la quantité afin d'atteindre un équilibre hypothétique de bien-être pour tous (Baudrillard, 1970).

Il y a une alternative, une façon de reconstruire une relation plus correcte avec les besoins les plus profonds de la nature humaine.

Avec ce nouveau projet, il s'agit de concevoir, de produire et de vendre quelques objets plus poétiques : une nouvelle génération d'ustensiles ménagers qui, tout en se conformant à des traits de production de masse, se sont libérés de la logique inexorable d'un monde rempli de produits à peine différents les uns des autres.

(D'après la documentation promotionnelle de la gamme Philips Alessi.)

CORRIGÉS

1.a Facteurs et fonctions de la communication

■ Émetteur : Christian Sorg.
Récepteur : lecteur de *Télérama*.
Message : analyse des comportements des téléspectateurs.
Code : français écrit.
Canal : *Télérama*.
Référent : enquête sur le zapping réalisée en décembre 1994.

■ Toutes les fonctions de la communication sont représentées dans le texte.

Fonction émotive : *sur cet échantillon qui nous servira désormais de base, nous découvrons..., considérons, notre échantillon* (l'émetteur s'implique dans le message).

Fonction conative : les citations relèvent autant de la fonction conative que de la fonction émotive (ce *nous* est également destiné à impliquer le récepteur). Autre exemple : *quand les chiffres t'égarent, demande aux lettres de te guider.*

Fonction poétique : le travail sur la forme du message est très important, citons notamment le jeu sur les deux occurrences du mot *histoire* et les métaphores : *mutile les histoires, électrocute les scénarios, liquide les stars.*

Fonction métalinguistique : définition empruntée au *Petit Robert*, considérations sur les différents sens du mot *zap* en anglais.

Fonction phatique : titre, alinéas, italiques, permettent au lecteur de prendre connaissance du message dans de bonnes conditions.

Fonction référentielle : renvois aux résultats chiffrés de l'enquête.

1.b Fonctions et type d'écrit

■ Ce document largement diffusé respecte des règles strictes de mise en page (fonction phatique).

■ Dans cet article de presse, il s'agit de commenter les résultats d'un sondage (fonction référentielle) en expliquant un phénomène de société (fonction métalinguistique).

■ Mais le journaliste cherche en permanence à préserver le plaisir de la lecture (fonction poétique) et à impliquer le lecteur (fonction conative). Il captera également l'attention du lecteur en s'impliquant lui-même (fonction émotive).

2.a Fonctions dominantes

■ La fonction poétique est présente dans le texte : toutes les métaphores qui humanisent les objets en sont des marques :

objets anonymes et impassibles,

objets sans âme,

objets ménagers libérés.

On peut citer aussi une autre métaphore : *la soif insatiable d'art et de poésie.*

■ La fonction référentielle est marquée par l'évocation de la gamme des produits et par la citation de Baudrillard.

2.b En 100 mots

Dans notre monde, nous sommes entourés d'objets anonymes et impassibles qui se ressemblent.

Nous passons beaucoup de notre temps avec ces objets sans âme. Pourtant, nous aspirons à plus de contacts humains mais aussi à plus de chaleur et de poésie, car nous savons bien que ce n'est pas l'accumulation des biens matériels qui nous apportera le bien-être.

Ce nouveau projet a pour objectif de créer, de produire et de vendre des objets originaux et poétiques qui embellissent la vie au quotidien.

2.c Slogan et promotion

Électrix, l'électroménager à visage humain
La bouilloire Électrix, pour un thé plus câlin
Le grille-pain Électrix : tartines inanimées, avez-vous donc une âme ?
Le presse-agrumes Électrix se décline en bleu, vert et blanc, comme les oranges...
La cafetière Électrix, pour préserver la poésie du café

Les spécificités de l'écrit professionnel

 Comprendre comment on lit et quel usage on fait de l'écrit dans un contexte professionnel. S'entraîner à écrire d'une façon qui soit adaptée aux besoins du lecteur professionnel.

Comportements de lecture professionnels

Le lecteur professionnel lit par nécessité et doit traiter l'information qu'il reçoit le plus rapidement et le plus efficacement possible.

Ses comportements de lecture sont donc liés à cette double recherche de vitesse et d'efficacité.

1 Le tri de l'information

— Bien que le courrier et la documentation (notes, rapports, etc.) que le lecteur professionnel reçoit aient fait l'objet d'un premier tri, il doit rapidement repérer certaines données qui lui permettront de faire des classements, de traiter l'information et de rejeter les documents inutiles.

— Voici ces données :
- l'identité de l'émetteur (personne ou groupe de personnes – service, administration, société –, faisant partie de l'entreprise ou lui étant extérieur, supérieur hiérarchique ou subordonné) ;
  - la date d'émission ;
  - la nature de l'information :
    – information interne ou externe : provenant de l'intérieur ou de l'extérieur de l'entreprise,
    – information descendante ou ascendante : provenant d'un supérieur ou d'un subordonné,
    – information ponctuelle, liée à une date, un événement (invitation, convocation, compte rendu, note de service, etc.),
    – information non datée à valeur documentaire ;
  - les contenus d'information.

Le récepteur adaptera sa façon de lire et de traiter le document reçu en fonction de ces quatre données.

2 Lecture de survol

— Un document professionnel n'est jamais lu intégralement en première lecture. Le lecteur commence par rechercher les données qui vont lui permettre d'opérer le tri de l'information (émetteur, date, nature, contenus).

— Cette recherche d'information se fait au cours d'une lecture de survol qui prend en compte quelques lieux privilégiés de la page :
  – l'en-tête (pour une lettre, une convocation, une note de service : pavé de gauche, date en haut à droite, éventuellement pavé de droite) ;

- les débuts de paragraphe ;
- le bas de page (signature, post-scriptum) ;
- les mots, phrases, passages mis en valeur (soulignés, surlignés, en gras, en capitales, dans un corps supérieur au reste du texte).

3 Temps et conditions de lecture

— Le temps passé à lire dans un contexte professionnel est nécessairement limité, d'où une lecture partielle et rapide. On considère ainsi que le lecteur professionnel consacre un temps de lecture d'environ quarante secondes par page.

En outre, les conditions de lecture sont rarement optimales : la lecture peut être perturbée par du bruit et des interruptions.

— Ces deux facteurs (temps de lecture réduit, perturbations fréquentes) affectent la qualité de la mémorisation et du traitement de l'information.

4 L'importance de l'accroche

Nous avons montré que le lecteur professionnel doit lire vite et efficacement. Il aura donc naturellement tendance à éliminer dans ce qu'il reçoit tout ce qu'il ne juge pas utile et ce très rapidement. Il n'est nullement obligé de lire, il n'est pas un lecteur captif.

Lorsqu'on conçoit un document que le récepteur peut rejeter (lettre de motivation, écrit promotionnel, mais aussi certains types de notes internes), on doit veiller à impliquer ce dernier en personnalisant le message. On doit aussi le motiver par une accroche vigoureuse.

Écrire pour un lecteur professionnel

1 La rédaction professionnelle

Lorsqu'on rédige dans un contexte professionnel, on écrit rarement en son nom propre (sauf dans le cas particulier des lettres de motivation). On écrit au nom du groupe ou de la structure à laquelle on appartient. Un certain nombre de documents professionnels sont d'ailleurs rédigés de façon collective (une ou plusieurs relectures).

Le rédacteur doit, dans ce contexte, veiller à la neutralité de son propos. Il doit aussi se conformer aux règles d'écriture et de mise en page qui ont cours dans l'entreprise ou l'administration dans laquelle il travaille.

2 Favoriser le tri de l'information

Lorsqu'on écrit pour un lecteur professionnel, on tient compte de ses comportements de lecture. Pour lui permettre de faire le tri de l'information, il faut mettre en valeur les données qu'il recherche lors de la lecture de survol :

- l'émetteur doit être identifié le plus clairement possible ;
- les dates (d'envoi, de retour souhaité, de réunion, de rencontre) doivent être aisément repérables (en haut à droite pour la date d'envoi, centrées et en gras pour les dates de réunion ou de rencontre, en bas à droite pour les dates de retour souhaité) ;
- l'objet du courrier ou le sujet du document doivent être mentionnés en tête : phrase nominale courte et claire (exemple : *candidature à un emploi d'analyste-programmeur*) ;
- les contenus doivent pouvoir être repérés au terme d'une lecture partielle : chaque début de paragraphe doit énoncer l'idée principale développée ensuite. À la lec-

...ture de toutes les premières phrases des paragraphes, le lecteur doit pouvoir dégager les contenus du document.

3 Retenir l'attention du lecteur

Pour accrocher le lecteur lors d'une lecture rapide, il faut réussir la prise de contact et maintenir l'intérêt en guidant le regard.

— La phase d'accroche (en-tête, titre, première phrase du premier paragraphe) est très importante. Il ne s'agit pas (comme dans une introduction) d'aborder progressivement le sujet mais, au contraire, de dire tout de suite l'essentiel pour capter le lecteur. La phrase doit être courte et le style percutant.

— Tout au long du texte, on s'adaptera à une lecture de survol en guidant le regard : mise en page aérée, passages importants soulignés ou en gras.

— Il ne faut pas hésiter à faire apparaître des éléments d'information importants en bas de page, détachés : c'est en effet une zone qui n'échappe pas au regard. On peut y regrouper des indications auxquelles le lecteur pourra se référer facilement s'il doit reprendre le document ultérieurement.

4 Écrire de façon simple et dynamique

— On privilégiera les phrases courtes car plus la phrase est longue, plus le coefficient de mémorisation diminue.

— On construira la phrase de façon à ce que l'important soit au début (pas d'inversions, les circonstances à la fin) car on retient mieux le début que la fin des phrases.

— On privilégiera les termes concrets, les tournures actives et personnelles, de façon à rendre le style le plus simple et le plus clair possible.

CHAPITRES COMPLÉMENTAIRES

- La lecture et le traitement des dossiers (p. 62)
- Principes de lisibilité rédactionnelle (p. 200)
- La mise en page (p. 246)

APPLICATIONS

1) Lisez le texte ci-après. Vous y trouverez des informations sur le Salon du Livre de jeunesse de Montreuil.
Rédigez à partir de ces informations le texte destiné
aux principaux de collège du département
de la Seine-Saint-Denis (ce texte accompagne
la lettre les invitant à l'inauguration).

Vous devrez rédiger et mettre en page de façon à guider une lecture de survol. Vous tiendrez compte de la cible et privilégierez les informations qui peuvent intéresser des principaux de collège.

2) Expliquez en quoi le document proposé en corrigé (pp. 17-18) est conforme aux règles de l'écrit professionnel.

Le Salon du livre de jeunesse de Montreuil, en Seine-Saint-Denis, va ouvrir ses portes au public le mercredi 3 décembre à 9 h. Il se terminera le lundi 8 décembre à 18 h. Le mercredi 3 décembre, une soirée d'inauguration est prévue de 19 h à 22 h. Deux personnes sont chargées de la communication au Salon : Mademoiselle Dupont et Monsieur Durand. On peut les joindre aux numéros suivants : 01 01 01 01 01 (Monsieur Durand) et 01 02 02 02 02 (Mademoiselle Dupont). Le Salon se tient place de la Mairie à Montreuil et on peut s'y rendre en métro en descendant à la station Mairie-de-Montreuil.

150 exposants seront présents au Salon cette année et on attend 150 000 visiteurs dont 35 000 enfants. 700 auteurs et illustrateurs viendront dédicacer leurs ouvrages.

On trouvera comme chaque année au Salon la plupart des éditeurs pour la jeunesse qui présenteront leurs nouveautés dans les domaines de la fiction, de la BD, des albums, du cédérom et du documentaire. Deux prix seront décernés pendant le Salon : les Totems, qui fêtent leurs dix ans, désigneront un lauréat pour chaque type de production (fiction, documentaire, BD, multimédia) et les Tam-tams, qui récompensent deux romans (un pour les 7-10 ans et l'autre pour les 11-14 ans), recueilleront l'avis d'un jury de 140 écoliers et collégiens de province et de la Seine-Saint-Denis.

Un colloque international se tiendra au Salon (les lundi 1er et mardi 2 décembre), sur le thème de la mémoire et de l'oubli et en présence de Marie Nimier, qui en sera la conseillère littéraire. Les historiens, sociologues, psychanalystes et écrivains invités aborderont notamment la question de la transmission et de l'appropriation par chacun d'une mémoire personnelle et collective ; lors des journées professionnelles parrainées par le journal *Le Monde*, un atelier, en lien avec le colloque, permettra d'aborder la question de « la place de la mémoire dans la production jeunesse ». Cet atelier se tiendra le samedi 6 décembre.

Pour la première fois cette année, un pays sera l'invité d'honneur du Salon : l'Allemagne. Les autres pays de langue allemande (Autriche et Suisse) viendront également présenter leurs collections pour la jeunesse. Alors que la suprématie des titres traduits de l'anglais est écrasante dans les productions française et allemande, des initiatives de ce type visent à favoriser une découverte réciproque. L'Allemagne est très créative, par exemple, dans le domaine de l'illustration.

Par ailleurs, l'effort de valorisation du multimédia se poursuit à Montreuil : un espace cédérom offre des démonstrations et permet l'expérimentation ; une demi-journée professionnelle est consacrée, le lundi 8 décembre, à l'information en ligne et un site web du livre de jeunesse ouvre sur Internet.

Les partenaires du Salon seront très actifs à Montreuil : *France Culture* met en place un atelier radio pendant toute la durée du Salon et les scolaires pourront venir s'y initier aux techniques de l'expression radiophonique et du son. *Arte*, comme la *Cinquième*, consacreront des émissions au Salon.

Les spécificités de l'écrit professionnel

CORRIGÉS

1   Le Salon du livre de jeunesse en Seine-Saint-Denis

▰ La plupart des éditeurs pour la jeunesse se retrouvent à Montreuil. Ils présentent leurs **nouveautés** dans les domaines de la fiction, de la **BD**, des **albums**, du **cédérom** et du **documentaire**. Des prix leur seront décernés.

- Les **Totems**, pour leurs dix ans, désignent un lauréat par type de production : fiction, documentaire, BD, multimédia.
- Les **Tam-tams** récompensent deux romans (un pour les 7-10 ans et l'autre pour les 11-14 ans). Comme chaque année, c'est un jury de 140 écoliers et **collégiens** de province et de la Seine-Saint-Denis qui a été consulté pour l'attribution du prix.

▰ Un **colloque international** se tiendra au Salon les **lundi 1ᵉʳ et mardi 2 décembre**. Le thème retenu cette année est **la mémoire et l'oubli**.
Marie Nimier, conseillère littéraire du colloque, sera entourée d'historiens, de sociologues, de psychanalystes et d'écrivains. Ils aborderont notamment la question de la transmission et de l'appropriation par chacun d'une mémoire personnelle et collective.

Le salon en chiffres

150 **exposants**,
150 000 **visiteurs** attendus dont 35 000 **enfants**,
700 **auteurs** et **illustrateurs** qui viendront dédicacer leurs ouvrages.

▰ Dans le prolongement du colloque, un **atelier** sera consacré à la question de « **la place de la mémoire dans la production jeunesse** ». Cet atelier, organisé lors des journées professionnelles parrainées par le journal *Le Monde*, aura lieu **samedi 6 décembre**.

▰ L'invité d'honneur du Salon sera **l'Allemagne**. Les autres pays de langue allemande (Autriche et Suisse) viendront également présenter leurs collections pour la jeunesse. On découvrira en particulier le travail très riche des illustrateurs d'outre-Rhin.

▰ Le **multimédia** sera très présent à Montreuil :
- un espace cédérom a été ouvert ;
- une demi-journée professionnelle est consacrée, le lundi 8 décembre, à l'information en ligne ;
- un site web du livre de jeunesse ouvre sur Internet.

▰ De nombreuses activités et animations ont été prévues pour les **classes** :
- démonstration et expérimentation de cédéroms,
- atelier radio permettant aux élèves de s'initier aux techniques de l'expression radiophonique et du son (stand *France Culture*).

Salon du livre de jeunesse **Place de la Mairie** Métro : Mairie-de-Montreuil **Horaires :** **du mercredi 3 au lundi 8 décembre** **de 9 h à 19 h** **Inauguration :** **mercredi 3 décembre** **19 h-22 h**	**Contacts :** **Claire Dupont** **01 02 02 02 02** **Pierre Durand** **01 01 01 01 01**

2 Commentaire

▍ Les informations importantes sont regroupées et mises en valeur en gras :
  – l'objet en titre, en haut de page ;
  – les lieux et dates en pavé, en bas à gauche ;
  – l'émetteur en bas à droite.

▍ Des paragraphes courts et aisément repérables permettent de trouver l'essentiel de l'information lors d'une lecture de survol (chaque début de paragraphe met en valeur par un mot clé l'idée principale : éditeurs, colloque, invité d'honneur, multimédia, activités et animations).

▍ Un encadré regroupe les chiffres et rend leur lecture plus aisée.

La logique du discours

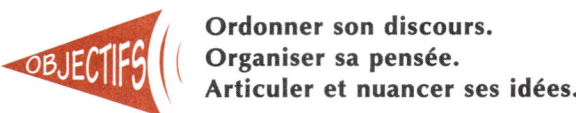

Ordonner son discours.
Organiser sa pensée.
Articuler et nuancer ses idées.

Définition

Tout discours, qu'il soit informatif, argumentatif ou commentatif, doit répondre à une logique qui l'ordonne, lui donne sens et le rend aisément compréhensible par son récepteur.

Il est en particulier orienté, d'un point de départ qui l'ouvre vers un point d'arrivée qui le clôt (temporairement ou définitivement). Il chemine de l'un à l'autre à travers un ensemble de paragraphes qui éclairent l'avancée de la pensée et la rendent cohérente. Ainsi, les paragraphes, comme les idées au sein d'une même phrase ou d'une phrase à l'autre, doivent s'enchaîner clairement. Différents outils grammaticaux permettent cette articulation.

Analyse

1 Le paragraphe

— Un paragraphe est constitué d'un ensemble de phrases unies autour d'une information majeure ou d'une idée essentielle. Celle-ci est éventuellement complétée par des informations mineures, argumentée ou commentée, illustrée par des faits concrets.

— Le passage d'un paragraphe à l'autre n'est donc ni arbitraire ni fantaisiste. Il correspond au passage d'une information majeure à l'autre, d'une idée essentielle à l'autre.

 Erreur à éviter

L'œil doit pouvoir saisir rapidement, à travers la succession ordonnée des paragraphes, la logique d'un discours. Rien ne laisse plus une impression brouillonne et confuse qu'un texte où chaque fin de phrase est suivie d'un renvoi à la ligne.

2 Les termes d'articulation du discours

— Les termes d'articulation servent à relier et à hiérarchiser de manière logique les différentes informations ou idées présentées dans un discours écrit :
  – au sein d'une même phrase,
  – d'une phrase à l'autre,
  – d'un paragraphe à l'autre.

→ Ces termes d'articulation peuvent être :
- des conjonctions de coordination,
- des adverbes, locutions adverbiales ou expressions figées,
- des conjonctions de subordination : elles sont étudiées dans les chapitres *L'expression des relations logiques* (pp. 216 et 224).

Remarque : La ponctuation sert également à assurer la liaison logique de deux idées. Deux points servent souvent à introduire une explication ou un exemple ; une virgule peut suffire pour manifester une opposition.

 Les conjonctions de coordination (*mais, ou, et, donc, or, ni, car*)

→ Elles servent grammaticalement à relier différents groupes de mots de même nature au sein d'une phrase, par exemple deux propositions.

→ Cependant, on les trouve souvent en tête de phrase dans les textes argumentatifs : il s'agit là d'un effet stylistique de renforcement de la pensée. En fait, la phrase qui précède et celle qui suit n'en font qu'une, du point de vue de la logique du discours.

→ *Mais* peut introduire :
- une opposition forte ;
- une correction de la pensée :

Il est certain qu'il est prêt à vous aider. Mais peut-être ira-t-il jusqu'à vouloir participer avec vous à cette aventure.

→ *Ou* peut indiquer :
- un choix, une alternative, une exclusion ;
- une explication (= *c'est-à-dire*) :

Pour lui, il ne s'agissait que d'un canular, ou petite plaisanterie sans importance.

→ *Et* sert avant tout à additionner, mais peut aussi indiquer :
- une opposition ;
- un renchérissement (entre virgules) :

C'est un ami fidèle, et rare, que tu as là.

→ *Or* peut servir à traduire :
- une relation de coïncidence (dans un récit, essentiellement) entre deux ordres de faits :

Elle désespérait de concrétiser son projet. Or, au même moment, se mettait en place une fondation qui avait pour objet d'aider de jeunes entrepreneurs inventifs.

- le passage d'une proposition générale à un cas particulier, dans un raisonnement en forme de syllogisme. *Or* introduit dans ce cas un élément intermédiaire, dont la confrontation avec l'élément précédemment énoncé entraîne logiquement une conséquence. Celle-ci est soit sous-entendue, soit introduite par *donc, c'est pourquoi*, etc.

Tous les hommes sont mortels.
Or Socrate est un homme.
Donc Socrate est mortel.

→ *Car* a une valeur causale, mais aussi explicative : cette conjonction introduit une justification de ce qui a été dit précédemment.

Ouvrir, poursuivre, fermer, conclure

— Lorsqu'on doit énumérer une série d'informations ou d'arguments, il est important de manifester dans le discours l'ouverture de la série, puis sa fermeture, et de marquer clairement le passage d'une étape à l'autre. C'est le rôle des termes d'articulation.

ouvrir	poursuivre		fermer
d'abord	ensuite	puis,	enfin
tout d'abord	de plus	par ailleurs	finalement
en premier lieu	en outre	d'autre part	en dernier lieu
premièrement	ensuite	encore	pour finir
pour commencer	autre (idée)		

— Après la fermeture d'une série argumentative, on est souvent amené à tirer une conclusion synthétique de tout ce qui a été précédemment exposé. Celle-ci doit également être annoncée.

conclure	
en conclusion	pour conclure
pour finir	en somme
en définitive	en résumé

— Parfois, l'on cherche simplement à exprimer les termes d'une relation binaire.

ou (bien)…	ou (bien)…	soit…	soit…
d'une part…	d'autre part…	le premier…	le second…
tantôt…	tantôt	ni…	ni…

5 Illustrer

— L'exemple sert à concrétiser une idée ou un argument abstrait, à l'étayer en prenant appui sur des faits aisément compréhensibles.

ainsi	par exemple	notamment	tel est le cas	comme

Expliquer et prouver

— Il est souvent utile d'expliciter une idée abstraite en la développant ou en la formulant d'une autre manière, pour mieux la faire comprendre.

en effet	c'est-à-dire	cela veut dire	à savoir	soit

Remarque : *En effet* explique en mettant le plus souvent l'accent sur la cause.

7 Marquer la conséquence

→ De nombreuses expressions permettent d'introduire la ou les conséquences de faits ou d'arguments exposés dans les phrases ou paragraphes précédents :

donc	aussi	ainsi	c'est/voilà pourquoi
par conséquent	en conséquence	dans ce cas	dès lors

8 Exprimer les différentes formes de l'opposition

→ Il convient de distinguer les nuances de l'opposition : opposition pure, concession, restriction (cf. *L'expression des relations logiques II*, p. 224).

opposition		concession	atténuation
mais	au contraire	cependant	du moins
en revanche	par contre	toutefois	tout au moins
à l'opposé	*a contrario*	néanmoins	à tout le moins
		pourtant	encore, seulement

Nous sommes prêts à l'aider, encore faudrait-il qu'il le veuille.

9 Renforcer : *d'ailleurs, a fortiori* (= à plus forte raison)

→ Cette locution permet d'appuyer le propos qui a été préalablement exposé, en mettant l'accent sur une raison décisive.

Il ne cherchera pas à nous tromper. D'ailleurs, ce n'est pas dans son intérêt.

Je suis disposé à ne pas aller en justice s'il me présente des excuses personnelles, a fortiori s'il rectifie publiquement ses propos.

10 Appuyer et étendre : *et même, voire*

→ Il s'agit dans ce cas de renforcer et d'étendre la portée de l'affirmation que l'on vient d'exposer.

Cet homme est capable de vous mentir, voire de vous escroquer.

Remarque : *Voire*, dans son sens actuel, signifie « et même ».

CHAPITRES COMPLÉMENTAIRES

- *L'argumentation : typologie des arguments* (p. 34)
- *L'expression des relations logiques I et II* (p. 216 et 224)

APPLICATIONS

1) Les paragraphes ont été supprimés dans ce texte de Jean-Marie Pontier, extrait de *Droit de la langue française* (Dalloz, 1997). Rétablissez-les et justifiez votre découpage en donnant un titre à chacun d'eux.

Facteur d'expression de la personnalité individuelle et héritage collectif, « art de la parole » qui donne à certains un charisme particulier pour conduire les hommes et technique indispensable à l'échelon le plus modeste des relations humaines, vecteur de culture et, dit-on, reflet de l'esprit d'un peuple, une langue est en même temps ce qui nous est souvent familier par l'ancienneté des mots, des sons que nous avons entendus et ce qui reste constamment à découvrir et à maîtriser. Les rapports entre le droit et la langue française sont peut-être surprenants pour beaucoup de Français, dans la mesure où l'interrogation sur la langue ne peut être, au départ, juridique. Le droit est une discipline qui, comme les autres, utilise la langue française pour exprimer des concepts et des notions, pour régler et commander. La définition de la langue ne peut être une définition juridique. Qu'est-ce qu'une langue ? Si l'on s'adresse aux spécialistes « classiques » de la linguistique, ces auteurs répondent que l'« on appelle langue, par opposition à dialecte, un idiome nettement différencié de tout autre, et tel que les sujets parlants d'un autre groupe ne le comprennent pas sans apprentissage » (J. Marouzeau, *Lexique de la terminologie linguistique*, Paul Geuthner, 3e éd., Paris, 1969, p. 133). Mais « personne n'est d'accord sur une définition qu'il serait pourtant essentiel d'établir avec précision » (*Dictionnaire de linguistique*, Larousse, 1973, p. 281).

2) Retrouvez les termes d'articulation qui ont été remplacés par des points de suspension ([...]) dans le texte publicitaire suivant du groupe Rallye (publié dans *Le Monde* du vendredi 17 octobre 1997).

Si Casino attire autant l'attention, c'est que le groupe a des bases solides, dont l'intérêt devient de plus en plus visible aujourd'hui.
Casino est [...] le deuxième distributeur intégré en France. Il est propriétaire de magasins et d'entrepôts d'une valeur supérieure à 10 milliards de francs. [...] qu'il a le contrôle de ses points de vente et peut les gérer sur le long terme. En installant des systèmes logistiques, qui augmentent la productivité et la rentabilité. En créant des systèmes de fidélisation des clients. En rénovant régulièrement ses magasins.
[...] le plus important, c'est l'avantage que cela lui confère à un moment où la course n'est plus seulement au volume, mais aussi à la maîtrise du chiffre d'affaires. 5 % seulement des points de vente portant sur l'une des enseignes de Promodès en France appartiennent à ce groupe.
Aujourd'hui on découvre que ce système a ses limites. Que les franchisés veulent changer d'enseigne. [...], s'ils veulent prendre leur retraite, vendre leur magasin.
Casino possède 88 % de ses magasins.
Faut-il encore vous expliquer pourquoi votre avenir est plus sûr si vous restez avec Casino ?
[...] nous vous invitons à opter pour l'offre Rallye, la seule qui vous associe à la croissance des résultats de Casino.

(Conception, réalisation de DDR et Cie.)

3) Repérez les termes d'articulation dans le texte de Catherine Argand, « Comment faire lire les enfants ? » (*Lire* n° 260, novembre 1997). Quel terme d'articulation vous paraît manquer ? Comment est illustrée chacune des suggestions mises en avant ? Par quoi pourrait-on remplacer le point-virgule de la dernière phrase ?

Comment amener doucement l'enfant au plaisir de lire ? Comment susciter sa curiosité, lui donner des envies de bibliophage ? En faisant preuve de conviction, pour commencer. La fréquentation des librairies le prouve : 80 % des clients achètent un livre de façon rituelle ou conventionnelle pour l'offrir, à Noël ou pour un anniversaire. Or, le livre est un instrument de développement personnel qui nécessite un approvisionnement constant. Une histoire, ça ne coûte pas beaucoup plus cher qu'un yaourt et bien moins que chacun des jouets qui s'entassent dans les chambres.

En lisant soi-même ensuite. Les parents qui annoncent, péremptoires : « C'est génial, les livres ! » alors qu'ils n'en ouvrent pas un seul, font naître un sérieux doute chez leur progéniture. Les enfants adorent voler le feu sacré, imiter les grands, leur piquer leurs jouets. Rien n'est plus efficace pour stimuler la curiosité d'un petit que de s'allonger sur le canapé, un bouquin à la main. S'il vous tire des larmes ou des gloussements de joie, c'est encore mieux. Votre enfant rappliquera dare-dare en disant : « Qu'est-ce qui te fait rire ? » Mais lui lancer : « Tiens, c'est pour toi ! » en lui tendant un livre qu'il n'a pas choisi et qui, visiblement, ne vous intéresse pas risque de le refroidir.

Désacraliser le livre est tout aussi important, explique Marie-Aude Murail. « Ça commence tout petit, la peur du livre. Par une tape sur la main : Vilain, on ne déchire pas les livres ! » Pour cet écrivain qui, toutes les semaines, se rend dans les écoles afin de raconter des histoires et communiquer sa passion aux élèves, il est urgent de remettre les pendules à l'heure. « Au risque de choquer, je rappellerai que le livre n'est pas une personne. Si on le jette dans le vide-ordures, il ne crie pas au secours. Pourquoi un bébé n'aurait-il pas le droit de mâchouiller ses albums ? Pourquoi faudrait-il que Marguerite fasse absolument meuh ! lorsqu'elle découvre une vache dans son histoire ? Pourquoi un adolescent se voit-il interdire l'accès aux beaux livres de la bibliothèque familiale ? »

Impressionné par le livre, le respect qui leur est dû, l'importance qu'il revêt aux yeux des adultes, l'enfant, dès l'école primaire, a souvent du mal à se sentir à la hauteur. S'il panique parce qu'il déchiffre difficilement, jouez à lire avec lui. S'il ne lit pas des livres de son âge, n'en faites pas une montagne ; certains enfants ont du mal à abandonner les images pendant que d'autres sont plongés dans les livres de grands.

4) Remettez en ordre le texte suivant, dont les paragraphes ont été mélangés (d'après *Fnac Contact*, juillet-août 1997).

A. Le Caméscope numérique offre, par ailleurs, toutes les facilités du montage assisté par ordinateur. La bande DV intègre en effet des informations qui permettent une indexation et une recherche très précises.

B. Ajoutons pour finir que la caméra peut aussi se transformer en appareil photo numérique et capturer des images fixes. Celles-ci seront ensuite imprimées ou transmises à l'ordinateur pour être stockées, retravaillées ou diffusées sur Internet.

C. Enfin, de toutes les vidéocassettes, la DV est la plus petite (66 × 48 × 12,2 mm). Cela permet de concevoir des matériels miniaturisés et plus maniables.

D. Certes, les prix restent encore relativement élevés, bien qu'on puisse penser que l'effet de la concurrence devrait les faire baisser à moyen terme. Ce n'en est pas moins un bon investissement pour les passionnés de vidéo, impatients d'utiliser des moyens quasi professionnels.

E. Autre avantage, et non des moindres, à la différence de l'analogique, la copie numérique ne subit aucune perte de qualité et demeure quasiment inaltérable dans le temps.

F. En somme, nous sommes là en présence d'une nouvelle génération de matériels qui élargit grandement l'horizon des utilisateurs. D'autant qu'une large gamme s'offre désormais à leur choix, même si tous les fabricants ne s'y sont pas encore mis.

G. Le format DV (vidéo numérique), c'est d'abord une exceptionnelle qualité d'image (500 points par ligne), qui se traduit par des couleurs lumineuses et une définition extrêmement précise de l'image. À tel point que même les professionnels de la télévision et du cinéma utilisent de plus en plus les Caméscopes numériques haut de gamme pour leurs reportages ou leurs tournages.

H. L'évolution technologique n'est pas en panne et les innovations se succèdent. Le numérique, en particulier, vient modifier grandement l'approche grand public de la vidéo grâce à de nombreux atouts.

I. Le son n'est pas en reste. Comparable à un enregistrement CD ou DAT (12 bits), il se prête plus facilement et plus efficacement au montage et au doublage de qualité.

CORRIGÉS

1 Retrouver les paragraphes

Facteur d'expression de la personnalité individuelle et héritage collectif, « art de la parole » qui donne à certains un charisme particulier pour conduire les hommes et technique indispensable à l'échelon le plus modeste des relations humaines, vecteur de culture et, dit-on, reflet de l'esprit d'un peuple, une langue est en même temps ce qui nous est souvent familier par l'ancienneté des mots, des sons que nous avons entendus et ce qui reste constamment à découvrir et à maîtriser.

Les rapports entre le droit et la langue française sont peut-être surprenants pour beaucoup de Français, dans la mesure où l'interrogation sur la langue ne peut être, au départ, juridique. Le droit est une discipline qui, comme les autres, utilise la langue française pour exprimer des concepts et des notions, pour régler et commander. La définition de la langue ne peut être une définition juridique.

Qu'est-ce qu'une langue ? Si l'on s'adresse aux spécialistes « classiques » de la linguistique, ces auteurs répondent que l'« on appelle langue, par opposition à dialecte, un idiome nettement différencié de tout autre, et tel que les sujets parlants d'un autre groupe ne le comprennent pas sans apprentissage » (J. Marouzeau, *Lexique de la terminologie linguistique*, Paul Geuthner, 3ᵉ éd., Paris, 1969, p. 133). Mais « personne n'est d'accord sur une définition qu'il serait pourtant essentiel d'établir avec précision » (*Dictionnaire de linguistique*, Larousse, 1973, p. 281).

Premier paragraphe : la langue, familière et à découvrir.
Second paragraphe : le droit et la langue française.
Troisième paragraphe : qu'est-ce qu'une langue ?

La communication écrite : principes généraux

2. Repérer les termes d'articulation

En effet. C'est-à-dire (cela veut dire). Mais. Ou. Voilà pourquoi.

3. Repérer les termes d'articulation

■ Pour commencer. Or. Ensuite. Mais. Aussi.

■ Il manque un terme d'articulation pour clore la série initiée par « pour commencer » et introduise le dernier paragraphe : *enfin, en dernier lieu…*

■ Dans l'ordre : Par le témoignage des chiffres. Par l'utilisation d'un discours direct fictif. Par la citation des propos d'un professionnel. Par des réponses à des questions concrètes.

■ Par *en effet*. Ici, deux points conviendraient mieux qu'un point-virgule (*cf.* p. 232).

4. Ordonner un texte

H. G. I. E. A. C. F. D. B.

> L'évolution technologique n'est pas en panne et les innovations se succèdent. Le numérique, en particulier, vient modifier grandement l'approche grand public de la vidéo grâce à de nombreux atouts.
>
> Le format DV (vidéo numérique), c'est d'abord une exceptionnelle qualité d'image (500 points par ligne), qui se traduit par des couleurs lumineuses et une définition extrêmement précise de l'image. À tel point que même les professionnels de la télévision et du cinéma utilisent de plus en plus les Caméscopes numériques haut de gamme pour leurs reportages ou leurs tournages.
>
> Le son n'est pas en reste. Comparable à un enregistrement CD ou DAT (12 bits), il se prête plus facilement et plus efficacement au montage et au doublage de qualité.
>
> Autre avantage, et non des moindres, à la différence de l'analogique, la copie numérique ne subit aucune perte de qualité et demeure quasiment inaltérable dans le temps.
>
> Le Caméscope numérique offre, par ailleurs, toutes les facilités du montage assisté par ordinateur. La bande DV intègre en effet des informations qui permettent une indexation et une recherche très précises.
>
> Enfin, de toutes les vidéocassettes, la DV est la plus petite (66 × 48 × 12,2 mm). Cela permet de concevoir des matériels miniaturisés et plus maniables.
>
> En somme, nous sommes là en présence d'une nouvelle génération de matériels qui élargit grandement l'horizon des utilisateurs. D'autant qu'une large gamme s'offre désormais à leur choix, même si tous les fabricants ne s'y sont pas encore mis.
>
> Certes, les prix restent encore relativement élevés, bien qu'on puisse penser que l'effet de la concurrence devrait les faire baisser à moyen terme. Ce n'en est pas moins un bon investissement pour les passionnés de vidéo, impatients d'utiliser des moyens quasi professionnels.
>
> Ajoutons pour finir que la caméra peut aussi se transformer en appareil photo numérique et capturer des images fixes. Celles-ci seront ensuite imprimées ou transmises à l'ordinateur pour être stockées, retravaillées ou diffusées sur Internet.

Les types de plans

 **Organiser et structurer sa pensée et ses écrits.**

Définition

On appelle plan d'un texte l'organisation et la structuration des éléments de contenu qui le composent, qu'il s'agisse d'informer ou de persuader. C'est dire qu'un plan est indispensable à l'expression cohérente de la pensée et qu'il s'élabore avec soin et de manière détaillée. C'est pourquoi on entend souvent dire que le plan est la charpente de la pensée, ou encore son ossature.

Mais un discours écrit est aussi un itinéraire que le plan détermine : il indique un point de départ et un point d'arrivée et précise quelles sont les étapes qui permettent d'aller de l'un à l'autre. Autrement dit, le plan donne un sens, une orientation au texte.

Principes généraux

— Pour organiser un plan, il est nécessaire au préalable de répertorier les éléments d'information et de réflexion dont on dispose, de les trier, de les classer en grandes parties, puis de les hiérarchiser à l'intérieur de chaque partie. Un plan doit donc se présenter, à la manière d'une table des matières d'un ouvrage, de la façon suivante :

1.
1.1. (1.1.1., 1.1.2., 1.1.3.)
1.2. (1.2.1., 1.2.2., 1.2.3.)
1.3. (1.3.1., 1.3.2., 1.3.3.)
etc., puis 2., 2.1., 2.2., sur le même modèle.

— Si des plans-types peuvent être proposés comme modèles, en règle générale aucun ne s'applique de manière mécanique aux situations concrètes que vous pouvez rencontrer : il convient de les adapter au cas par cas, en fonction de la stratégie discursive que vous désirez mettre en œuvre. Il est d'ailleurs souvent nécessaire de croiser plusieurs plans-types pour parvenir à un résultat satisfaisant. Autrement dit, le plan n'est pas du domaine du prêt-à-porter, mais du sur-mesure.

— La détermination du nombre de parties n'est pas non plus automatique, même si l'université continue souvent de demander un plan en deux parties (en droit, par exemple) ou en trois (en lettres). Le nombre de parties se dégage du parcours qu'emprunte votre écrit, de son idée directrice, en même temps que des éléments de contenu dont vous disposez.

— Dans tous les cas, vos parties et leurs subdivisions doivent être articulées les unes aux autres de manière logique, en utilisant des termes charnières ou des phrases de transition (cf. *La logique du discours*).

- L'introduction a plusieurs fonctions :
  – elle incite à la lecture, elle accroche l'intérêt du lecteur ;
  – elle présente le sujet traité et la manière dont il est traité. Bien souvent, un questionnement implicite est à l'origine du texte, qui cherche alors à y répondre : il doit être lui aussi énoncé ;
  – enfin elle annonce le plan, c'est-à-dire les étapes du discours.
- La conclusion tire, quant à elle, le bilan de ce qui a été préalablement exposé et propose éventuellement quelques perspectives. Parce qu'elle exprime les derniers mots du discours et qu'elle en est la chute, elle doit être synthétique et laisser une impression forte.

Un plan adapté à chaque situation

1 Le plan pour informer

Le plan additif

C'est le plus simple, mais aussi le plus fastidieux s'il ne se combine pas avec d'autres types de structure. Il consiste à ajouter les informations les unes aux autres, à énumérer plusieurs arguments qui vont dans le même sens et appuient une thèse. Il s'utilise surtout à l'intérieur d'une partie ou d'une sous-partie.

Le plan chronologique

Il décrit, informe ou analyse en suivant l'évolution temporelle.

- Le plan chronologique linéaire part d'avant-hier pour passer ensuite à hier, puis à aujourd'hui, et conclut en envisageant éventuellement demain.
- Le plan chronologique orienté peut choisir de présenter en premier lieu et de mettre en valeur une période déterminée, qui n'est pas la plus ancienne mais la plus significative, à un titre ou à un autre. Il n'examine qu'ensuite son passé (les causes) et son devenir (les conséquences).

Remarque : Le plan journalistique, lorsqu'il utilise la chronologie, le fait de préférence de manière inversée : il évoque le plus récent, avant de remonter le temps et de conclure en revenant au présent (cf. *Les techniques rédactionnelles journalistiques*).

Le plan thématique

Il est pertinent lorsque le sujet qu'il traite peut être distribué en secteurs ou en catégories. Chacun des aspects ainsi retenus est examiné tour à tour.

Une étude des politiques environnementales pourra ainsi présenter tour à tour les aspect écologiques, économiques et techniques, sociaux et culturels de la question. Un dossier sur un pays envisagera l'histoire, la géographie (physique et humaine), les ressources naturelles, l'économie, la société, la culture, etc.

2 Le plan pour analyser

Le plan analytique utilise largement des arguments de type logique. Il étudie une situation donnée, avant de remonter aux causes, puis d'envisager les conséquences. Il peut aussi, en dernier lieu, examiner les possibilités d'infléchir le phénomène observé, dans un sens ou dans un autre.

3 Le plan pour discuter

Le plan dialectique

C'est le plan traditionnel des dissertations et de nombreux travaux universitaires. Il présente successivement une thèse, puis son antithèse, pour proposer en un troisième temps une synthèse, qui est un dépassement de l'opposition entre les deux premières parties.

Le plan de la discussion professionnelle

Il est appelé FOR, SOP, ORA ou SPRI.

FOR : faits-opinions-recommandations.

SOP : situation-opinion-propositions.

ORA : observation-réflexion-action.

SPRI : situation-problème-résolution-informations.

Dans tous les cas, la logique du plan est la même. Il convient d'abord d'exposer les caractéristiques d'une situation qui pose problème, de mettre en évidence les enjeux et de préciser les difficultés rencontrées. Le second temps est destiné à étudier les causes de cet état de fait, à faire part des différents points de vue qui peuvent être dégagés sur la question et à présenter les solutions envisageables. La dernière partie opère, quant à elle, un choix concret et argumenté entre ces dernières, fait des recommandations qui engagent l'auteur de l'écrit et précise les modalités pratiques de l'action proposée.

Remarque : Il est primordial, pour persuader du bien-fondé de l'opinion que vous adoptez et des solutions que vous préconisez, de présenter d'abord les autres points de vue et de les réfuter. Puis, lorsque vous exposez votre thèse, vous devez anticiper les objections qui pourraient y être opposées, les mentionner sous forme de concession, enfin les réfuter.

4 Le plan pour confronter

Il présente et analyse les ressemblances, les différences et, éventuellement, les complémentarités entre deux ou plusieurs objets d'étude (situations, textes, etc.), pour proposer ensuite une réflexion ou une évaluation qui prolonge ce qui a été précédemment exposé.

CHAPITRES COMPLÉMENTAIRES

- La logique du discours (p. 20)
- Confronter, réfuter (p. 42)
- La note de synthèse (p. 98)
- Le rapport professionnel (p. 114)

APPLICATIONS

1) Les informations et opinions suivantes traitent du bizutage. Organisez-les en un plan hostile à cette pratique.

Le bizutage constitue une expérience particulière de vie en communauté. Il permet aux jeunes gens d'acquérir une connaissance d'eux-mêmes et des autres.

Aucun ministre de l'Éducation nationale n'a jamais osé prendre à bras-le-corps ce problème.

Le bizutage est imbécile et dégradant.

Le bizutage est un moyen d'intégrer les plus jeunes au corps des anciens et d'assurer la cohésion de l'institution scolaire.

Les étudiants menacés par le bizutage devraient mener des actions juridiques civiles et pénales.

Les bizutés les plus visés sont les plus faibles physiquement.

Le bizutage est une humiliation collective.

Cette pratique est très répandue et violente.

On devrait remplacer le bizutage par des séminaires d'intégration festifs et conviviaux.

Le bizutage forme des « honnêtes hommes », fraternels et solidaires.

Il vaudrait mieux remplacer le bizutage par un bon repas d'accueil, fraternel et chaleureux.

Les étudiants sèchent les cours les jours de bizutage pour ne pas être forcés à ce rituel d'un autre âge.

Le bizutage est du sadisme où le pouvoir s'exerce dans tout son cynisme.

Il abolit l'autonomie de la personne.

Le bizutage introduit à la vie de groupe, à l'être-ensemble.

Certains dérapages sont dangereux pour l'intégrité physique et morale de la personne.

Les enseignants et les parents devraient faire de la prévention.

Le bizutage bafoue la dignité humaine.

De très nombreuses écoles supérieures pratiquent le bizutage.

Ceux qui refusent le bizutage sont exclus des associations d'étudiants et des réseaux d'entraide professionnels. Ils sont mis en marge de la vie sociale de leur établissement.

2) Imaginez une introduction qui pourrait convenir au texte suivant.

L'idée qui animait les militants de la démocratisation et fut à l'origine des maisons de la culture était simple : l'accès à la culture est principalement entravé par des obstacles matériels, financiers ou géographiques, que les pouvoirs publics, par une politique appropriée de prix et d'équipement, sont en mesure de combattre efficacement. Il est apparu au fil des expériences qu'il ne suffit pas de baisser les prix ni de créer un théâtre pour que les inégalités culturelles cessent, ni même se réduisent. Les efforts sans précédent consentis par les pouvoirs publics en faveur de l'offre au cours des années quatre-vingt, l'augmentation considérable du nombre de compagnies de théâtre ou de spectacles de danse, la construction de musées d'art ou d'espaces culturels en province n'ont pas entraîné une augmentation rapide et massive de la demande, comme on le pensait dans les années soixante.

La forte liaison entre niveau scolaire et intérêt pour la vie culturelle a par ailleurs longtemps fait croire qu'une imprégnation scolaire plus longue allait systématiquement de pair avec une augmentation de l'appétence à l'égard des grandes œuvres de l'art et de l'esprit. Au terme de plus de trente ans de démocratisation scolaire, on constate que l'allongement de la scolarité s'est accompagné d'un recul de la connaissance des auteurs ou des artistes qui, il y a encore quinze ou vingt ans, figuraient parmi les noms les plus prestigieux de la culture scolaire. Cela ne signifie pas que « le niveau baisse » comme le pensent certains, mais que la fréquentation de l'institution scolaire garantit de moins en moins une réelle intimité avec le patrimoine littéraire et artistique que les élites se transmettaient, de génération en génération.

Enfin, la télévision devait, à ses débuts, être une seconde école, une nouvelle chance, offerte à tous ceux qui ne maîtrisaient pas l'écrit, d'accéder à la culture grâce à l'image. Les mesures d'audience apportent, jour après jour, la preuve que la télévision, loin d'être un moyen de diffusion permettant de transporter les plus grandes œuvres de l'art et de l'esprit au domicile de chacun, est surtout un instrument de divertissement et d'évasion. On sait aujourd'hui qu'elle est « par nature » amenée à privilégier la spectacularité, l'émotion, l'éphémère... et qu'elle est, par conséquent, pour une large part incapable de rendre compte du contenu des œuvres : elle peut dans certains cas répondre à une culture de curiosité ou remplir une fonction informative, mais elle ne saurait jouer globalement un rôle compensateur par rapport à l'école, ni constituer un vecteur important de diffusion de la culture cultivée. En absorbant la majeure partie du temps libéré par la réduction du temps de travail, la télévision a mis fin aux espoirs de tous ceux qui, bien au-delà des cercles des militants de l'éducation populaire, pensaient que l'extension du temps libre alimenterait massivement le développement des activités sociales, civiques et créatrices.

Olivier Donnat, *Les Français face à la culture*, La Découverte, pp. 367-368.

CORRIGÉS

1 Organiser un plan

Les informations disponibles pour organiser le plan approuvent le bizutage ou au contraire s'y opposent et cherchent à trouver des moyens de le limiter. Comme le point de vue à adopter doit être hostile à cette pratique, il est préférable de présenter d'abord les arguments qui la soutiennent, pour mieux les réfuter ensuite.

Introduction : le bizutage, un phénomène répandu et difficilement contrôlable.

1. Une tradition qui a ses adeptes.
    1.1. Le bizutage est un rite d'intégration.
    1.2. Il permet aux jeunes gens de mieux connaître les rapports humains.
    1.3. Il forme des hommes solidaires et endurcis.

2. Une pratique inadmissible et dangereuse.
    2.1. Le bizutage est sadique, il développe les pires instincts.
    2.2. Il est inégalitaire et s'attaque aux plus faibles.
    2.3. Il a des répercussions sur la vie scolaire et sociale.

3. Les moyens de mettre fin à cette tradition dégradante.
    3.1. La prévention.

3.2. Les actions en justice.
3.3. Le rôle des pouvoirs publics.

■ Conclusion : remplacer le bizutage par des réunions conviviales, à visage humain.

2 Rédiger une introduction

■ Nous avons ici affaire à un plan additif. Voici un exemple d'introduction qui conviendrait au texte présenté :

> Durant toute une période, l'espoir de démocratiser la culture s'est orienté dans trois directions majeures : le développement des équipements culturels, l'allongement de la scolarité et la pénétration de la télévision dans tous les foyers. Or, tour à tour, chacun de ces volets a déçu les attentes.

■ De son côté, Olivier Donnat introduit le passage de la manière suivante :

> La cohérence globale du modèle de l'homme cultivé se trouve [...] radicalement remise en question. En même temps, les trois stratégies majeures qui devaient assurer la diffusion des grandes œuvres de l'art et de l'esprit – les équipements culturels, l'école et la télévision – ont cessé d'apparaître comme des utopies raisonnables.

L'argumentation
Typologie des arguments

**Repérer les arguments employés dans un discours.
Construire une argumentation.**

Définitions

Un argument est une preuve ou un raisonnement, plus ou moins développé et explicité, qui sert à justifier une affirmation, à motiver un point de vue.

On appelle argumentation la structuration d'un ensemble d'arguments qui concourent à appuyer une thèse et à convaincre ou à persuader autrui (ou soi-même) du bien-fondé de cette thèse. L'argumentation vise donc à établir, à conforter ou à modifier une opinion, ou à provoquer une action particulière.

Analyse

— Un argument ne peut être apprécié que dans une situation de communication : il n'a de valeur que par rapport à la thèse qu'il cherche à soutenir, au destinataire auquel il s'adresse et au moment où il se voit proféré.

— Certains arguments cherchent à convaincre en mettant en œuvre une démonstration fondée sur la logique ou sur l'expérience empirique : ils se veulent rationnels. D'autres veulent séduire ou persuader : ils sont affectifs et contraignants et font appel aux sentiments ou à l'autorité, voire à la manipulation.

— L'efficacité d'un argument n'est en effet aucunement liée à une quelconque « vérité » dont l'argument serait porteur. Au demeurant, un même fait peut se prêter à des argumentations divergentes ou opposées, selon les points de vue adoptés et les buts visés.

— C'est pourquoi le discours politique, le discours judiciaire et le discours publicitaire usent abondamment, et parfois abusent, d'arguments qu'il convient de repérer et d'évaluer avec soin si l'on veut en comprendre la stratégie.

— Pour analyser ou construire une argumentation, il est indispensable de distinguer entre le contenu particulier d'un argument et la forme générale qu'il revêt pour convaincre. On peut en effet classer les arguments en différents types qui sont des moules pouvant accueillir, selon les contextes, des contenus divers.

Les arguments « rationnels »

1 Le cadrage du réel

— La définition est souvent utilisée pour recadrer le réel sous un jour favorable à la thèse avancée. La définition argumentative est donc orientée.

Atteindre le public le plus large, ce sera bientôt aussi parler à chacun en particulier et non plus seulement à tous en général (J.-P. Elkabbach, justifiant le développement de l'offre audiovisuelle numérique européenne).

Parfois, la définition devient un slogan ; un jugement est alors présenté comme une explication :

La propriété, c'est le vol (Proudhon).

— **La dissociation** permet de scinder une réalité apparente en deux univers distincts, de manière à accorder son opinion avec l'un d'entre eux.

Ainsi, en philosophie politique, on distingue habituellement deux types de liberté : la liberté négative, qui s'exerce dans l'espace privé, et la liberté positive, qui s'exprime dans l'espace public.

— **La comparaison** met en rapport deux réalités distinctes de manière à transférer les qualités de l'une à l'autre, le plus souvent sans prendre en compte les différences qui les séparent. Elle est donc simplificatrice. Elle peut être développée en une analogie ou contractée en une métaphore.

Par exemple, comparer une voiture à une femme est souvent un moyen pour un annonceur de chercher à séduire l'acheteur masculin potentiel.

La comparaison négative, ou distinguo, fonctionne en sens inverse et met l'accent sur les différences, à la manière de la dissociation.

Ainsi, faire un distinguo entre drogues douces et drogues dures permet à certains de demander la dépénalisation des premières.

— **La description** et **la narration**, par le choix d'éléments sélectionnés et interprétés qu'elles impliquent, participent aussi d'un cadrage du réel en fonction des nécessités de l'argumentation et visent aussi à convaincre d'une thèse.

Ainsi l'avocat d'un accusé peut-il narrer l'enfance malheureuse de son client et décrire ses conditions de vie misérables pour convaincre les juges que celui-ci a droit à des circonstances atténuantes.

2 L'appel à la logique

Certains arguments cherchent à appliquer aux idées la logique mathématique.

— **L'identité** (a = a) aboutit en règle générale à la tautologie, c'est-à-dire qu'elle n'apporte aucune information complémentaire. Son but est d'insister pour faire apparaître comme une évidence ce qui ne l'est pas forcément :

Les affaires sont les affaires.

Lui, c'est lui ; moi, c'est moi (Laurent Fabius à propos de Mitterrand).

— **La réciprocité** (a est à b ce que b est à a) permet de mettre en place une symétrie et fonctionne sur le modèle du « mets-toi à ma place » :

Je ne suis pas d'accord avec ce que vous dites, mais je me battrai pour que vous puissiez le dire, à condition que vous fassiez de même.

— **La transitivité** (si a est à b ce que b est à c, alors a est la même chose vis-à-vis de c) est aussi largement utilisée, de manière explicite ou implicite, sur le modèle :

Les amis de mes amis sont mes amis.

Le syllogisme appartient à cette catégorie d'arguments :

Tous les hommes sont mortels.
Or Socrate est un homme.
Donc Socrate est mortel.

●La partition consiste à diviser un sujet d'étude en différentes parties. Celles-ci sont étudiées séparément, mais les conclusions qui en sont tirées concernent l'ensemble, comme si le tout était toujours équivalent à la somme des différentes parties qui le composent :

Le nombre de chômeurs ne diminue pas, la croissance est à l'arrêt, l'insécurité augmente, bref la France va mal !

●L'inclusion fonctionne en sens inverse et affirme que ce qui vaut pour le tout vaut pour chacune de ses parties :

Il est d'une famille de voleurs, c'est donc un voleur.

●La probabilité consiste à s'appuyer sur des calculs, des statistiques, des probabilités, pour justifier une affirmation :

Chaque année, tel pourcentage de foyers français est victime de cambriolages : assurez-vous donc contre le vol.

 L'argument causal

C'est celui qui, à partir d'un fait, regarde vers l'amont pour étudier ce qui l'a provoqué, ou se tourne vers l'aval pour envisager ce qui va en résulter (les conséquences). Il est cependant souvent difficile d'identifier et de prouver causes et conséquences, de sorte que l'argument causal peut se prêter à différentes déviations :

●Une confusion entre cause profonde et cause immédiate :

L'augmentation du chômage est-elle due à l'incurie du gouvernement (cause immédiate) ou à la crise économique mondiale (cause profonde) ?

●La rationalisation consiste à isoler les seules causes qui appuient la thèse soutenue, voire à substituer des causes imaginaires à des causes réelles. Elle reconstruit le réel, de manière plus ou moins inconsciente, afin qu'il cadre avec l'argumentation.

Ainsi lorsque, après un échec à un examen, un étudiant se persuade qu'il n'a pas eu de chance ou que le sujet n'a pas suffisamment été traité en cours durant l'année, pour ne pas s'avouer qu'il n'a pas assez travaillé.

Elle aboutit souvent à l'argument du bouc émissaire, mis en évidence par La Fontaine :

[...] Ce pelé, ce galeux d'où venait tout leur mal...

●La cause-prétexte permet d'éviter d'évoquer la raison véritable.

On pourra dire ainsi : *Je ne viens pas au restaurant avec vous, je n'ai pas faim*, alors que la raison véritable pourra être le manque d'argent, ou un rendez-vous galant...

●La surdétermination consiste à multiplier les causes supposées d'un événement et conduit souvent à l'invraisemblance :

Veuillez m'excuser de n'avoir pu être présent à votre mariage : ma fille est tombée malade, la batterie de ma voiture était à plat et j'ai dû régler un problème professionnel urgent.

●L'inversion des causes et des conséquences peut être due à une défaillance du raisonnement, mais elle vise souvent à induire en erreur : elle est alors manipulatrice.

●La confusion entre fin et moyen permet aussi de manipuler le rapport causal entre deux faits ou deux événements :

Faut-il manger pour vivre ou vivre pour manger ?

●La confusion entre succession et causalité présente comme un rapport de cause à effet deux événements successifs dont le rapprochement temporel n'est que pure coïncidence.

— **L'argument du sacrifice** consiste à mettre en avant les efforts fournis ou à fournir pour parvenir à un résultat qui justifie la peine que l'on se donne :

Si les Français doivent se serrer la ceinture, c'est pour que la situation financière s'améliore et que le chômage se résorbe.

4 L'argument inductif

On qualifie d'inductif un raisonnement qui tire une généralisation de l'étude de cas particuliers (alors que la déduction fonctionne globalement en sens inverse, du général au particulier). Cette généralisation peut être, parfois, abusive.

— **L'exemple** peut ainsi rendre concrète une règle. Il entre alors en concurrence avec bien d'autres exemples qui conviendraient tout autant. En revanche, un exemple trop particulier, voire unique, ne saurait permettre une généralisation.

Ainsi, ce n'est pas parce que telle société de vente par correspondance s'est révélée malhonnête qu'on doit en induire hâtivement que toutes le sont.

— **L'illustration** fonctionne de manière similaire. Elle ne présente qu'un fragment de la réalité, lequel peut ou non être représentatif du tout.

— **Le modèle** présente un cas particulier valorisant comme support d'identification proposé à tout un groupe. Il fonctionne sur le mode de l'imitation. Rimbaud, de Gaulle ou encore la mère Denis peuvent ainsi servir, chacun dans son domaine, de modèles. **L'antimodèle** sert quant à lui de repoussoir : Judas, Staline, Harpagon…

Les arguments affectifs et contraignants

1 L'argument d'autorité

— Il se fonde sur le savoir supposé d'une personne qui fait figure d'expert, par son statut ou par son expérience dans un domaine donné et dont l'avis est difficilement récusable :

C'est un académicien qui vous l'affirme…

— Il peut aussi, pour justifier une opinion, se référer au prestige acquis par un groupe humain, une période historique, un livre, une science, etc. ou s'appuyer sur des faits ou sur des chiffres.

Maison X., joailliers depuis 1650.

— Il cherche dans tous les cas à intimider le destinataire et à asseoir le point de vue de l'émetteur.

2 L'argument fondé sur les valeurs

— Il s'agit dans ce cas de se référer aux grandes valeurs, aux repères moraux qui semblent partagés par tous, au moins dans une société donnée.

— Certaines de ces valeurs se veulent universelles et abstraites : *le vrai, le beau, le bon, la liberté, l'égalité, la souveraineté…*

— D'autres sont plus concrètes : *l'État, le peuple, l'Église, la patrie…*

3 Les lieux communs

Un argument se fonde sur un lieu commun lorsqu'il fait appel à un présupposé censé être admis de tous. Le *normal*, le *bon sens*, comme les proverbes sont ainsi des lieux communs largement utilisés dans l'argumentation. Il en est d'autres qui font appel à la quantité (*tout le monde*) ou, au contraire, à l'unicité (*le seul*) ou encore à la qualité (*le meilleur*). La *jeunesse*, le *progrès*, la *modernité*, etc. fonctionnent aussi, fréquemment, comme des lieux communs.

Les questions argumentatives

Les questions jouent souvent un rôle argumentatif en conduisant le destinataire sur un terrain miné. On distingue ainsi :

- **La question de style** (question rhétorique), qui ou bien n'appelle aucune réponse, car il s'agit en fait d'une affirmation présentée sous forme interrogative, ou bien est utilisée par l'émetteur pour poursuivre son argumentation :

    C'est évident, non ?

    Pourquoi ne pas l'avoir fait plus tôt ? Le moment n'était pas propice et les esprits mal préparés à cette décision.

- **La question suggestive**, qui induit une réponse particulière.

    Vous apprécieriez qu'on vous augmente ? (La réponse sera difficilement négative.)

- **La contre-question**, qui répond à une question par une autre question :

    – Vous n'avez que cette question dérisoire à proposer ?

    – Vous en avez une autre, vous ?

- **La question-piège**, qui a pour but d'empêcher l'adversaire de répondre.

    L'une des plus célèbres questions-pièges est celle que posa, lors de la campagne présidentielle de 1981, François Mitterrand à Valéry Giscard d'Estaing, qui s'affirmait proche des gens : *Connaissez-vous au moins le prix d'un ticket de métro ?* Il ne le connaissait pas.

- **La question de controverse**, qui cherche à déstabiliser l'interlocuteur par son aspect abrupt :

    Ça ne vous gêne pas de polluer l'atmosphère avec vos voitures au diesel ?

- **La question culpabilisante**, qui fait appel à la conscience du destinataire et le force à se justifier. Elle est du type : *Comment osez-vous affirmer que…? De quel droit pouvez-vous dire que…?*

Les arguments contraignants

- **L'hypothèse** met en avant les conséquences négatives d'une opinion ou d'un choix, pour mieux le discréditer et en proposer un autre.

- **Le paradoxe** cherche à provoquer, à susciter une réaction, en prenant le contre-pied des valeurs ou des idées communément admises.

- **Le dilemme** est une alternative qui cherche à enfermer le destinataire dans un choix embarrassant, comme si aucune autre possibilité n'existait :

    Quand on est ministre, il faut se soumettre ou se démettre. (J.-P. Chevènement)

- **L'argument de l'excès** joue de l'hyperbole, exagère à dessein pour tenter de faire admettre une opinion :

    Cette pièce est nulle, c'est une honte qu'elle soit jouée dans un théâtre subventionné.

- **L'ironie** permet d'embarrasser l'interlocuteur, en faisant rire ou sourire à ses dépens.

L'argumentation

=== CHAPITRES COMPLÉMENTAIRES ===
· *Confronter, réfuter* (p. 42)
· *Impliquer* (p. 50)

APPLICATIONS

1) Repérez les types d'arguments employés dans les passages suivants, qui sont tous tirés d'encarts publicitaires parus dans la presse.

1. Cours Marcel Proust :
– Externat secondaire privé fondé en 1956.
– Enseignants de haut niveau.
– 70 à 79 % de réussite aux baccalauréats 1993 (*Le Monde de l'éducation*, janvier 1994).
– Tout près de la Sorbonne, du Luxembourg et des grands lycées.

2. Reverso – « Je retourne » : le nom latin de ce classique de l'art déco exprime l'essence même de cette montre unique, virtuose de la métamorphose.

3. Un lave-linge, c'est comme un livre. Il ne suffit pas de jeter un coup d'œil sur la couverture pour reconnaître un chef-d'œuvre. Miele traite avec un soin tout particulier chacune des pièces de ses lave-linge. Un exemple ? Contre la corrosion, la carrosserie monocoque est émaillée même à l'intérieur.

4. Partir en Val-de-Loire, c'est un peu faire l'école buissonnière : on y apprend beaucoup sur l'Histoire de France sans jamais cesser de rêver à la sienne.

5. Les vrais amateurs de confort ne s'y trompent pas : seul Stressless procure une détente parfaite.

6. Dans une rencontre imprévue, pourquoi rajouter encore un peu plus d'imprévu ? (Campagne de prévention du sida.)

7. Les grands inventeurs ont du génie. Le génie de perfectionner sans cesse les inventions qui les ont rendus célèbres. Lorsque Siemens eut l'idée de transformer en chaleur et en force le courant électrique issu du principe dynamo-électrique (1866), il préfigurait déjà l'essor des appareils électroménagers. Et c'est en allant d'innovations en innovations qu'il put proposer enfin, en 1928, une des premières machines à laver en version automatique. Aujourd'hui les lave-linge Siemens sont toujours à la pointe de la technologie, avec des critères et des exigences de qualité particulièrement sévères et rigoureux. (Campagne Siemens, *Le Nouvel Observateur*, 18 septembre 1997, p. 37.)

8. Quelle est donc cette politique qui met les gens dehors ? La passion pour réguler la vie des gens jusque dans ses moindres détails peut amener à des atteintes à la liberté individuelle. Avec courtoisie et respect, fumeurs et non-fumeurs peuvent trouver un terrain d'entente par eux-mêmes. (Campagne Philip Morris.)

LA COMMUNICATION ÉCRITE : PRINCIPES GÉNÉRAUX

2) Le texte suivant est un manifeste de soutien au mouvement des étudiants de mai 1968, signé par de nombreux intellectuels français (Sartre, Sarraute, Duras, Lacan, etc.) et publié par le quotidien Le Monde du 10 mai de cette année-là. Quels sont les principaux types d'arguments utilisés ?

La solidarité que nous affirmons ici avec le mouvement des étudiants dans le monde – ce mouvement qui vient brusquement, en des heures éclatantes, d'ébranler la société dite de bien-être parfaitement incarnée dans le monde français – est d'abord une réponse aux mensonges par lesquels toutes les institutions et les formations politiques (à peu d'exceptions près), tous les organes de presse et de communication (presque sans exception) cherchent depuis des mois à altérer ce mouvement, à en pervertir le sens ou même à tenter de le rendre dérisoire. Il est scandaleux de ne pas reconnaître dans ce mouvement ce qui s'y cherche et ce qui y est en jeu : la volonté d'échapper, par tous moyens, à un ordre aliéné, mais si fortement structuré et intégré que la simple contestation risque toujours d'être mise à son service. Et il est scandaleux de ne pas comprendre que la violence que l'on reproche à certaines formes de ce mouvement est la réplique à la violence immense à l'abri de laquelle se préservent la plupart des sociétés contemporaines et dont la sauvagerie policière n'est que la divulgation.

C'est ce scandale que nous tenons à dénoncer sans plus tarder, et nous tenons à affirmer en même temps que, face au système établi, il est d'une importance capitale, peut-être décisive, que le mouvement des étudiants, sans faire de promesse et au contraire en repoussant toute affirmation prématurée, oppose et maintienne une puissance de refus capable, croyons-nous, d'ouvrir un avenir.

In Jean-François Sirinelli,
Intellectuels et passions françaises, © Éd. Gallimard,
« Folio Histoire », pp. 376-377.

CORRIGÉS

1. Encarts publicitaires : les types d'arguments.

1. Autorité de la durée. Autorité des experts. Autorité des chiffres. Autorité du lieu.
2. Lieu commun de l'unicité. Autorité artistique (*art déco*).
3. Analogie. Induction par l'exemple.
4. Définition.
5. Argumentation par les valeurs (*les vrais*). Lieu commun de l'unicité.
6. Question suggestive.
7. Argumentation par la narration. Autorité de la science et de la technique.
8. Question culpabilisante. Argumentation par les valeurs (la *liberté*).

2. Manifeste : principaux types d'arguments.

▪ Argumentation par les valeurs : la *solidarité*, le *mensonge*, le *scandaleux*.

▪ Argumentation par généralisation et utilisation du lieu commun de la quantité : *toutes les institutions et les formations politiques, tous les organes de presse et de communication…, la plupart des sociétés contemporaines.*

▪ Argumentation par l'excès et le lieu commun de la barbarie : *la sauvagerie policière.*

▪ Argumentation par le rapport cause-conséquence : *est d'abord une réponse aux mensonges…, est la réplique à la violence immense…*

▪ Argumentation par la définition : *ce mouvement = la volonté d'échapper, par tous les moyens, à un ordre aliéné…*

▪ Argumentation par le sacrifice : *… capable, selon nous, d'ouvrir un avenir.*

▪ Enfin, l'argumentation par les valeurs porte aussi sur le vrai et le faux : *la société* dite *de bien-être, altérer, pervertir.*

Confronter, réfuter

 **Comparer des thèses et des argumentations différentes.
S'opposer à une thèse et à une argumentation données.**

Définitions

Confronter deux ou plusieurs thèses et argumentations signifie les comparer de manière à analyser et à mettre en évidence leurs ressemblances, leurs différences et, éventuellement, leurs complémentarités.

Réfuter une thèse et une argumentation consiste à mettre en cause la pertinence des arguments utilisés et à les contester au moyen d'une thèse et d'une argumentation divergentes, voire totalement opposées.

Comment procéder

1 Confronter

- Pour confronter deux ou plusieurs argumentations (et les thèses respectives qu'elles sous-tendent), il importe d'abord d'analyser chacune d'entre elles avec soin.

Les textes, les documents écrits qui les exposent doivent donc, dans un premier temps, être étudiés séparément et dans le détail. Les différents arguments qu'ils présentent sont à repérer et à noter avec soin, de même que les liens logiques qui les relient.

- Une fois ce travail préliminaire effectué, il est possible de comparer les différents points de vue en présence par un va-et-vient d'une argumentation à l'autre. Il faut alors relever :
  – les arguments similaires, les points de rencontre entre les différentes thèses en présence ;
  – les arguments qui s'opposent ou qui divergent (et leur importance dans la logique de chaque raisonnement) ;
  – les arguments complémentaires et les arguments qui ne sont avancés que par l'un des points de vue en présence.

- La dernière étape consiste enfin, au sein de chacun des trois groupes, à classer les arguments repérés par catégorie ou par thème.

- Le plan de la confrontation écrite peut alors :
  – reprendre tel quel le cheminement logique précédent et présenter successivement similarités, divergences et complémentarités ;
  – procéder par thèmes ou par catégories d'éléments, au sein desquels sera reprise, à chaque fois, la tripartition ressemblances-différences-complémentarités ;
  – présenter d'abord les arguments auxquels on n'adhère pas, puis ceux que l'on soutient, dès lors que la confrontation doit se prêter à une interprétation (dans un rapport, par exemple). Cette façon de procéder conduit à réfuter certains arguments, pour en mettre d'autres en valeur.

✏️ Réfuter

Caractéristiques majeures

– Pour réfuter des arguments, il faut montrer qu'ils ne sont pas pertinents et ne sauraient donc soutenir la thèse à laquelle on s'oppose.

– Cette réfutation est bien évidemment fonction des arguments auxquels elle cherche à répondre. Par conséquent, il importe d'abord de bien comprendre l'argumentation adverse et d'en repérer les failles, de façon à pouvoir l'invalider.

– La réfutation est elle-même composée d'un ensemble d'arguments : elle utilise donc la panoplie argumentative présentée dans le chapitre *L'argumentation : typologie des arguments* (p. 34) et cherche à retourner contre l'adversaire les types d'arguments dont il se sert.

Mettre en question le cadrage du réel

– La définition, puisqu'elle repose sur un choix de caractéristiques particulières, peut être facilement discutée : on mettra en avant les éléments qui ont été écartés dans l'argumentation que l'on cherche à réfuter.

– La dissociation peut également être remise en cause : il suffit de montrer que les deux univers qui ont été séparés en constituent un seul et unique.

– Le rapprochement entre deux réalités opéré par le moyen d'une comparaison ou d'une analogie est souvent fragile : on peut, dans bien des cas, démontrer qu'il est abusif, vague ou qu'il ne prend pas en compte la totalité des caractéristiques des deux réalités concernées.

Faire des objections sur la logique

On s'attache, dans ce cas, à montrer que le raisonnement manque de rigueur. Les objections peuvent porter sur un ou plusieurs des points suivants :

– Ce qui est présenté comme une vérité affirmée n'est en fait qu'une pétition de principe, non prouvée.

– Le syllogisme (voir p. 35) est en fait un sophisme : il joue de l'ambiguïté de la langue et des différents sens de certains mots pour faire passer comme logique ce qui ne l'est pas.

– Le rapport causes-conséquences est hâtif : il inverse les unes et les autres, ou bien il établit un lien abusif entre des faits reliés uniquement par une succession chronologique ou une coïncidence.

– L'argumentation réfutée présente des causes fausses ou en ignore certaines : elle confond cause immédiate et cause profonde, elle avance un prétexte, elle se contredit…

– La thèse contestée procède par généralisations abusives ou confond trop rapidement le tout et les parties.

– La fin et le moyen se trouvent confondus, ou telle fin ne justifie pas tous les moyens ;

– Le sacrifice invoqué n'est pas si grand que l'adversaire le laisse entendre, ou son objet ne le justifie pas pleinement.

– L'argument dit du « doigt dans l'engrenage » dénonce ce qui a déjà été fait ou dit comme risquant de se reproduire, d'entraîner des conséquences en chaîne et de mener dans une direction négative et dangereuse. On refuse alors d'adhérer à une telle logique pour proposer une direction différente.

Contester les arguments d'autorité

Il s'agit alors de contester :
– l'autorité invoquée elle-même ;

– le domaine d'application de cette autorité (un sportif, par exemple, a-t-il autorité à parler d'éthique scientifique ?) ;
– la pertinence d'une citation, ou de la déduction qui en est tirée.
On peut aussi en appeler à une seconde autorité contre la première.

Opposer les valeurs

On cherche dans ce cas à minimiser une valeur au profit d'une autre.

L'argument de l'équité pourra ainsi contredire celui de l'égalité.

Rendre inefficaces les lieux communs

– Il est souvent aisé, pour déjouer un argument fondé sur un lieu commun, de poser une question-piège et d'en appeler à une définition improbable : qu'est-ce que le *normal* ? le *bon sens* ? Ou encore de mettre en évidence ce qui n'est que cliché ou idée reçue, en demandant à l'adversaire de s'expliquer de manière détaillée.

– On opposera aussi, en certaines occasions, un lieu commun à l'autre, de façon à montrer qu'ils ne sont pas pertinents dans le contexte du débat, ou qu'ils se contredisent.

Déjouer les arguments contraignants

– Le dilemme est déjoué si l'on montre qu'il existe une autre solution que celles qui sont proposées. Dans certains cas, on prouvera qu'une des deux solutions présentées n'est pas si négative qu'il y paraît.

– On peut réfuter l'argument de l'excès en soulignant l'exagération et la généralisation abusive qu'il utilise.

– Pour répondre à l'ironie et lui faire perdre de son effet, on montrera qu'elle n'est qu'une esquive pour ne pas aborder les vraies questions.

CHAPITRES COMPLÉMENTAIRES

- L'argumentation : typologie des arguments (p. 34)
- Impliquer (p. 50)
- La note de synthèse (p. 98)
- Le rapport professionnel (p. 114)

APPLICATIONS

1) Confrontez les deux textes en présence sous la forme d'un tableau où vous noterez :
– les opinions ressemblantes ;
– les opinions divergentes ;
– les opinions complémentaires.
Bernard Pivot, « Un monde en miettes » et Gilles Lipovetsky, « Un chaos bien ordonné », (*Télérama*, 14 décembre 1994).

L'impact social

Zapper déteint-il sur nos vies ? Si cet éparpillement effraie Bernard Pivot, Gilles Lipovetsky, philosophe, y voit un désir de réorganisation.

Bernard Pivot

UN MONDE EN MIETTES

Dans son livre, *Le Métier de lire*, sur l'histoire d'*Apostrophe*, Bernard Pivot parlait de l'effet zapping. Extraits.

« À vouloir être partout le zappeur n'est plus nulle part. Pour lui plus de spectacle en continu, mais une succession de fragments. Il ne regarde plus, il sonde. Il ne s'installe plus, il saute. À la durée il préfère le va-et-vient ; à la fidélité, le vagabondage ; à la connaissance, les flashes. Ne voulant rien rater, il est de toutes les histoires (…), mais sans y entrer vraiment, de sorte qu'il manque l'essentiel. Le papillon ne passe pas pour un esprit sûr et profond. L'omniprésence du zappeur se paie d'une culture émiettée, parcellaire (…). Le monde ne se révèle plus à lui qu'en pointillés. Il fabrique chaque soir des puzzles dont il ne pourra jamais ordonner les pièces. Plus il appuie fréquemment sur la miraculeuse télécommande, plus il aspire à être le voyeur de toutes les réalités, et plus il décroche de la réalité. Le zapping fabrique des esbroufeurs impatients.

Or, il est impossible que les habitudes contractées devant la télévision ne se retrouvent pas ailleurs. Comment lire placidement un journal quand on a dans l'œil l'impatience de l'ubiquiste ? Comment lire un livre dans sa longue continuité quand on est un zappeur invétéré ? Je suis convaincu qu'une des raisons pour lesquelles les jeunes lisent de moins en moins, c'est l'inaptitude de l'écrit à se prêter aux pratiques du zapping. On en est cependant conscient dans la presse lorsque l'on parle de ménager dans une enquête plusieurs « entrées », lorsqu'on s'efforce de déstructurer un article-fleuve en rivières et ruisseaux (…). Mais quel zapping pour *Guerre et paix* ?

Comment aussi ne pas être exaspéré dans les choses ordinaires de la vie, par leur lenteur, leur uniformité, leur répétition, quand la télécommande nous permet (…) de changer à tout instant, d'effacer, de fuir, de revenir, de repartir, d'être ailleurs dès lors que cela ne nous plaît plus d'être ici ? Comment, inconsciemment bien sûr, ne pas demander à l'existence de nous offrir de nombreuses aventures concomitantes au milieu desquelles nous pourrions zapper ? Un certain malaise naît de notre impuissance à nous multiplier, à nous transporter, alors que la télévision réalise ce genre d'exploits avec une facilité dérisoire.

Le zapping est une incitation fébrile et sournoise à exiger davantage des autres : qu'ils soient immédiatement disponibles, qu'ils répondent dans l'instant à nos appels, à nos ordres (…).

Le zapping nous donne des envies faramineuses – qu'on ne satisfera pas aisément, les yeux restant, comme dit la sagesse populaire, plus grands que le ventre (de la partouze comme zapping sexuel ; du sida comme anti-zapping du sexe), plus grands que le cœur et les mains. Malheur aux naïfs qui croient que zapper c'est vivre et qu'en conséquence vivre c'est zapper…

Le zapping, c'est encore, à domicile et à volonté, le pouvoir absolu. De couper le sifflet à un homme politique, à un journaliste ou à un chanteur. D'effacer toute personne qui dérange. D'occulter (…) une vérité insupportable ou une culture exigeante. De dire oui ou non. Le zapping, régal des petits chefs, joujou des beaufs. Revanche aussi pour les humiliés, les sans-grade. Il permet d'affirmer, en famille et pour soi-même, une autorité, un esprit de décision, une combativité, un esprit de résistance, une insolence, qu'on serait bien en peine de manifester ailleurs. C'est bon pour les nerfs et c'est sans risque. Je crains que le zapping, s'il peut prévenir quelques ulcères de l'estomac, n'encourage l'intolérance. Au mieux le je-m'en-foutisme.

Est-ce que, d'ores et déjà, l'activité la plus répandue dans le monde ne serait pas le zapping ? Ces centaines de millions d'individus qui à toute heure (avec les décalages horaires), appuient avec frénésie sur des centaines de millions de télécommandes… Nous sommes déjà, nous serons demain tous des zappeurs. L'ubiquité universelle. Pouce ! je change. Pouce ! je m'en vais. Pouce ! allons voir ailleurs. Pouce ! Pouce ! Je zappe, donc je suis. Avec une télécommande et une chasse d'eau, l'homme est un animal sédentaire qui vit heureux. »

Le Métier de lire. Réponses à Pierre Nora.
© Éditions Gallimard.

Gilles Lipovetsky

UN CHAOS BIEN ORDONNÉ

Le philosophe Gilles Lipovetsky devait forcément rencontrer le zapping sur son chemin. Avec trois essais remarqués publiés chez Gallimard (*L'Ère du vide*, *L'Empire de l'éphémère*, *Le Crépuscule du devoir*), il s'est imposé comme un fin analyste de la modernité. Son constat n'est ni manichéen ni apocalyptique. Car la « *société du zapping*, assure-t-il, *allume d'elle-même ses propres contre-feux* ».

Télérama : *Quel sens donnez-vous au zapping ? Que révèle-t-il en nous ?*

Gilles Lipovetsky : Il y a le zapping fébrile, on l'a tous pratiqué un jour ou l'autre : on picore et on ne regarde rien. On est partout et nulle part. Rien ne vous capte. Ce zapping-là conduit à un vide. Mais, le reste du temps, qu'est-ce que le zapping sinon une forme d'appropriation de la télévision ? Est-ce qu'il faut crier au désespoir ? Cela signifie simplement que la télévision, outil de consommation, n'est pas sacralisée. Je préfère ça à des gens totalement fascinés par l'écran et qui n'ont même plus la force de réagir.

TRA : *Mais la télécommande hache la parole, elle censure les discours trop longs. N'émiette-t-elle pas la pensée ?*

G.L. : Sans doute, mais ça ne me choque pas. La télévision n'est pas faite pour remplacer le livre ou la pensée. Elle ne peut offrir que du discours fragmenté. Regarder la télévision, c'est consommer des images comme on consomme un produit. Ça se prend et ça se jette. Le zapping n'est que l'exacerbation de cette logique. Il est consubstantiel à la télévision. Il ne faut pas mélanger les genres. Le savoir construit ne peut être qu'un travail de longue haleine, encadré, progressif, ou bien le fruit d'un travail personnel. Il faut donc moins critiquer la TV et plus critiquer l'école.

TRA : *Vous avez pourtant écrit que nous sommes entrés dans la « société du zapping »…*

G.L. : Oui, le zapping est passé depuis longtemps dans les comportements de la vie quotidienne. On change de travail, on change de ville, de métier, de situation familiale… On assiste à un renouvellement permanent des modes, des modèles, des signes, des objets. En Europe, il se crée chaque année trois cent mille produits nouveaux. Au Japon, au début des années 90, deux cents nouveaux modèles de baladeurs ont été introduits sur le marché ! La logique du zapping, c'est la logique de la consommation, du jetable, de l'éphémère, des modes.

On est passé d'une société où on voulait « changer la vie », comme disait Rimbaud, à une société où on change de vie. En divorçant ou en changeant de métier, par exemple, l'individu devient un arbitre, un stratège permanent de sa propre existence. Il refait le monde, à la carte. Ça, c'est le zapping positif, qui donne plus de liberté (et pas forcément plus de bonheur). Cela devient un « zapping destroy » quand l'individu ne sait plus, ou ne peut plus, choisir sa vie : quand il se heurte au chômage, par exemple.

TRA : *La société du zapping semble condamnée à une fuite en avant vers toujours plus de consommation, toujours plus d'individualisme.*

G.L. : Non, car depuis le milieu des années 80, on voit qu'elle se fixe ses propres limites : le culte du patrimoine, des belles pierres, des musées, le retour du religieux ou bien encore l'écologie marquent une volonté d'ancrage, un besoin de durée et de permanence. Ils sont autant de freins à cette société du zapping.

TRA : *La société du zapping est donc en pleine crise, en pleine contradiction ?*

G.L. : Non, au contraire. Elle est en train de faire la synthèse. Reprenons l'écologie : nous voulons tous continuer à consommer, mais nous désirons aussi protéger la planète. Cela donne, par exemple, l'invention des produits recyclés.

Nos sociétés développées ne sont pas en train de vaciller, nous n'avançons pas sans repères, nous ne nageons pas en plein nihilisme. Ce n'est pas vrai. D'abord, nous nous appuyons sur un socle – démocratie et économie de marché – que plus personne ne conteste depuis la chute du communisme. Ensuite, face au processus de zapping, qui s'accélère, les normes du vrai, du bien et du juste demeurent. Les opérations mains propres en Italie comme en France répondent à ce besoin. L'exigence éthique s'impose, sans quoi nos sociétés seraient déjà en train de s'effondrer. Or ce n'est pas le cas.

Nous sommes donc plongés dans ce que j'appelle un « chaos organisateur ». Tout, dans notre société, se libère des normes anciennes et semble aller à la dérive. Mais le paradoxe, c'est que ce chaos dans lequel nous sommes recompose de l'ordre.

Propos recueillis par **Thierry Leclère**.
Télérama n° 2344, 14 décembre 1994.

2) Le point de vue de Luc Ferry dans l'article suivant s'oppose à l'interdiction absolue du clonage humain. Comment cette réfutation est-elle organisée et sur quels types d'arguments porte-t-elle ?

FAUT-IL À TOUT PRIX INTERDIRE LE CLONAGE ?

Un point de vue iconoclaste, ou une démarche de prudence, tirant argument de notre ignorance sur les vraies conséquences du clonage humain.

Par Luc Ferry

Nous sommes en démocratie et pour interdire légalement une pratique qui pourrait dans certains cas relever de la seule sphère privée, il faut au moins produire des raisons convaincantes et ne pas s'en tenir à un simple réflexe. D'autant que le problème n'est pas de savoir si, à titre personnel, j'éprouve un sentiment de répulsion à l'égard du clonage, mais d'exhiber des motifs valables de l'interdire aux autres.

On peut, pour donner un exemple qui n'a rien d'absurde, être à titre privé hostile à l'avortement et se féliciter qu'une loi l'autorise pour celles qui le souhaitent. Osons donc poser crûment le problème, malgré le consensus quasi fanatique qui tend à le recouvrir : au nom de quoi faudrait-il, tout bien pesé, rendre illicite dans tous les cas de figure (et non seulement dans ceux qui sont évidemment contraires aux droits de l'homme) le clonage des êtres humains ?

On fait appel d'ordinaire à deux arguments, dont il faut bien avouer qu'ils apparaissent, même après une réflexion fort brève, d'une extraordinaire indigence. Dans le registre de la science-fiction, on évoque inlassablement l'hypothèse de malheureux clones utilisés pour servir de banque d'organes à telle de leurs répliques. Mais qui ne voit que cette éventualité est ici tout à fait hors de propos ? Non qu'elle soit intrinsèquement impensable, mais de deux choses l'une : ou bien le clone vivrait dans un État de droit et on ne voit pas par quel miracle il n'aurait pas le même statut que les jumeaux naturels (pour être clone, on n'en est pas moins homme) ; ou bien il naîtrait par l'effet d'une dictature totalitaire, et, s'il est une certitude, c'est que ni les avis des comités d'éthique ni les mises en garde des démocraties n'arrêteraient la folie des tyrans !

On dit encore que la duplication à l'identique serait contraire à la dignité humaine, qui repose sur la singularité de chaque individu. Mais c'est accorder inconsciemment un poids exorbitant aux déterminations génétiques et oublier, de façon scandaleuse, la dimension « épigénétique », le rôle du milieu, de l'histoire, de l'éducation. Si les clones possèdent au départ les mêmes caractéristiques « naturelles », cela ne signifie en rien qu'ils s'y réduisent ni que leur dignité morale en dépend. Ce que reconnaît implicitement l'Église – elle n'a jamais refusé deux âmes distinctes aux vrais jumeaux –, mais aussi la République, qui ne divise pas en deux, que je sache, leurs bulletins de vote !

On aurait, en l'affaire, intérêt à se méfier tout autant des préjugés biologisants que des scénarios-fictions pour réfléchir davantage à la réalité.

C'est ce que nous invite à faire le Comité d'éthique dans un texte (en date du 29 avril 1997) d'une grande qualité intellectuelle et qui offre le mérite de percevoir très clairement les pièges du réductionnisme génétique. Il nous propose quatre arguments supplémentaires, infiniment moins triviaux, et pourtant tout aussi peu convaincants à mes yeux. En substance, s'il faut interdire le clonage, c'est : pour préserver la singularité symbolique du visage humain, pour laisser à « la grande loterie de l'hérédité » le choix du génome, pour ne pas bousculer les règles de la filiation, et se garder des motivations « instrumentalisantes » qui justifieraient cette pratique. Aucune de ces raisons n'est à l'évidence suffisante, comme l'indique d'ailleurs assez leur accumulation. Chacune d'entre elles pourrait, dans certains cas, notamment ceux où le clonage serait limité à un « projet parental » solide, trouver des réponses fortes. En tout état de cause, pouvoir en discuter avant que les autorités décident unilatéralement de s'ingérer dans ce qui pourrait bien relever de notre pure sphère privée !

> Voilà pourquoi, tout bien pesé, l'attitude de l'Angleterre et des États-Unis, qui semblent vouloir s'en tenir à des moratoires, apparaît plus judicieuse que la nôtre. Parce que nous ignorons encore à peu près tout des conséquences d'un éventuel clonage sur le plan psychique, sociologique, économique, juridique (en matière de filiation !) ou même tout simplement médical, il est évidemment raisonnable de l'interdire en l'état actuel des choses (par exemple, pour cinq ou dix ans). Mais vouloir tout décider dès aujourd'hui, *a priori*, pour tout le monde et pour l'éternité relève d'une passion moralisatrice tout aussi fantasmatique et inquiétante que les idéologies qu'elle entend condamner.
>
> *Le Point*, 17 janvier 1998, n° 1322.

CORRIGÉS

1 Le zapping

Opinions ressemblantes

Le zapping émiette la pensée, fragmente les discours.

Opinions divergentes

1. (Bernard Pivot) À vouloir être partout, le zappeur n'est plus nulle part.

(Gilles Lipovetsky) Le zapping peut parfois conduire au vide, mais le plus souvent c'est une forme d'appropriation de la télévision, de désacralisation.

2. (Bernard Pivot) Le zappeur n'a plus de rapport à la permanence, il ne sait plus lire, car la continuité du livre s'oppose aux pratiques du zapping.

(Gilles Lipovetsky) La télévision n'est pas faite pour remplacer le livre ou la pensée. De plus, il y a des freins au zapping, qui mettent en avant la permanence, la durée.

3. (Bernard Pivot) Le zappeur se sent mal à l'aise dans la vie ordinaire, car il a décroché de la réalité. La vie et le zapping ne vont pas ensemble.

(Gilles Lipovetsky) Le zapping peut être positif et donner plus de liberté.

4. (Bernard Pivot) Le zapping est un instrument de pouvoir pour les petits chefs, il encourage l'intolérance ou le je m'en-foutisme.

(Gilles Lipovetsky) Le zapping ne supprime pas les valeurs (le juste, le vrai, l'éthique, la démocratie…).

5. (Bernard Pivot) Le zapping aboutit au désordre.

(Gilles Lipovetsky) En fait, le zapping est le reflet de la mutation en cours de notre société : le chaos apparent d'aujourd'hui recompose un ordre différent de celui des normes anciennes.

Opinion complémentaire

(Gilles Lipovetsky) Le zapping est le reflet de la société de consommation, qui incite au changement perpétuel, à l'éphémère.

2 Le clonage humain

Le texte de Luc Ferry présente tour à tour chacun des arguments supposés être avancés par les partisans d'une interdiction absolue du clonage humain, pour les réfuter les uns après les autres.

L'argumentation

Différents types d'arguments se trouvent employés dans cette réfutation.

■ L'argument par la valeur :

• Le texte oppose la *démocratie* et la *sphère privée* (où s'exerce une liberté individuelle qui n'est pas censée être régie par l'État) à une valeur non exprimée, donc suspecte, du discours des opposants au clonage : *au nom de quoi… ?* Il s'agit là, au demeurant, d'une question-piège.

• Il réfute d'autre part l'argument par la valeur qui porte sur la *dignité humaine* : pour ce faire, il conteste la cause mise en avant (les *déterminations génétiques*) et cherche à prouver qu'elle participe d'une généralisation abusive (*c'est oublier…*). Cette généralisation abusive est aussi dénoncée dans la prétention d'interdire le clonage *pour tout le monde et pour l'éternité*.

• L'argument fondé sur la *raison* (*il est évidemment raisonnable*) milite pour un moratoire (c'est-à-dire pour une simple interdiction temporaire).

• Le texte réfute enfin l'argument de valeur fondé sur la *morale*, qu'il présente négativement : *une passion moralisatrice tout aussi fantasmatique et inquiétante…*

■ L'argumentation par l'exemple permet d'opposer à nouveau le général et le particulier (*on peut, pour donner un exemple…*).

■ L'argument d'autorité fait appel successivement à *l'Église*, à *la République*, à *l'Angleterre* et aux *États-Unis*. L'évocation du *Comité d'éthique* est plus ambiguë : elle permet de réfuter une première série d'arguments (*les pièges du réductionnisme génétique*), mais n'autorise pas, pour autant, à retenir les quatre arguments supplémentaires proposés par cette instance : il s'agit, dit Luc Ferry, d'une *accumulation* qui s'invalide par surdétermination.

■ L'argumentation par l'excès est fortement présente à travers les termes suivants : *fanatique, extraordinaire indigence, poids exorbitant, de façon scandaleuse*.

■ L'hypothèse (*de malheureux clones utilisés…*) se voit réfutée par la mise en place d'un dilemme : *ou bien… ou bien…*

■ Le texte utilise également le lieu commun de l'idée reçue (*des préjugés, des a priori*) pour disqualifier les arguments de la partie adverse.

■ Il en appelle aussi à un recadrage du réel (*réfléchir davantage à la réalité*), qu'il oppose au fantasme, à la *science-fiction*.

■ Enfin, et sans surprise dans ce type de texte, l'argumentation par la cause et par la conséquence est largement mise à contribution pour réfuter la logique qui les relie dans le discours adverse : *cela ne signifie en rien…*, ou encore : *nous ignorons encore à peu près tout des conséquences…*

Impliquer

OBJECTIFS : Utiliser les fonctions émotive et conative pour impliquer le récepteur.
Maîtriser les techniques d'accroche.

Définition

Dans un contexte professionnel, la lecture est non captive (donc partielle, *cf.* p. 15) et souvent perturbée. Il importe donc de retenir l'attention du récepteur par une accroche vigoureuse mais aussi de l'impliquer.

Impliquer le récepteur, c'est faire en sorte qu'il se sente personnellement concerné par le message.

Pour favoriser l'implication, on pourra avoir recours aux fonctions émotive et conative (*cf.* p. 9). Par ailleurs, les lois de proximité mais aussi certains arguments (les arguments d'autorité) permettent de motiver le récepteur, de renforcer son intérêt et son adhésion.

Comment procéder

1 Les fonctions émotive et conative

– La fonction émotive renforce l'implication parce qu'elle favorise la proximité avec le récepteur. Elle se traduit par l'emploi de la 1re personne.

– La fonction conative permet également d'impliquer le récepteur, qui devient partie prenante du message. Les formes impératives, l'emploi de la 2e personne sont les marques de la fonction conative.

La fonction conative peut également se traduire par le recours à des questions, souvent rhétoriques (c'est-à-dire qui n'attendent pas de réponse).

– Lorsqu'on recherche une forte implication du récepteur (notamment dans le contexte du texte promotionnel), on peut faire un emploi conjoint des fonctions émotive et conative.

Exemples : *Nous vous donnons toujours le meilleur.*
Nous nous battons pour que vous ne veniez jamais chez nous par hasard !
Faites-nous confiance : qui peut vous offrir de meilleurs services ?

2 Les techniques d'accroche

Deux techniques d'accroche permettent d'impliquer le lecteur et de retenir son attention.
Elles sont notamment utilisées dans la presse.

Les lois de proximité

Les lois de proximité reposent sur le principe qu'une information intéresse d'autant plus le lecteur qu'il se sent proche, à un titre ou à un autre, de l'événement.

Rédaction de documents informatifs

Cette proximité s'analyse selon une série de critères.

● **La loi de proximité géographique.** On l'appelle aussi la loi du mort/km.

Selon cette loi, le lecteur se sent plus impliqué par le décès d'une personne à quelques kilomètres de chez lui que par le décès de plusieurs personnes à des centaines de kilomètres.

Par extension, on postule qu'un événement implique plus le lecteur s'il se produit dans un endroit proche géographiquement.

● **La loi de proximité temporelle.** Elle suppose que l'implication diminue au fur et à mesure qu'un événement s'éloigne dans le temps. D'où la nécessité de dater le message mais aussi, lorsqu'on évoque des faits anciens, de les mettre en relation avec l'actualité.

● **La loi de proximité sociologique.** L'implication du récepteur est proportionnelle à son degré d'identification sociologique. Une fois le récepteur ciblé, le message doit tenir compte de son ancrage social et professionnel, mais aussi d'autres caractéristiques, comme l'âge ou le sexe.

● **La loi de proximité culturelle.** L'implication est d'autant plus forte que le lecteur reconnaît des références culturelles qui lui sont familières (ancrage politique, allusion à des activités et pratiques culturelles, références littéraires, artistiques, cinématographiques).

● **La loi de proximité existentielle ou psychologique.** Certains sujets fédérateurs impliquent fortement le lecteur parce qu'ils touchent aux grands enjeux de l'existence (les peurs, les sentiments, la mort, les passions, la violence, etc.).

● **La loi de proximité de vie quotidienne.** On peut enfin impliquer le lecteur en resituant un événement dans le contexte quotidien de l'existence, touchant par là à des problèmes que chacun rencontre (argent, transports, santé, consommation, etc.).

Pour impliquer le récepteur, on pourra avoir recours simultanément à plusieurs de ces lois.

Pour évoquer, dans la presse régionale, une tempête qui aura occasionné d'importantes destructions, on pourra titrer :

Toits arrachés, maisons inondées, nos villages ont été lourdement touchés, hier.

Ce titre fait jouer les lois de proximité temporelle, géographique, existentielle et de vie quotidienne.

Les arguments d'autorité

Pour impliquer le récepteur, on peut aussi avoir recours aux arguments d'autorité. Il ne s'agit plus là de jouer avec des effets de familiarité et de proximité, mais de retenir l'attention en donnant du poids au discours, en l'authentifiant.

On distingue trois types d'arguments d'autorité liés à :

● **l'autorité de la source.** On appelle effet de source le phénomène d'implication lié à la personne de l'émetteur. L'émetteur peut être une personne physique (personnalité, leader d'opinion) ou une personne morale (institution, organisme).

Dans un texte dont l'auteur ne fait pas autorité, des citations, des références permettent de faire jouer l'argument d'autorité lié à la source.

Dans le domaine scientifique, on pourra faire jouer l'autorité de la source en citant un rapport du CNRS, les propos d'un prix Nobel, les déclarations du ministre de l'Enseignement supérieur et de la Recherche, etc.

● **l'autorité des faits.** L'argument d'autorité peut aussi prendre appui sur des faits. On pourra se référer à des faits anciens, qui auront valeur de précédent. Pour que l'évocation de faits historiques implique le récepteur, il faudra privilégier des événements majeurs (la monarchie absolue, la Révolution française, les deux guerres mondiales, la décolonisation, etc.).

Des faits contemporains peuvent aussi faire autorité, dès lors qu'ils sont authentifiés par des témoignages.

• **l'autorité des chiffres**. Bien que les chiffres puissent être, chacun le sait, sources d'erreurs et de manipulations, ils font autorité et sont à ce titre largement utilisés dans de nombreuses situations de communication écrite. Des informations quantitatives, des données chiffrées, des résultats de sondages impliquent fortement le récepteur et peuvent venir de façon efficace à l'appui d'une argumentation.

CHAPITRES COMPLÉMENTAIRES

- Facteurs et fonctions de la communication (p. 8)
- L'argumentation : typologie des arguments (p. 34)
- Confronter, réfuter (p. 42)

APPLICATIONS

1) Lisez ces titres d'articles de presse (extraits du journal *Libération* du vendredi 19 décembre 1997).
Quelles lois de proximité chacun d'eux illustre-t-il ?

– Dimanche, le Louvre ouvre ses nouvelles salles : sous la pyramide, l'Égypte
– La dernière pierre du Grand Louvre : l'Égypte dépoussiérée
– Hiéroglyphes en cours du soir : l'École Khéops, à Paris, a initié 600 élèves

---

2) Lisez cet article extrait du journal *La Croix* du jeudi 30 octobre 1997.
Rédigez pour l'article trois titres différents :
– le premier privilégiera la loi de proximité géographique,
– le deuxième la loi de proximité existentielle,
– le troisième la loi de proximité de vie quotidienne.

Dans le cadre du concours « Défi jeunes » organisé chaque année par le ministère de la Jeunesse et des Sports, trois jeunes filles d'une vingtaine d'années, hébergées au Foyer international des travailleuses à Paris, ont décidé de lancer le projet d'un guide pour les jeunes en difficulté dans la capitale. Elles qui ont connu les centres d'hébergement, les hôtels sociaux et beaucoup d'autres difficultés veulent, à leur manière, aider leurs congénères. Une centaine de pages avec une multitude d'adresses utiles à Paris… Les trois conceptrices du projet n'attendent plus que des financements, et aussi des soutiens.

3) Analysez les lois de proximité culturelle et sociologique dans cet extrait de la rubrique « La vie au féminin » du journal *Le Figaro* du jeudi 30 octobre 1997 (article de Janie Samet).

Jacqueline Delubac : sa masseuse est son héritière…

Sacha Guitry, dont elle partagea le nom et la vie de 1933 à 1939, l'appelait Jacquot, la couvrait de rôles et de robes, en fit une star dont l'élégance à la scène comme à la ville fut telle que, dans les années 30, tout un atelier de Paquin ne travaillait que pour elle. Douze mois par an.

L'avant-dernière épouse de Sacha Guitry a succombé au plus stupide des accidents de la circulation pour quelqu'un qui ne se déplaçait qu'en voiture avec chauffeur. Septembre noir, le mardi 30, un jeune cycliste de 20 ans l'a renversée Faubourg Saint-Honoré alors qu'elle traversait aux clous mais au feu vert. Elle sortait de chez Hermès, elle allait chez Lanvin. Le parcours d'une combattante…

À 90 ans, Jacqueline Delubac avait conservé la minceur et l'élégance d'une jeune femme qui en remontrait aux autres par son allure, son parisianisme, sa modernité. Elle s'habillait chez Saint Laurent de manteaux de cachemire beige doublés de zibeline qu'elle entrouvrait sur deux rangs de perles et se coiffait d'un feutre d'homme qui n'était que l'adaptation d'un chapeau de Sacha Guitry. (…)

Coquette, lorsqu'on lui faisait compliment d'une robe, elle prenait un malin plaisir à répondre : « *Cette petite chose-là, je l'ai fait faire en 1955. Pas pris un gramme !* » Depuis 50 ans, chaque matin, elle se faisait masser par la même masseuse, Valentine Noble. Elle lui devait sa ligne. Elle en a fait son héritière.

4) Lisez cet article extrait du journal *Le Monde* du jeudi 30 octobre 1997 (article de Michel Garicoix). Relevez les arguments liés :
– à l'autorité des chiffres,
– à l'autorité des faits,
– à l'autorité de la source.

La côte basque cherche une alternative aux camions

Biriatou, petit village basque, serait resté dans l'anonymat s'il n'était devenu point frontière sur l'autoroute A 63 et donc, en cas de grève des routiers, un point chaud. Mais le pays basque étant le passage obligé entre la France et l'Espagne, Biriatou est toute l'année un péage très fréquenté par les poids lourds : la société des Autoroutes du sud de la France (ASF) en a dénombré 5 900 par jour en 1996, les deux sens cumulés, et déjà 6 200 au cours de 1997. « Et ce ne sont là que des moyennes », insiste Ghislaine Paturel, animatrice de l'association de défense des victimes des nuisances de l'A 63.

« Lors des pointes, nous avons comptabilisé jusqu'à 8 000 camions par jour et autant de pots d'échappement sous nos fenêtres à Guéthary. »
Sur ce prolongement de la fameuse nationale 10, qui traverse l'Aquitaine de part en part, le trafic des véhicules légers est à peu près étale, autour de 24 500 passages par jour. De plus, celui des imposants semi-remorques venus du nord de l'Europe ou remontant d'Espagne semble appelé à de nouveaux records, compte tenu de l'essor des échanges avec la péninsule Ibérique et vers le Maghreb. Aussi les riverains de la côte basque craignent-ils un élargissement de cet axe européen avec trois voies par sens, contre deux aujourd'hui (…).
Bernard Lemaire, sous-préfet de Bayonne, écarte cependant cette éventualité.

CORRIGÉS

1 Dégager les lois de proximité

■ Dimanche, Le Louvre ouvre ses nouvelles salles : sous la pyramide, l'Égypte : proximités temporelle, géographique, culturelle.

■ La dernière pierre du Grand Louvre : l'Égypte dépoussiérée : proximités géographique, culturelle.

■ Hiéroglyphes en cours du soir : l'École Khéops, à Paris, a initié 600 élèves : proximités géographique, culturelle, de vie quotidienne.

2 Faire appel aux lois de proximité

■ Proximité géographique :
Un guide de Paris pour les jeunes en difficulté

■ Proximité existentielle :
Le défi de trois jeunes filles solidaires : un guide pour les déshérités

■ Proximité de vie quotidienne :
Toutes les adresses pour se débrouiller à Paris : un guide pour les jeunes en difficulté

3 Analyser les lois de proximité

■ Proximité culturelle :
L'article suppose connu tout un ensemble de références, dans l'ordre de l'élégance et du luxe : *Paquin, Faubourg Saint-Honoré, Hermès, Lanvin, Saint Laurent, manteaux de cachemire beige doublés de zibeline.*

■ Proximité sociologique :
Le contexte évoqué renvoie à une réalité sociologique qui peut intéresser en priorité une bourgeoisie féminine parisienne, se reconnaissant dans des valeurs élitistes et portant de l'intérêt au luxe et à la mode.

4. Arguments d'autorité

■ L'autorité des chiffres :

5 900 poids lourds par jour en 1996, 6 200 en 1997, 8 000 camions par jour, 24 500 passages par jour.

■ L'autorité des faits :

Lors des pointes, nous avons comptabilisé jusqu'à 8 000 camions par jour (témoignage), l'essor des échanges avec la péninsule Ibérique et vers le Maghreb.

■ L'autorité de la source :

La société des Autoroutes du sud de la France,

Ghislaine Paturel, animatrice de l'association de défense des victimes des nuisances de l'A63,

Bernard Lemaire, sous-préfet de Bayonne.

Les techniques de la prise de notes

Prendre des notes de façon efficace et rapide à partir des situations de communication orale et écrite. Savoir abréger les mots et apprendre à mettre l'information en schéma.

Situations

La prise de notes est une technique de traitement de l'information.

Elle est nécessaire dans de nombreuses situations de communication orales et écrites.

▶ On prend des notes en situation de communication orale lors de cours, conférences, entretiens, réunions.

Dans certaines de ces situations, on pourrait enregistrer le discours source, transcrire et traiter alors l'information. Prendre des notes au stade de la communication orale permet un gain de temps considérable. Le passage par la transcription n'est utile que dans des cas très particuliers, notamment lorsqu'on veut procéder à des analyses de contenu très approfondies.

Remarque : Quand on prend des notes en situation de communication orale, il faut être aussi complet que possible puisqu'on ne pourra pas se référer après coup au discours source.

▶ On prend des notes en situation de communication écrite lorsqu'on lit un ouvrage, un article, un dossier.

Dans ces situations, les notes n'ont pas pour objectif de se substituer au discours source mais de sélectionner l'information dans le ou les documents pour préparer le traitement qu'on veut en faire : note de lecture, analyse, résumé, synthèse, communiqué, etc.

Puisque le document source reste à disposition, il s'agit cette fois de procéder à une mise en relief des données importantes.

Principes généraux

Dans les situations de communication orale comme dans les situations de communication écrite, trois opérations sont à la base de la prise de notes : la suppression, l'intégration et la reformulation.

❶ Supprimer

▶ Au terme d'une prise de notes réussie, le document ou le discours sources auront été réduits.

On aura supprimé : les répétitions, les exemples redondants, les anecdotes, les digressions, les reformulations.

→ Le taux de réduction varie selon le type de document que la prise de notes prépare : une note de lecture qui rend compte en une page d'un ouvrage entier donne lieu à une prise de notes plus sélective qu'un compte rendu de réunion qui retrace en plusieurs pages deux heures d'échanges.

Remarque : Prendre des notes, c'est mettre en relief les données importantes tout en restant fidèle au discours ou au document source. Si l'orateur est un conteur, si l'écrivain a le sens de l'anecdote, il peut arriver que des exemples ou des digressions véhiculent une idée de façon plus concise et plus évocatrice qu'un long discours. On se gardera alors de les supprimer.

 Intégrer

→ Dans certaines situations de prise de notes, on doit veiller à rester au plus près du discours source. C'est notamment le cas lors des entretiens et des réunions.

→ On note alors des phrases complètes qu'on choisit pour leur concision et la qualité des formules. La prise de notes abrégée permet, dans des situations de communication orale, de transcrire des fragments de discours dans leur intégralité.

Remarque : Même si l'on privilégie l'intégration, on ne peut en aucun cas s'en contenter. Mettre bout à bout des extraits du document ou du discours source ne constitue pas une prise de notes efficace. Il est inutile et matériellement impossible de tout transcrire : les suppressions restent donc toujours nécessaires et les parties les moins fortes du discours ou du texte doivent être reformulées.

3 Reformuler

→ Ce qui n'a été ni supprimé (parce qu'inutile ou redondant) ni intégré (en raison de la densité ou de la qualité de l'expression) devra être reformulé.

Le travail de reformulation constitue l'essentiel de la prise de notes.

→ Lors de la reformulation on simplifie et on clarifie le discours. On note les idées sous-tendues par les exemples, on passe du particulier au général.

On élimine les redondances et on renforce les liens logiques.

On fait porter l'accent sur les liens d'implication et d'opposition, on précise un raisonnement implicite, etc.

> **Erreur à éviter**
> *On doit toujours s'en tenir à ce qui a été dit ou écrit ; on ne doit ni interpréter ni prolonger le propos, ni s'impliquer de quelque façon que ce soit.*

4 Classement des discours et des documents sources

Les trois opérations qui ont été décrites sont utilisées de façon plus ou moins intensive selon la nature du support.

Le tableau de la page 58 permet de repérer le mode de traitement qu'on doit privilégier selon la source.

Les techniques de la prise de notes

document ou discours source	suppression	intégration	reformulation
cours	oui	un peu	oui
conférence	oui	oui	oui
entretien	oui	oui	un peu
réunion	un peu	oui	un peu
ouvrage	oui	un peu	oui
article	oui	un peu	oui
dossier	oui	non	oui

Impératifs d'ordre matériel

Les notes doivent pouvoir se lire rapidement, elles doivent être claires et lisibles.

On ne doit pas avoir besoin de « mettre ses notes au propre », c'est-à-dire de les recopier lisiblement. Pour que le premier jet soit clair et efficace, il faut utiliser les abréviations et schématiser l'information.

1 Abréger

On aura recours aux abréviations courantes (voir p. 245) mais on se créera aussi un système personnel d'abréviations.

Noter les premières lettres des mots suffit dans un contexte donné pour reconstituer aisément le terme ainsi abrégé.

 *Hist.* pour *histoire* ; *en gén.* pour *en général* ; *constr.* pour *construire* ; *pers.* pour *personnel*, etc.

On peut également utiliser des symboles pour traduire des idées, des enchaînements et des liens logiques.

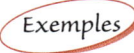 = analogie / ≈ environ / < inférieur / > supérieur / † mort / ± plus ou moins / ∞ infini / ← provenance, cause / → destination, conséquence, implication / ↔ réciprocité, etc.

2 Mettre en schéma

Pour que les notes soient lisibles, il faut qu'elles soient présentées de façon aérée et qu'une lecture verticale, rapide, soit possible.

On utilisera donc des symboles d'implication pour lier entre eux des blocs d'information auxquels on s'efforcera de donner un titre.

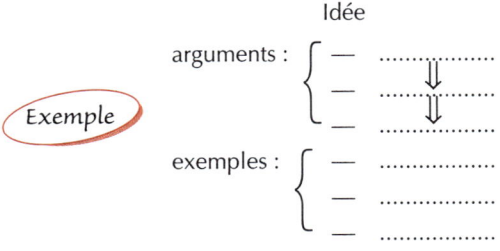

3 La mise en page

Pour être lues dans de bonnes conditions, les notes doivent être mises en page de façon rigoureuse.

- Chaque idée, chaque argument, chaque moment de la pensée ou du discours donnent lieu à un paragraphe clairement délimité (saut de ligne, alinéa ou tiret).
- Les énumérations ou les séries d'exemples présentant une unité sont regroupées par une accolade ou alignées en retrait, introduites par des tirets.
- Il faut prévoir, lorsqu'on écrit, des espacements importants entre les paragraphes car une idée, un argument, une information peuvent être nourris par un développement ultérieur du texte ou du discours. Or, les notes ne sont pas prises de façon linéaire. Un canevas initial est mis en page et on le remplit progressivement. Ce canevas peut être conçu pour les supports écrits à partir d'un sommaire ou d'une table des matières ; dans les situations de communication orale, on se fiera aux annonces de plan et aux ordres du jour.
- La mise en relief de l'information est soutenue par le soulignement des mots et expressions importants. On pourra aussi avoir recours à des encadrés. Dans des situations de communication orale, lorsqu'on note des informations chiffrées, on peut créer un tableau pour simplifier la notation.

CHAPITRE COMPLÉMENTAIRE

- Abréviations, coupures de mots et sigles (p. 244)

APPLICATIONS

Lisez le témoignage de Pierre P., jeune diplômé en informatique, qui a été interviewé sur son stage de fin d'études. Il évoque ses difficultés en orthographe.

J'étais en entreprise. Je devais présenter une application. C'était une maquette d'application. Je l'ai présentée à des personnes, à des responsables. La première chose qu'ils ont vue, c'est la faute d'orthographe dans un bouton sur lequel il fallait cliquer. Là ils se sont levés, je n'ai pas compris pourquoi. J'étais motivé. J'étais en train de cliquer pour montrer ce que pouvait faire mon application. Ils se sont levés et ils ont dit : on reviendra quand ce sera terminé. Sans autre explication. J'ai pensé que j'avais dit quelque chose qui n'allait pas. Mais mon tuteur qui était resté là m'a dit : regarde, tu as fait une faute d'orthographe. C'était une faute sur la page d'écran, (er) au lieu de (é). C'est arrivé plusieurs fois. Dans l'unité pour laquelle je travaillais, l'orthographe était très importante. Du coup, j'ai fait beaucoup de progrès. Parce que, pendant mes études secondaires, j'ai toujours fait des fautes et ça ne m'a jamais vraiment pénalisé. J'étais bon en maths, et bon, les fautes d'orthographe dans les équations… Maintenant, j'utilise le correcteur d'orthographe mais ça ne marche pas très bien pour la grammaire. Alors je me sers des dictionnaires. Je sais que la correction de ce que j'écris est très importante parce que je travaille dans une unité d'information. Les documents circulent dans toute la France et pour l'image de marque de l'entreprise, il ne faut pas qu'il y ait de fautes.

1) Le témoignage ci-dessus est transcrit mot à mot. Procédez comme pour une prise de notes sur une communication orale :
– supprimez les parties du discours qui sont inutiles ou redondantes ;
– intégrez les passages importants ;
– utilisez abréviations et schémas.
2) Rédigez un texte construit à partir de votre prise de notes schématisée.
3) Commentez la mise en forme définitive en la comparant à la transcription.

CORRIGÉS

1 Prise de notes

Pierre P., j. dip. en info. parle de ses mésav. orth. pdt son stage

    Lors d'une prés. dev. ses dir., laisse une fte d'orth. qui apparaît à l'écran
    Les dir. se lèvent et sortent ss expl.
    Son tuteur lui fait obs. sa fte.

Cette anecdote montre selon Pierre P. l'imp. de l'orth. ds son entr.
    Ce contexte l'a sensibilisé à l'orth.
    Jusque-là ses ftes ne l'avaient pas pénalisé
    j'étais bon en maths, et les ftes d'orth. ds les équations…

Pour éviter les ftes, il se sert du corr. d'orth. et des dict.

Il comprend l'imp. de l'orth. ds son entr. :
    – il travaille ds une struct. qui diff. de l'inf.
    – les textes qu'il écrit circ. ds tte la Fr.
    – orth = l'image de marque de l'entr.

2 Rédaction à partir de la prise de notes

L'orthographe dans l'entreprise

Pierre P., jeune diplômé en informatique, témoigne. Pendant son stage, il a pris conscience de l'importance de l'orthographe. Jusque-là, il n'avait guère été pénalisé par son orthographe défectueuse : « J'étais bon en maths, et les fautes d'orthographe dans les équations… », s'amuse-t-il.
En entreprise, il s'est vite trouvé en difficulté. Il raconte que des directeurs à

qui il montrait son application sont sortis de la pièce sans le laisser terminer et sans un mot d'explication parce qu'il avait laissé une faute d'orthographe à l'écran.

Pierre comprend ces réactions car, nous dit-il, c'est l'image de l'entreprise qui est en jeu. Les textes qu'il écrit seront diffusés dans toute la France et il ne se reconnaît pas le droit à l'erreur. Aussi s'aide-t-il de son correcteur d'orthographe et des dictionnaires et il fait la chasse aux fautes.

3 Commentaire

De nombreuses redondances ou approximations ont été supprimées. L'ordre de présentation des faits est profondément modifié pour faire apparaître une structure logique : la scolarité de Pierre P., ses difficultés en entreprise, ses nouvelles motivations et les solutions trouvées. Une citation est intégrée pour rendre compte au plus juste du ton de la transcription.

La lecture et le traitement des dossiers

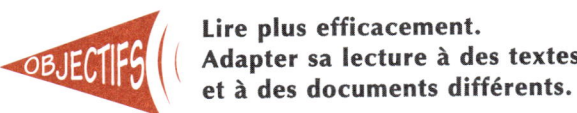

OBJECTIFS : Lire plus efficacement.
Adapter sa lecture à des textes
et à des documents différents.

Adapter sa lecture

De nombreux écrits professionnels nécessitent la lecture préalable de documents (souvent longs et nombreux). C'est le cas des rapports et des synthèses.

La lecture de dossiers est donc un moment important de la préparation des notes et rapports réalisés dans un contexte professionnel. Il importe de lire de façon rapide et efficace afin de traiter au mieux l'information, tout en réservant le temps maximal à l'étape ultérieure : celle de la rédaction.

- Tous les textes et documents contenus dans un dossier ne seront pas lus de la même manière : tantôt on fera une lecture intégrale, tantôt une lecture sélective.

- Dans la majorité des cas, on ne pourra pas se contenter d'une seule lecture du dossier. Il faudra procéder en trois temps : d'abord une phase de repérage, puis une phase d'approfondissement, enfin une phase de vérification. À chacune de ces phases correspond un type de lecture différent.

Les techniques de lecture

1 La lecture intégrale

Lorsqu'on lit la totalité d'un texte, on en fait une lecture intégrale. Pour qu'elle soit rapide, il faut s'entraîner à augmenter le nombre de mots saisis lors de chaque déplacement de l'œil, il faut aussi prendre l'habitude d'anticiper les mots qui suivent.

Par ailleurs, même lorsqu'on lit intégralement, on doit s'habituer, pour plus d'efficacité, à lire de façon flexible : plus rapidement lorsque le sens du texte est familier, plus lentement lorsque les termes, les concepts, sont plus complexes.

2 La lecture sélective

La lecture intégrale n'est pas toujours nécessaire et, surtout, elle n'est presque jamais utile dès la première prise de contact avec le texte ou le document.

Deux autres techniques de lecture vont permettre de traiter plus efficacement et plus vite l'information : la lecture de repérage et la lecture d'écrémage.

La lecture de repérage

Lorsque la lecture a pour objectif de traiter de l'information et de recueillir des données sur une idée, une question, un problème, commencer par une lecture intégrale serait inefficace. Mieux vaut s'attacher d'abord à faire une lecture par mots clés.

Cette lecture n'est possible que si l'on a défini ses besoins, si l'on sait ce qu'on recherche dans les textes et les documents consultés. On devra donc formuler, en une phrase, un problème ou une question. Les mots qui auront servi à cette formulation (mais aussi leurs synonymes) vont guider la recherche. On feuillette alors rapidement le dossier en repérant uniquement ces mots, on ne lit intégralement que les passages où ils apparaissent.

La lecture d'écrémage

Lors de la lecture de repérage précédemment décrite, des passages entiers, voire des documents ou des textes dans leur intégralité, seront laissés de côté dès lors que les mots clés n'apparaissent pas. La lecture d'écrémage est moins sélective : à ce titre, elle se situe à mi-chemin entre lecture intégrale et repérage.

Lors d'une lecture d'écrémage, l'œil parcourt la totalité du texte, mais les passages d'un intérêt secondaire (digressions, redondances, exemples, précisions, données complémentaires, etc.) sont survolés.

— Pour lire efficacement selon la méthode de l'écrémage, il faut repérer l'idée principale (car cette lecture, à la différence du repérage, ne suppose pas de recherche prédéterminée). Portez votre attention sur les titres et intertitres, le chapeau et les débuts de paragraphe.

— Une fois la problématique trouvée, on lit intégralement tout ce qui s'y rattache et on passe sur le reste. Pour ce faire, il faut s'exercer à parcourir verticalement le texte jusqu'à ce que le retour de mots liés à l'idée principale indique que la lecture intégrale doit reprendre.

> **conseils** Lorsque vous lisez selon la technique de l'écrémage vous devez, pour les passages que vous avez choisi de traiter intégralement, adopter une lecture rapide et flexible, telle qu'elle est décrite plus haut.

Les étapes de la lecture et du traitement de dossier

Lorsqu'on traite un dossier, il faut adapter sa démarche de lecture et de prise de notes à la situation. Les différents types de lecture seront mobilisés.

1 Première étape : repérer

On traite toujours un dossier avec un objectif précis : rédiger une synthèse, un rapport, une analyse, etc.

— Dans le cas de la synthèse ou de l'analyse, il s'agit de rendre compte du dossier dans ses grandes lignes. On recherche donc la problématique et on rassemble toutes les données s'y rapportant.

La première étape consiste ainsi à feuilleter le dossier pour trouver la problématique. On lira attentivement le sommaire. Puis on fera une lecture de repérage des documents, en prêtant attention aux titres et aux intertitres et en soulignant les phrases clés permettant de cerner la problématique.

— Dans le cas du rapport, il faut apporter une aide à la décision en répondant à une question donnée. Le dossier fournit le matériau qui va alimenter la réflexion. Le problème que le rapport doit résoudre fournit une série de mots clés qui vont guider la lecture de repérage.

 *Rapport sur l'éradication du bizutage.* Mots clés : bizut, bizutage, élève, rite, législation, école, université, etc.

> **conseils** Lisez attentivement le sommaire pour repérer d'éventuels documents sans rapport avec la question. Puis lisez les documents utiles en vous laissant guider par les mots clés. Soulignez les passages qui se rattachent au problème.

2 Deuxième étape : approfondir

Au terme du repérage, le statut des documents est établi. La densité des passages soulignés permet de hiérarchiser les contenus du dossier. On distinguera :

– les documents sans rapport avec la problématique ou la question, à laisser de côté (ils n'auront pas du tout été balisés) ;

– les documents ressources qui se prêtent à une lecture d'écrémage parce qu'ils ne contiennent que quelques passages utiles (textes de loi, textes officiels, chartes, documents promotionnels, procès verbaux, mémentos, etc.). Mettez ces documents faiblement balisés en réserve. Ils vous serviront à compléter une information ou à apporter une précision ;

– les documents clés dont vous ferez une lecture intégrale. Vous les aurez copieusement balisés. Ils traitent de façon approfondie et développée du problème. Ils vont vous permettre de bâtir votre plan. Lors de cette seconde étape, annotez-les au fil de votre lecture.

3 Troisième étape : vérifier

● L'étape d'approfondissement précédemment décrite mêle lecture (intégrale ou d'approfondissement) et prise de notes. Une fois le plan de la note ou du rapport conçu, il importe de s'assurer que, dans la masse de documents traités, aucun élément important n'a été oublié.

● Un dernier survol s'impose donc avant la rédaction. Il s'agira de contrôler que les passages utiles des documents ressources ont bien été intégrés dans le plan et que tous les arguments liés à la problématique (soulignés dans les documents clés) ont bien été repris dans la synthèse ou le rapport.

CHAPITRES COMPLÉMENTAIRES

· Les techniques de la prise de notes (p. 76)
· La note de synthèse (p. 98)
· Le rapport professionnel (p. 114)

APPLICATIONS

1) Lisez attentivement le sommaire de ce dossier.
Les documents rassemblés sont destinés à la préparation d'un rapport sur la protection des forêts européennes.

– Quels documents laisserez-vous de côté ?
– Quels documents ressources traiterez-vous par une lecture de repérage ?
– Quels documents clés lirez-vous selon la technique de l'écrémage ?

Document 1 : « Les brûlages dirigés sont néfastes », Barbaroux, dans *Forêt ou univers carcéral ?* Numéro de mai 1997 de *Combat nature*.

Document 2 : *Les Forêts d'Europe*, Arnould *et al.*, Nathan Université, Paris, 1997 (IIe partie, chap. 5, « Les défis de l'Europe forestière »).

Document 3 : Exemples de cédraies, cartes de la cédraie libanaise, dans le numéro de *Forêts méditerranéennes* d'avril 1995.

Document 4 : Tableau des dates clés de la politique forestière européenne, *Eurofor*, 1994.

Document 5 : « Pluies acides ou l'arbre qui cache la forêt », extrait de *La forêt malade*, Groupe d'histoire des forêts françaises, 1995.

Document 6 : « Étude comparative de la densité et de l'architecture des peuplements de taillis de chêne vert et de chêne pubescent en situation pure et mixte », Barbero et Miglioretti, *Bulletin d'écologie*, XVIII, 1987.

Document 7 : Carte des milieux naturels de l'Europe, J. Demangeot, 1984.

Document 8 : « Forêts d'Ile-de-France, le discours et les faits », Ruffier et Reynie, dans *Forêt ou univers carcéral ?* Numéro de mai 1997 de *Combat nature*.

---

2) Le texte ci-dessous fait partie d'un dossier sur le travail des enfants au XIXe siècle.
a. Faites-en une lecture selon la technique de l'écrémage en passant rapidement sur les données annexes et en lisant intégralement les seuls passages concernant les conditions de travail des enfants ouvriers au XIXe siècle. Vous soulignerez les phrases clés.
b. À partir de ces phrases clés, reformulez en moins de dix lignes les contenus du texte qui portent sur les conditions de travail des enfants ouvriers au XIXe siècle.

Abruti de travail, sans vie familiale réelle, soumis aux tentations de la rue, l'enfant-ouvrier peut-il par l'étude s'ouvrir à un autre monde ?
Quel est l'état de l'instruction des enfants-ouvriers dans la première moitié du XIXe siècle ?
On constate que pendant la décennie 1831-1841, dans le département du Nord, un enfant sur deux fréquente une école. En 1836-1837, l'inspecteur des écoles primaires estime que près de 29 % des enfants du Haut-Rhin ne sont pas inscrits ; il faut y ajouter « les enfants des fabriques qui ne vont pas à l'école ». Ces taux de scolarisation relativement décents ne doivent pas nous abuser. L'inscription ne signifie pas obligatoirement, loin s'en faut, l'assiduité aux cours.

Dans les centres industriels la situation est catastrophique. Les réponses des organismes patronaux à l'enquête ministérielle de 1837, les rapports des inspecteurs primaires sont unanimes. Partout l'instruction des enfants-ouvriers y est qualifiée de « nulle » ou de « minime », ce qui dans ce dernier cas signifie savoir lire seulement (ce qui est nécessaire pour accomplir son instruction religieuse, surtout en pays protestant, et pour être admis à la première communion). Comment ne pas s'attendre à de tels résultats ? Manque de locaux, de maîtres qualifiés et surtout de temps sont les responsables de l'ignorance des jeunes travailleurs.

L'enfant-ouvrier ne consacre guère de temps à « user ses fonds de culottes sur les bancs de l'école ». Très tôt entré dans l'atelier pour y « gagner » sa vie, il n'a connu du « système scolaire », dans le meilleur des cas, que la salle d'asile, qui n'est en fait qu'une garderie. Dès qu'il est en âge de le faire l'enfant doit travailler. L'instruction est donc sacrifiée car elle est une occasion de dépenses. Jusqu'en 1881 l'école n'est ni gratuite ni obligatoire. Par l'intermédiaire d'une « taxe d'écolage » les parents concourent aux traitements des maîtres. En 1832, à Mulhouse, elle est de 12 francs la première année et de 24 la seconde (rappelons qu'un jeune travailleur rapporte de 0,50 à 1 franc par jour). Pareilles sommes ne peuvent être distraites de revenus déjà précaires et qui le seraient davantage si le salaire enfantin venait à manquer. (…)

Certains parents accepteraient-ils de faire le sacrifice de quelques heures de travail, que l'organisation scolaire s'opposerait à la fréquentation des classes par les jeunes ouvriers. À Roubaix, leur ouverture est de 8 à 11 et de 14 à 17 heures, « alors que les travaux d'atelier commencent avec le jour et s'arrêtent pour les repas seulement ; et il n'y a pas d'école le dimanche ». Il y a donc non-concordance entre les emplois du temps des maîtres et des enfants-ouvriers.

L'instruction générale est négligée et il en est de même pour la formation professionnelle. (..) Le machinisme ne demande pas de main-d'œuvre très qualifiée, du moins dans la majorité des cas. Aussi les patrons ne se soucient-ils pas de former leur personnel. (…) De ce fait la formation professionnelle se fait « sur le tas ». L'enfant passe successivement d'une tâche facile à une autre plus difficile, et comme l'avouent ces industriels alsaciens, « il se forme lui-même, rien qu'à voir ». En fait, le jeune travailleur, par la médiocrité de son travail, subventionne la création de sa propre qualification.

Enfants trouvés, enfants ouvriers, Jean Sandrin, Aubier, collection « Floréal », Paris, 1982.

CORRIGÉS

1 Sommaire et traitement de dossier

■ Le document qu'il faut laisser de côté :
document 3.

■ Les documents ressources qu'il faut traiter par une lecture de repérage :
documents 4, 6, 7, 8.

■ Les documents clés qu'il faut lire selon la technique de l'écrémage :
documents 1, 2, 5.

2. Texte et lecture d'écrémage

<u>a. Phrases clés :</u>

■ [l'enfant-ouvrier] est abruti de travail, sans vie familiale réelle, soumis aux tentations de la rue.
- Dès qu'il est en âge de le faire, l'enfant doit travailler.
- Rappelons qu'un jeune travailleur rapporte de 0,50 à 1 franc par jour.
- Les travaux d'atelier commencent avec le jour et s'arrêtent pour les repas seulement.
- Le machinisme ne demande pas de main-d'œuvre très qualifiée, du moins dans la majorité des cas. Aussi les patrons ne se soucient-ils pas de former leur personnel.
- La formation professionnelle se fait « sur le tas ». L'enfant passe successivement d'une tâche facile à une autre plus difficile et, comme l'avouent ces industriels alsaciens, « il se forme lui-même, rien qu'à voir ». En fait, le jeune travailleur, par la médiocrité de son travail, subventionne la création de sa propre qualification.

<u>b. Reformulation</u>

■ Au XIXe siècle, l'enfant ouvrier est soumis à des conditions de vie d'une extrême dureté : des tâches abrutissantes lui sont imposées du matin au soir. La rémunération du travail des enfants est dérisoire (0,50 F à 1 F par jour) mais c'est une contribution indispensable au revenu familial. Embauchés très jeunes, les enfants ouvriers ne bénéficient d'aucune formation professionnelle et sont condamnés à apprendre « sur le tas ».

Les principes de l'écriture journalistique

 **Connaître les principes de base de l'écriture journalistique.
Apprendre à distinguer les différents types d'articles.**

Définition

L'écriture journalistique vise à informer le lecteur, à lui proposer des éléments de réflexion sur le monde qui l'entoure, enfin à susciter son intérêt, voire dans certains cas à le divertir. Les différents types d'articles et leur habillage répondent à ces impératifs.

La sélection et la hiérarchisation des informations et des thèmes de commentaire sont au point de départ de l'écriture journalistique. Elles s'opèrent en fonction de l'actualité, puisque la presse traite du présent en train de se faire, mais aussi des préoccupations du lecteur visé, selon les critères de « la loi de proximité ».

Principes généraux

La loi de proximité

- Proximité temporelle : puisque la presse traite de l'actualité, l'information sur le présent et sur le futur proche est toujours prioritaire.

- Proximité géographique : qu'on le regrette ou non, le lecteur s'intéresse davantage, à niveau correspondant, à une information qui concerne son espace proche plutôt qu'à une autre qui se situe à l'autre bout du monde. C'est ce que les journalistes nomment « le principe du mort-km ».

- Proximité sociale et culturelle : elle vient tempérer la proximité géographique. Le lecteur apprécie l'importance d'une information en fonction de sa profession, de ses attaches culturelles, de ses origines…

- Proximité affective et psychologique : tout ce qui touche aux grands thèmes de la vie et de la mort – l'amour, le sexe, la santé, la violence, l'argent, la drogue – est ressenti comme proche par une grande majorité des lecteurs potentiels.

- Enfin, la notoriété des acteurs d'une information et la rareté et l'originalité de celle-ci sont des critères importants dans les choix qui sont faits.

Le principe de la clarté

Clarté du message

- Tout article de presse doit être centré sur un message principal (information ou commentaire) à faire passer et un seul, et sur un angle d'attaque (une manière de présenter le message) qui servira de fil directeur.

➡ Il est donc impératif d'apprendre à distinguer l'essentiel de ce que l'on veut écrire de l'accessoire, et de hiérarchiser les informations dont on dispose en fonction de ce critère.

➡ Dans tous les cas, l'article doit répondre aux six questions de référence : qui ? quoi ? quand ? où ? pourquoi ? comment ?

Clarté du langage

➡ Pour que l'article soit lisible, le vocabulaire utilisé doit être accessible au lecteur. Cette notion varie évidemment selon le lectorat, donc selon l'organe de presse concerné. Dans tous les cas, l'attention au lecteur est primordiale ; elle demande de se mettre à sa place à chaque instant de la rédaction et de lui expliquer tout ce qui risquerait d'être mal compris.

➡ Cette accessibilité ne doit pas se faire au détriment de la précision : le choix du mot juste est essentiel.

➡ De même qu'il n'y a qu'un message principal par article, il ne doit y avoir qu'une information ou une idée par phrase. L'article de presse, de lecture rapide, ne se prête pas à une syntaxe trop complexe.

Les articles d'information

1 La brève

➡ C'est l'article informatif le plus court qui puisse se concevoir : en un paragraphe de 5 à 10 lignes, la brève répond avec concision aux questions : qui ? quoi ? quand ? où ? (éventuellement à : comment ? pourquoi ?).

➡ La brève n'a pas de titre, mais elle est parfois précédée d'un mot-repère (*Étranger*, *Sports*, etc.). Ses premiers mots, composés en gras, en italique ou en petites capitales, doivent donc être particulièrement significatifs.

➡ Les brèves d'une même nature sont souvent regroupées en une rivière. Chaque brève est alors précédée d'un tiret ou d'une puce (–, •, etc.).

2 Le filet

➡ Article court de pure information comme la brève, il donne obligatoirement, à la différence de cette dernière, des éléments du « pourquoi ? » et du « comment ? ».

➡ Le filet peut être étendu sur 20 à 25 lignes, réparties en deux ou trois paragraphes. Il porte un titre et se voit souvent placé dans un cadre, d'où son nom.

3 La mouture

➡ Elle consiste à rassembler en un seul article des informations diverses, reçues séparément, sur un événement particulier. Elle est donc une synthèse, informative et neutre, de différentes sources.

➡ La mouture peut être un article étendu en longueur. Elle peut se prêter à ce que l'on nomme un éclatement : l'article principal est accompagné d'encadrés qui viennent préciser tel ou tel aspect du sujet, rappeler une chronologie ou présenter des chiffres, sans que la clarté du message essentiel qu'il présente soit altérée.

4 Le compte rendu

→ Il rapporte le déroulement d'un débat, d'une réunion, d'une session parlementaire, d'une conférence.

→ Bien que purement informatif, le compte rendu ne s'identifie pas à un procès-verbal, car il ne prétend pas à l'exhaustivité. Les informations et les propos qu'il rapporte sont choisis par le journaliste en fonction du message essentiel qu'il veut mettre en avant et de l'angle d'attaque qu'il adopte pour son article.

5 Le reportage

→ Le reportage, pour sa part, implique davantage le journaliste et sa perception de l'événement : il se fait témoignage.

→ Le bon reportage est donc celui qui donne vie à l'événement, qui en restitue le décor, l'atmosphère (les couleurs, les sons et les odeurs), le pittoresque : qui le rend imagé. À partir d'anecdotes et d'exemples concrets, il s'efforce de faire saisir une situation générale.

→ C'est pourquoi le reporter, s'il s'efforce de rester objectif et rigoureux, personnalise souvent son article, qu'il présente fréquemment sous la forme d'un récit apte à capter l'attention.

6 L'enquête

→ Elle ressortit à une démarche d'investigation poussée. Elle demande non seulement de réunir une documentation importante sur un sujet donné, mais aussi d'aller sur le terrain chercher et confronter des informations de provenances diverses.

→ L'enquêteur doit donc savoir tout à la fois formuler des hypothèses, trouver les bons interlocuteurs, poser et se poser les bonnes questions, vérifier la validité de ses suppositions, enfin en tirer des conclusions.

→ Ainsi qu'on le dit souvent dans les écoles de journalistes, le reportage montre, l'enquête démontre.

7 L'entretien

→ Qu'il accompagne ou non un autre article, l'entretien cherche à obtenir des informations inédites de la part de la personne interrogée, qu'il faut parfois pousser dans ses retranchements.

→ L'intérêt des réponses dépend donc très largement de la pertinence des questions qui sont posées : un entretien se prépare avec soin.

 Erreur à éviter

On se gardera de confondre l'entretien avec un débat : dans l'entretien, le journaliste est là pour poser des questions, non pour exposer son point de vue.

8 L'écho

→ Il s'agit d'une information brève à caractère anecdotique ou humoristique, qui porte sur les à-côtés de l'actualité ou sur des personnalités connues.

→ La saveur de l'écho tient dans son style incisif et dans sa chute, mordante ou ironique.

Remarques : Le communiqué de presse n'est pas un article : c'est un avis émanant d'une source extérieure au journal (entreprise, service public) et que celui-ci se contente de reproduire (*cf. La note d'information*, p. 108).

Le flash ou la dépêche sont des informations communiquées par les agences de presse aux journaux. Ceux-ci s'en servent pour rédiger leurs articles d'information.

Les articles de commentaire

1 L'éditorial

— C'est une prise de position, d'un journal dans son ensemble ou d'un journaliste en particulier, sur un fait d'actualité récent et important qui prête à réflexion.

— L'éditorial commente donc, dans une langue vigoureuse où une certaine liberté de ton est admise, un sujet qui se prête à discussion ou polémique. Pour cela, il doit appuyer la position prise sur une argumentation rigoureuse.

— L'éditorial est un article particulièrement valorisé par son emplacement, par sa mise en page et par son titre, qui doit être pensé avec soin.

2 L'analyse

— C'est un article de commentaire plus ou moins développé qui cherche à expliquer les raisons d'une situation donnée, à en expliciter les enjeux et à en tirer les conséquences.

— L'analyse accompagne souvent un article informatif, un dossier, un reportage ou une enquête, mais elle s'en distingue dans la mise en page.

3 La chronique

— La chronique est un article de commentaire fort libre, aussi bien dans son sujet que dans son ton, qui paraît de manière régulière et qui est signé par une « plume » reconnue.

— C'est pourquoi elle est le plus souvent très personnalisée : le *je* n'y est pas proscrit.

4 La critique

Elle comporte deux éléments : d'une part, le compte rendu d'un événement ou d'un objet culturel, d'autre part l'exposé argumenté de l'opinion personnelle du rédacteur qui la propose. Elle se donne pour but à la fois de porter à la connaissance du lecteur l'événement ou l'objet en question et de lui donner des éléments d'appréciation.

5 Le billet

— C'est un court article d'humeur qui se penche avec humour ou ironie sur un sujet d'actualité, mais cherche également à faire réfléchir le lecteur en prenant du recul sur l'événement et en le démystifiant.

— La qualité d'un billet dépend de son style (lequel doit être brillant), de sa concision et, surtout, de sa chute qui doit être inattendue et originale.

6 La tribune libre

Il s'agit d'une réflexion, d'un commentaire ou d'une prise de position sur l'actualité récente, rédigés par un auteur extérieur au journal, souvent une personnalité politique ou intellectuelle, qui n'engage donc pas la responsabilité de la rédaction, à l'inverse de l'éditorial.

7 Le portrait

→ Il sert à mettre en évidence les traits de caractère d'une personnalité connue dans sa vie publique et à retracer son itinéraire. Il peut également permettre de présenter un personnage inconnu, mais typique, dans une situation donnée.

→ Le portrait peut, selon le cas, être prioritairement informatif ou s'accompagner de commentaires plus ou moins allusifs.

CHAPITRES COMPLÉMENTAIRES

- L'argumentation : impliquer (p. 50)
- Les techniques rédactionnelles journalistiques (p. 76)

APPLICATIONS

1) De quel type d'écrit s'agit-il dans le texte suivant ? Quels sont les critères de proximité qui en justifient la publication ?

> « *Soldats, il vous suffira de dire : j'étais à Austerlitz* (les Moldaves bâtiront un hypermarché et un parking sur le champ de bataille – 15 000 morts, noyés ou blessés – qui, déjà, avait été "profané" par la construction d'une autoroute flanquée d'une station-service et d'un centre de restauration rapide), *pour que l'on vous réponde : voilà un brave.* »
>
> *Le Monde*, 14 novembre 1997.

2) Transformez l'article ci-dessous en une brève.

> Le Comité national contre le tabac (CNCT) vient de remporter une victoire face à Philip Morris. Le fabricant a été condamné par le tribunal de grande instance de Quimper (Finistère) à verser 400 000 F de dommages et intérêts au CNCT. Celui-ci reproche à Philip Morris la faible lisibilité des avertissements sanitaires obligatoires notés sur ses paquets, du type « Nuit gravement à la santé ». Ceux-ci doivent être normalement imprimés en caractères gras. Sur des paquets du groupe Philip Morris (Marlboro, Chesterfield), le message était noté en lettres « dorées et sur fond sombre ». Le tribunal a également infligé aux sociétés néerlandaise et allemande du groupe Philip Morris une amende de 150 000 F chacune pour violation du Code de la santé publique.
>
> *Le Parisien*, 14 novembre 1997.

3) *Le traitement de l'information n'est jamais totalement neutre. La manière de présenter l'information est déjà un choix empreint de subjectivité. Pour vous en convaincre, comparez ces deux filets, déjà anciens mais fort symptomatiques. Que remarquez-vous (titres, informations prioritaires, commentaires implicites) ?*

Jean-Marie Balestre rattrapé par son passé

Monsieur Jean-Marie Balestre, président de la Fédération internationale de sport automobile, a perdu son procès en diffamation contre les Éditions Lieu commun et Jean-Pierre Dubreuil, auteur du livre *Les Bolides en or*. Dans cet ouvrage, l'auteur mettait en cause Jean-Marie Balestre en rappelant notamment son passé de jeune militant collaborateur et de membre de la Waffen SS. Monsieur Balestre qui demandait un million de francs de dommages et intérêts a été débouté de sa demande par un jugement de la première chambre du tribunal de grande instance hier. Le tribunal a estimé que les photos de Balestre sous l'uniforme SS, son article pro-nazi dans le journal *Devenir*, les attestations démontrant son absence des camps où il disait avoir été interné, les documents découverts par Serge Klarsfeld et les pièces relatives à sa détention en France étaient des éléments suffisants pour apporter la preuve de la bonne foi de l'auteur, qui par ailleurs a rappelé que Monsieur Balestre disposait d'une carte de déporté résistant.

Toutefois le tribunal a condamné les Éditions Lieu commun et J.-P. Dubreuil à payer 5 000 francs de dommages et intérêts à Monsieur Balestre pour atteinte à la vie privée, du fait de la publication de certaines de ses ressources et de la photo de sa maison.

C'est la première fois qu'un tribunal « entérine » une « rumeur » qui circulait depuis des années sur les circuits de Formule Un.

Libération, 12 juillet 1984.

Dommages et intérêts

Mis en cause dans un livre de Jean-Pierre Dubreuil, *Les Bolides en or*, Jean-Marie Balestre, le président de la Fédération française et de la Fédération internationale du sport automobile a obtenu 5 000 F de dommages et intérêts pour atteinte à sa vie privée devant la première chambre du tribunal civil de Paris.

Il a été en revanche débouté de son action en diffamation. Le tribunal a en effet reconnu la bonne foi de l'auteur qui avait produit notamment une photo allemande représentant M. Balestre en uniforme SS, et un article signé de lui dans un journal collaborationniste à l'époque de l'occupation. Le président de l'association des constructeurs de F1, Bernie Ecclestone, également mis en cause, qui réclamait 10 millions de dommages et intérêts pour diffamation, obtient le franc symbolique, de même que la F.I.A.

Midi Libre, 13 juillet 1984.

4) Relevez, dans la critique cinématographique qui suit, tous les éléments d'appréciation du film proposés par le rédacteur, Jean-Michel Frodron.
Commentez-les.

Grève Party

Une réelle inquiétude émane de ce film : il préfigure les innombrables évocations et commémorations de mai 1968 qui nous menacent comme matraque de pandore à l'occasion d'un trentenaire très annoncé. Retour sur ce qu'il est advenu des « valeurs » du printemps d'il y a trente ans, cette parabole laborieuse relève d'une esthétique beaucoup plus ancienne, celle du cinéma à la française des années 30 et 40, à base de personnages « typiques » et de mots d'auteur appuyés.

Situé dans une librairie du Quartier latin tenue par un ancien dirigeant syndical désabusé, sillonné par une poignée de figures hautes en couleurs convenues sur fond de journée d'action nationale, *Grève Party* lorgne vers la banderole « portrait doux-amer d'une génération flouée qui n'a pas renoncé à ses rêves tandis que se profile la relève au sein d'une jeune génération plus forte et plus lucide ». Ça se discute. Ce qui ne se discute pas, c'est l'absence de la moindre étincelle de cinéma dans cette pantomime gentillette et passéiste. Barmaid jouant les utilités, Micheline Presle en reste muette devant tant d'inutilité.   J.-M.F.

Film français de Fabien Onteniente. Avec Daniel Russo, Vincent Elbaz, Bruno Solo, Gilbert Melki, Camille Japy, Nini Crepon, Micheline Presle. (1 h 26.)

Le Monde, 5 mars 1998.

CORRIGÉS

1 Loi de proximité

■ Nous avons affaire ici à un écho.
■ Les critères de proximité sont les suivants :
– caractère insolite de l'information ;
– proximité culturelle de la bataille napoléonienne d'Austerlitz pour des Français ;
– proximité affective et psychologique (thème du sens et du non-sens de la mort, profanation, image de Napoléon…).

2 La brève

Philip Morris, condamné par le tribunal de Quimper pour non-conformité des avertissements sanitaires imprimés sur ses paquets de cigarettes, devra verser 400 000 F au Comité national contre le tabac.

La communication écrite : principes généraux

3 Le traitement de l'information

■ Les deux titres ne mettent pas l'accent sur le même message.

■ L'article de *Libération* accorde plus de place à l'information que celui de *Midi Libre*. Il introduit également des éléments de commentaire.

■ L'article de *Midi Libre* accorde une place aux dommages et intérêts obtenus par Bernie Ecclestone, alors que celui de *Libération* préfère mettre l'accent sur le présumé passé collaborationniste de Jean-Marie Balestre.

■ Enfin, et surtout, message essentiel et message secondaire sont inversés dans les deux articles :

	Libération	*Midi Libre*
Information prioritaire	J.-M. Balestre débouté de son procès en diffamation contre J.-P. Dubreuil	J.-P. Dubreuil condamné à des dommages et intérêts pour atteinte à la vie privée de J.-M. Balestre
Information secondaire	J.-P. Dubreuil condamné à des dommages et intérêts pour atteinte à la vie privée de J.-M. Balestre	J.-M. Balestre débouté de son procès en diffamation contre J.-P. Dubreuil

4 La critique

Les termes qui portent plus particulièrement l'appréciation critique sont en couleur.

■ *Il préfigure les innombrables évocations et commémorations de mai 68 qui nous menacent…* : rien d'engageant, donc.

■ *Cette parabole laborieuse…* : elle a du mal à se mettre en place, elle n'est pas convaincante.

■ *Personnages « typiques » et mots d'auteur appuyés* : les guillemets permettent au critique de prendre ses distances vis-à-vis de la prétention du cinéaste à présenter des personnages qui soient des types de l'époque évoquée. Pour lui, ce seraient plutôt des caricatures, ce que souligne encore l'emploi de l'adjectif « appuyé ».

■ *Figures hautes en couleurs convenues* : l'adjectif conforte l'analyse précédente sur les guillemets de « typiques ».

■ *Grève Party lorgne vers la banderole…* : là aussi l'accent est mis sur la grossièreté du trait.

■ *Ce qui ne se discute pas, c'est l'absence de la moindre étincelle de cinéma dans cette pantomime gentillette et passéiste* : le terme de « pantomime » renvoie au sketch, à une attitude outrée, affectée, au mauvais théâtre donc, et non au mouvement cinématographique. On ne peut adhérer à ce que l'on voit, suggère le journaliste.

Une telle appréciation critique constitue ce que l'on appelle, dans le langage du métier, un **éreintement**.

Les techniques rédactionnelles journalistiques

**Connaître les principales techniques d'écriture journalistique.
Apprendre à concevoir titres, intertitres, chapeaux, articles.**

Définition : le principe de la pyramide inversée

L'écriture journalistique relève des mêmes règles d'écriture que l'écrit professionnel. Le journaliste est souvent lu par un lecteur non captif, c'est-à-dire qui fait une lecture partielle de l'article. Il importe donc de retenir son attention et de favoriser la recherche d'information.

C'est pourquoi l'écriture journalistique est guidée par le principe de la pyramide inversée, qui consiste à aller du plus important au moins important.

L'essentiel de l'information est livré au début de l'article et au début de chaque paragraphe. Au lieu de faire naître l'intérêt en amenant progressivement le sujet, le journaliste plonge immédiatement son lecteur au cœur de l'information. Celui-ci doit en effet pouvoir se faire très vite une idée des contenus de l'article. Il décidera alors de lire ou de passer à un autre article traitant d'un thème qui l'intéresse davantage.

Le principe de la pyramide inversée permet de favoriser une lecture sélective : aucun lecteur, en effet, ne lit son journal intégralement de la première à la dernière page.

Analyse

1 Les six questions de référence

— Au stade de la dépêche d'agence, puis de la brève, le texte journalistique répond à six questions :

Qui ? Quoi ? Où ? Quand ? Pourquoi ? Comment ?

L'article doit reprendre ces questions en développant davantage les réponses que dans une brève.

— Pour s'assurer qu'un article est complet, on le relira en vérifiant qu'on a bien répondu aux six questions de référence :

Qui ? c'est-à-dire qui est au centre de l'information.

Quoi ? quel est l'événement.

Quand ? à quelle date, à quel moment, l'événement s'est produit.

Où ? en quel lieu précis l'événement a eu lieu.

Pourquoi ? quelles causes ont entraîné l'événement.

Comment ? quelles sont les circonstances exactes de l'événement.

2 Les plans journalistiques

Le principe de la pyramide inversée préside à la structure de l'article. C'est pourquoi le plan dialectique, propre à la dissertation, qui dispose l'essentiel (la synthèse) à la fin, est incompatible avec l'écriture journalistique.

De même, le plan chronologique est peu indiqué. On choisira donc de préférence un plan chronologique inversé :
- partant de l'événement pour remonter aux causes,
- partant de l'actualité pour revenir sur le déterminisme historique.

On pourra aussi adopter un plan explicatif ou plan logique :
- partant des causes pour aboutir aux conséquences. Ce type de plan s'ouvre par une accroche présentant l'événement, qui met d'emblée le lecteur dans le vif du sujet.

Comment procéder

1 Du paragraphe à l'article

● La logique de la pyramide inversée s'applique aussi bien à l'article qu'aux paragraphes qui le composent : chaque début de paragraphe contient l'idée importante qui sera ensuite développée et commentée.

Lorsqu'on lit tous les débuts de paragraphes d'un article, on doit pouvoir reconstituer le plan de l'article et repérer toutes les idées importantes qui y sont développées.

● Le paragraphe est une unité de sens. Les développements, les arguments, les exemples, les circonstances, qui découlent d'un fait ou d'une idée, doivent apparaître dans un même paragraphe. Chaque nouveau paragraphe doit correspondre à une nouvelle idée ou à un fait nouveau.

2 Titres, intertitres, surtitres, bandeau

Titres, intertitres, surtitres et bandeaux permettent de classer l'article dans une rubrique, d'informer sur les thèmes qu'il aborde, d'en faciliter et d'en rythmer la lecture.

● Le bandeau, en haut de page, permet le repérage de la rubrique (économie, société, étranger, livres, faits divers, etc.)

● Les titres et les surtitres (placés au-dessus des titres) livrent l'information tout en incitant à la lecture de l'article.

L'article peut être introduit par un titre :
- informatif : l'information est livrée de façon synthétique et neutre ;
- incitatif : le point de vue de l'émetteur ou sa volonté de convaincre transparaissent. Parfois aussi, le titre incitatif vise à éveiller un sentiment chez le lecteur (amusement, étonnement, curiosité, etc.) ;
- informatif et incitatif : l'information est présentée, mais d'une façon qui n'est pas absolument neutre. Le titre informe tout en donnant envie de lire.

L'article peut être introduit à la fois par un titre et par un surtitre. Dans ce cas, les stratégies informatives et incitatives se complètent souvent : titre informatif et surtitre incitatif, ou l'inverse.

 *Exemples*

Le Figaro du jeudi 30 octobre 1997
[bandeau] LA VIE INTERNATIONALE
[surtitre informatif] Irlande : élection présidentielle aujourd'hui
[titre incitatif] La révolution des dames

Libération du jeudi 30 octobre 1997
[bandeau] MONDE
[surtitre incitatif] Un carré de dames pour la présidentielle en Irlande
[titre informatif] Elles briguent la succession de Mary Robinson. En face, un seul homme.

— Des intertitres rythment le déroulement de l'article. Comme les titres et les surtitres, ils peuvent être informatifs et incitatifs. Ils permettent au lecteur de prendre rapidement connaissance des principaux contenus de l'article. Ils soutiennent aussi son attention en annonçant les développements à venir.

Le chapeau

Souvent, l'article est précédé d'un texte court dont la typographie est particulière. Ce chapeau permet tout à la fois d'introduire et de résumer l'article.

Dans la logique de la pyramide inversée, exposée plus haut, le chapeau permet de livrer les principaux contenus dès l'accroche.

 *Exemple*

[Chapeau de l'article du *Figaro* (voir titres plus haut)]
Une divorcée, une écologiste, une ancienne championne de l'Eurovision et une représentante de la droite catholique se disputent la succession de Mary Robinson.

Le style

Le texte journalistique, au même titre que d'autres écrits professionnels, doit être d'une grande lisibilité rédactionnelle.

On privilégiera donc la phrase courte, les tournures affirmatives et actives, les formes personnelles.

> ⚠️ **Erreurs à éviter**
>
> Bannissez le jargon, le recours systématique à l'abstraction. Préférez les situations concrètes et le vocabulaire concret.
> N'utilisez ni termes ni références empruntés à votre culture personnelle ou relevant de domaines trop spécialisés.

Les attaques et les chutes

Le début et la fin de l'article sont des temps forts qu'il faut préparer avec soin.

— L'attaque crée le climat de l'article. Elle doit retenir l'attention du lecteur. On peut répondre rapidement aux questions de référence et plonger le lecteur dans le vif du sujet. On peut aussi camper le décor par un portrait, une description, des témoignages, une anecdote.

Exemples

Dans le vif du sujet (*Le Figaro*) : L'Irlande est un pays complexe et paradoxal. Dans cette République conservatrice, très imprégnée par les valeurs catholiques où la gente féminine a, plus longtemps qu'ailleurs, été reléguée aux fourneaux, quatre femmes se présentent aujourd'hui à la présidence de la République. La presse anglaise les a surnommées les « spice girls » et le seul homme qui ait osé les affronter, un policier à la retraite, n'est crédité que de 5 % des intentions de vote.

L'anecdote (*Libération*) : Il est difficile de remplacer Mary Robinson. La présidente d'Irlande avait placé au début de son mandat une bougie à une fenêtre de sa résidence de Phoenix Park. La flamme a brûlé sept ans, symbole tout à fait robinsonien de sa présidence qui a accompagné la révolution des mœurs et la mutation économique de l'Irlande.

■ La **chute** doit être **vigoureuse**. Elle clôt l'article par une reprise synthétique des principaux développements ou par une formule, une pirouette, une anecdote, une citation.

CHAPITRE COMPLÉMENTAIRE

· *Les principes de l'écriture journalistique (p. 68)*

APPLICATIONS

1) *Lisez attentivement ce bref article.*
Indiquez comment il répond aux six questions de référence.
Ajoutez ensuite un court chapeau reposant sur le principe de la pyramide inversée.

EMPLOI

Des cycles se recyclent dans l'insertion

L'association « Pain contre la faim », soutenue par le conseil général du Bas-Rhin, lance une opération baptisée « 1000 vélos pour un avenir ». Les 1000 vélos en question ont d'ores et déjà été récupérés et un certain nombre envoyés au Mali. Il s'agit maintenant de remettre en état environ 500 vélos pour constituer un parc destiné, dans un premier temps, aux étudiants de Strasbourg. Une association d'insertion professionnelle « Vélo-emploi » vient pour cela d'être créée et emploie d'ores et déjà 12 personnes à mi-temps dans le cadre de contrats emploi solidarité. L'objectif est de créer 20 emplois avant la fin de l'année grâce notamment aux emplois jeunes. Afin de pérenniser cette opération, deux collectes de cycles seront organisées chaque année. Le parc de vélos de location (50 F par mois) sera mis en place début novembre sur le site du campus de l'Esplanade à Strasbourg.

La Croix, jeudi 30 octobre 1997.

Les techniques rédactionnelles journalistiques

2) Lisez l'article ci-dessous.
a. Rédigez un bandeau, un surtitre incitatif et un titre explicatif pour cet article.
b. Ajoutez un chapeau et deux intertitres.

C'est le diable en manque de diablotins qui vient faire son marché au pays du bon Dieu. L'américain Boeing a loué ce week-end les salons de l'hôtel Holiday Inn à Toulouse pour y recruter des ingénieurs de l'Aérospatiale et d'Airbus. La petite annonce préalable parue dans *La Dépêche du Midi* précise que les emplois de « *technical designer* » ou d'« *avionics design engineers* » à pourvoir aux États-Unis nécessitent de deux à cinq ans d'expérience. « *C'est que Boeing a quelques difficultés d'effectif pour le montage de ses B747 et B737* », commente tranquillement la direction toulousaine d'Airbus. Une petite trentaine de curieux est tout de même venue voir de quoi il retournait.

(intertitre)

La firme de Seattle n'en est pas à son coup d'essai. Une première annonce était déjà parue au mois de septembre 1996, mais sans séances d'entretiens. Et Lori Larson, qui a dirigé les opérations de ce week-end, indique que 70 ingénieurs allemands ont ainsi été débauchés l'hiver dernier pour le compte de Boeing sur le site de Hambourg. Lori Larson travaille pour Volt Engineering Service, un cabinet de chasseurs de têtes justement basé à Seattle. Mark Hooper, le directeur de la communication de Boeing cité par *La Dépêche du Midi*, confirme que ce dernier appel vise à faire face à l'explosion du plan de charge de sa société.

(intertitre)

Les services toulousains de communication d'Airbus disent ne rien craindre de ce raid sur les cerveaux : « *C'est au contraire une reconnaissance de nos compétences de la part d'un concurrent qui a longtemps eu un complexe de supériorité. Les Américains nous font ainsi une publicité tout à fait inattendue.* » « *Les propositions qui nous sont faites paraissent sérieuses* », lâche sans plus de détail un dessinateur à la sortie de son entretien. « *Mais je n'oublie pas que les Américains débauchent aussi facilement qu'ils embauchent.* » Les cerveaux toulousains ne sont pas particulièrement pressés d'aller travailler pour la « World Company ». Les jeunes étudiants de Sup'Aéro et de l'Ensica auraient peut-être moins de réticences à s'expatrier. Quelques-uns se sont d'ailleurs déplacés jusqu'à l'Holiday Inn. Mais, pour le coup, leur manque d'expérience n'en faisait pas les candidats à la hauteur des espérances de Boeing.

Gilbert Laval, *Libération,* 30 octobre 1997.

CORRIGÉS

1.a Les questions de référence

Qui ? L'association « Pain contre la faim ».
Quand ? Automne-hiver 1997.
Où ? À Strasbourg.
Quoi ? Collecte de vélos et constitution d'un parc pour les étudiants.

Pourquoi ? Pour venir en aide aux populations du Mali et créer de l'emploi dans le Bas-Rhin.

Comment ? Grâce à l'association « Vélo-emploi ».

1.b Le chapeau

À Strasbourg, l'association « Pain contre la faim » lance une action de solidarité originale. Elle collecte des vélos qui seront distribués ou loués. Elle aide ainsi les plus pauvres tout en créant du travail pour les jeunes.

2.a Bandeau, surtitre et titre

L'article était introduit par un bandeau, un surtitre incitatif et un titre explicatif mais il ne comportait ni chapeau ni intertitres. Seuls les trois premiers éléments sont donc dus au journaliste de *Libération*.

<u>Bandeau</u> : ÉCONOMIE

<u>Surtitre</u> : Boeing chasse des têtes sur les terres d'Airbus

<u>Titre</u> : La compagnie tente de recruter des ingénieurs dans la région de Toulouse

2.b Chapeau et intertitres

En panne de personnel hautement qualifié, Boeing tente de recruter à Toulouse dans le fief de l'Aérospatiale et d'Airbus. Les deux géants français de l'aéronautique restent sereins, cependant que le personnel est sur la défensive.

<u>Premier intertitre</u> : Des Américains récidivistes

<u>Deuxième intertitre</u> : Les cerveaux toulousains prudents

La contraction d'un texte d'idées résumé et analyse

 **Rendre compte, brièvement et avec la plus grande objectivité, de la pensée d'autrui.**

Définitions

Qu'elle prenne la forme du résumé ou celle de l'analyse, la contraction d'un texte consiste à rendre compte du sens et de l'argumentation de ce texte de manière concise. Il s'agit par conséquent de proposer un texte plus court, mais de sens équivalent au texte de départ.

Deux démarches différentes

Le résumé suit le fil du développement argumentatif proposé par le texte de départ. Il en respecte donc scrupuleusement le plan et la forme. Il est adapté aux discours fortement structurés.

L'analyse se voit, pour sa part, dégagée de l'obligation de suivre l'ordre chronologique du discours étudié. Si elle doit, comme le résumé, respecter le sens et l'argumentation du texte de départ, elle peut le faire selon une autre structuration, plus évidente. Elle est donc adaptée aux discours peu structurés, structurés de manière peu claire ou aux discours d'une grande ampleur.

Analyse

1 Informer et non commenter

Résumé et analyse doivent proposer une image condensée et fidèle du texte de départ. Il faut donc éviter de donner votre opinion, de déformer la pensée de l'auteur du texte initial, ou encore de passer sous silence un argument.

> ⚠️ **Erreurs à éviter**
> · Les jugements de valeur ou les commentaires personnels.
> · L'ajout d'une introduction ou d'une conclusion personnelle.
> · L'emploi du je personnel et subjectif. Dans le cas du résumé, si le texte initial est à la première personne, vous la restituerez, puisque vous devez respecter la forme du texte ; mais ce je n'est pas le vôtre, il est celui de l'auteur du texte.

2 Différences de forme

Le résumé respecte la forme du texte initial. Il ne peut donc comporter d'indications du type : « L'auteur déclare que ... », « part de l'idée que ... », « veut montrer que ... », etc.

L'analyse, qui n'est pas soumise à cette obligation, utilise en revanche de tels procédés.

Rédaction de documents informatifs

- Le résumé conserve également la personne verbale employée par l'auteur du texte initial. Autant que possible, il en restitue aussi le ton.

L'analyse, quant à elle, utilise la 3e personne et emploie un ton neutre. Elle indique, en revanche, si nécessaire, à quel ton a eu recours l'auteur du texte de départ.

3 Résumé et analyse rendent compte de l'essentiel

- La contraction, puisqu'elle doit donner du texte étudié une image réduite mais fidèle, demande de distinguer avec le plus grand soin l'essentiel de l'accessoire.

L'essentiel, ce sont les arguments présentés (qui sont des éléments « abstraits ») et les articulations qui les relient (la structuration).

L'accessoire, ce sont les illustrations, les anecdotes, les exemples, dont le rôle est simplement de rendre concrets les arguments, de mieux les faire comprendre.

- Les citations, fréquentes dans les textes d'idées, viennent parfois soutenir l'argumentation et font alors partie de l'accessoire. Mais elles peuvent aussi s'y substituer. Dans ce cas, il convient de repérer quels arguments elles avancent, de manière plus ou moins explicite, et d'en tenir compte dans l'élaboration du plan de la contraction.

 Erreur à éviter

En aucun cas, la contraction de texte ne peut consister en un collage de citations du texte de départ. Seules des formules frappantes, ou intraduisibles par d'autres mots, peuvent être reprises. Elles sont alors signalées par l'emploi des guillemets.

4 La longueur de la contraction

- La contraction de texte peut être plus ou moins longue selon les contraintes qui vous sont imposées. Dans les épreuves d'examen ou de concours, il est en général précisé quelle doit être la longueur de votre travail : contraction en tant de mots ou tant de signes, contraction au quart ou au cinquième de la longueur du texte initial...

Comment procéder

1 Repérer la thèse

- La première tâche, dans tout travail de contraction, consiste à trouver la thèse avancée par le texte étudié, c'est-à-dire l'idée centrale qui structure ce texte, autour de laquelle il s'organise.

La thèse (étymologiquement, *ce qui est posé*) résume le point de vue de l'auteur, ce qu'il veut défendre et prouver : son opinion. La thèse demande bien sûr à être soutenue, et c'est là le rôle de l'argumentation qui l'accompagne...

Cependant, cette thèse peut être exprimée de façon plus ou moins nuancée, plus ou moins explicite.

- La thèse peut être exprimée dès le début d'un texte, puis explicitée par une argumentation ; mais on peut aussi la trouver à la fin du texte, comme conclusion d'une argumentation développée préalablement.

- Soyez attentif au titre d'un texte, d'un article, etc. Il peut présenter, de manière ramassée, la thèse (titre « informatif »), mais aussi induire en erreur, en mettant uniquement l'accent sur un aspect particulier du texte (titre « incitatif »). Il en va de même pour le « chapeau » d'un article de journal.

— Tout texte argumentatif répond à un projet, implicite ou explicite, que l'on peut en général exprimer sous la forme d'une question à laquelle répond la thèse. Trouver la question et la thèse permet le plus souvent d'éclairer la structure argumentative du texte étudié et favorise la hiérarchisation des différents arguments présentés.

2 Mettre en évidence les articulations du discours

— Un texte d'idées présente une argumentation, c'est-à-dire un ensemble d'arguments articulés les uns par rapport aux autres. Son objectif est de convaincre de la pertinence de la thèse soutenue. L'argumentation joue donc le rôle d'une démonstration.

— Pour résumer ou analyser un texte d'idées, il faut donc repérer les différents arguments présentés, de même que les termes d'articulation logique qui les relient et les hiérarchisent. En effet, sans liens logiques, divers arguments juxtaposés ne permettent pas de manifester la cohérence d'un discours.

— Les différents arguments sont mis en évidence par un repérage des « mots ou expressions clés » contenus dans le texte de départ. On peut, par exemple, les souligner.

— Les termes d'articulation logique (prépositions, conjonctions, adverbes) servent à préciser le lien entre deux arguments. Ils permettent aussi de hiérarchiser les arguments, de distinguer arguments majeurs et arguments mineurs. Dans un texte bien construit, les termes d'articulation qui servent à relier les arguments majeurs sont le plus souvent placés en tout début de paragraphe.

Il faut toutefois prendre garde : certains liens logiques ne sont exprimés que par la ponctuation, voire sont sous-entendus. On peut les retrouver en ayant une vision globale du texte et en prenant en compte sa cohérence interne.

3 Reconstituer le plan

— Le travail précédent effectué, il est possible de reconstituer la charpente argumentative du texte étudié, autrement dit son plan. La hiérarchisation des arguments permet de préciser les niveaux argumentatifs, donc de distinguer les parties des sous-parties ; l'étude des liens logiques permet de relier chaque argument à ceux qui le précèdent et à ceux qui le suivent.

La hiérarchisation et l'articulation de chaque élément du plan est donc indispensable. Il faut préciser les niveaux argumentatifs et noter le lien logique qui relie chaque argument aux autres.

— Si le plan du texte de départ est répétitif ou trop digressif, et si vous pouvez proposer une analyse, rien ne vous empêche de présenter la pensée d'autrui en construisant un plan plus simple. Veillez alors à ne pas interpréter ni commenter.

4 Rédiger

— Votre plan vous permet de rédiger votre contraction de texte. Il vous suffit de l'habiller, de construire des phrases et, éventuellement, des paragraphes pour reproduire l'argumentation du texte de départ.

— Vous devez peser les termes utilisés, pour employer des « mots justes » (qui ne faussent pas la pensée reproduite) et abstraits, de manière à éviter les périphrases et à rendre compte brièvement d'arguments parfois développés sur plusieurs lignes dans le texte initial. Évitez de bavarder, allez droit au but !

Rédaction de documents informatifs

CHAPITRES COMPLÉMENTAIRES
- La logique du discours (p. 20)
- Typologie des arguments (p. 34)
- Enrichir son vocabulaire (p. 190)
- Choisir le bon registre de langue (p. 194)

APPLICATIONS

Texte tiré du Monde multimédias *du 30 septembre 1995.*
1) Repérez la thèse.
2) Repérez les termes clés et les termes d'articulation.
3) Retrouvez le plan du texte de départ.
4) Reconstruisez le plan du texte initial (analyse).
5) Rédigez un résumé et une analyse au $1/5^e$ du texte initial.

LA DÉMOCRATIE À L'ÉPREUVE DU BOULEVERSEMENT QUE PROVOQUE INTERNET

La mise en connexion généralisée de terminaux isolés contribuera-t-elle à favoriser le lien social ou atomisera-t-elle un peu plus les individus ?

Qu'on le fréquente assidûment ou que, faute de l'avoir découvert, on en cerne imparfaitement le contenu, Internet donne le vertige. Pour les uns, il va régénérer les liens sociaux et réveiller les sociétés occidentales repliées sur elles-mêmes. Pour les autres, il risque de faire définitivement basculer dans un cauchemar autiste. Prométhée ou Big Brother ?

Indéniablement, le réseau Internet procure une certaine ivresse à ses utilisateurs. Se connecter, c'est se prendre pour une sorte d'Ali Baba égaré dans une caverne virtuelle bourrée de secrets et d'images. L'impression d'ubiquité ajoute encore au charme d'Internet. Chacun peut donner son avis sur tout par l'intermédiaire des forums (ou *newsgroups* [...]) organisés spontanément sur des thèmes d'une extrême diversité.

Pourquoi ne pas se transformer en éditeur d'informations et proposer la consultation de ses œuvres complètes ? Les libertaires de tout poil y trouveront aussi leur compte. Terre promise du piratage – quelle que soit la cause servie –, Internet offre la possibilité de mettre en circulation des écrits censurés.

Le réseau, affirment les plus convaincus, n'est pas seulement synonyme d'ouverture d'esprit, grâce aux sources infinies de documentation pouvant être consultées, ou d'élargissement des opportunités de contact avec autrui puisque les messageries électroniques sont incomparablement plus pratiques et moins onéreuses que le téléphone. Son développement préfigure une nouvelle forme de communication démocratique (chacun peut prendre la parole), quasi instantanée, multidimensionnelle et capable, de surcroît, de réhabiliter l'expression écrite.

Pour autant, la croissance d'Internet ne suscite pas un enthousiasme général, un émerveillement *urbi* et *orbi*. Les réticences sont parfois très vives. Elles proviennent pour l'essentiel, mais pas uniquement, de personnes rétives à la pratique des nouvelles technologies de la communication. Ce n'est pas une raison pour les ignorer.

Les craintes qu'inspire Internet sont de plusieurs ordres. Certes, estiment les sceptiques, la mise en connexion généralisée de terminaux isolés peut rendre d'irremplaçables services. Mais ce mode de communication comporte des effets pervers qui risquent à tout moment de le faire déraper.

L'utilisation d'un pseudonyme, font-ils remarquer, n'est pas la meilleure garantie de sincérité des rapports qui se nouent sur le réseau. Sans compter les risques de manipulation individuelle – enfants ou adolescents peuvent en être les victimes, comme on s'en est inquiété aux États-Unis – ou collective, par la diffusion d'informations invérifiables, de rumeurs d'autant moins maîtrisables qu'elles se diffuseraient sur un réseau planétaire livré à lui-même.

Sous couvert de tisser des liens universels, Internet atomiserait encore davantage les individus, accélérant le repli sur l'univers domestique. La possibilité offerte de découvrir les musées du monde entier sans quitter son chez-soi constitue-t-elle à coup sûr un progrès de la civilisation ? Reste à savoir si un cédérom pourra jamais remplacer un après-midi au Louvre ou au Palais des Offices à Florence…

Ce débat, s'il mérite quelque passion, exige néanmoins d'être posé en termes moins tranchés. « *Ce qui me frappe*, souligne le consultant Dominique Boullier, fondateur de la société Euristic, *c'est que, lorsque apparaît un moyen de communication nouveau, le même discours idéologique refait surface. Au début de la Citizen Band [CB], des radios locales ou de la télématique, on entendait déjà célébrer le renouveau de la démocratie et la régénération du lien social.* »

Les critiques, parfois apocalyptiques, étaient tout aussi démesurées. Il faut donc se garder de toute simplification.

Au-delà d'un évident « *phénomène de curiosité* », Dominique Boullier remarque que les utilisateurs d'Internet ne cherchent guère à communiquer pour le simple plaisir de partir à la rencontre d'autrui. Ce sont, avant tout, des chercheurs d'informations.

« *Regardez les forums : pour l'essentiel, on y échange des tuyaux pour mieux se repérer sur Internet* », témoigne-t-il. « *La télématique nous a déjà montré les limites de ce genre de tribune dès lors qu'aucun animateur n'est présent pour relancer le débat*, ajoute Thierry Vedel, chercheur à la Fondation nationale des sciences politiques (FNSP). *L'arrivée de nouveaux utilisateurs donne l'impression d'un trafic exponentiel et bouillonnant. Or, l'utilisateur tend à se rationaliser. Les forums les plus actifs sont les plus segmentés où se retrouvent des gens qui étaient déjà en relation ou qui se sont rencontrés à l'occasion d'un colloque… Le comportement des pionniers ne doit pas faire illusion. Dans ce jeu de piste, c'est d'abord l'accès à des bases de données qui est recherché…* »

Patrice Clichy, chercheur au CNET, relève pour sa part que, « *pour la première fois, il est possible d'utiliser une messagerie universelle et d'échanger des informations de manière conviviale* ». « *Mais ces possibilités d'échange*, ajoute-t-il aussitôt, *sont l'apanage de la communauté scientifique : certains groupes de discussion très pointus ne regroupent pas plus de vingt personnes à travers le monde !* »

Christophe, chargé d'assister les clients de La Douche, un cybercafé de Nice (*Le Monde* du 13 juin), confirme ce sentiment. « *Les clients se promènent sur le Net, s'amusent avec les jeux, mais rares sont ceux qui se mêlent aux forums, dont la plupart exigent la maîtrise de l'anglais. Pour tout dire, le canal de discussion que nous avons constitué avec les autres cybercafés ne marche pas très fort non plus.* »

Dans les mois et les années qui viennent, ce mouvement de rationalisation va largement influencer l'organisation des réseaux. « *Aujourd'hui, l'accès est souvent difficile, long et fastidieux, mais les gens font avec : c'est le prix que tout pionnier doit acquitter. Cela ne durera pas. Nous allons voir émerger une importante demande de services organisés et les utilisateurs vont exiger qu'on les oriente clairement vers des sources d'information disponibles parfaitement et rapidement identifiées. Vous allez voir, Internet va devenir un monde policé* », prévoit Dominique Boullier.

CompuServe, America On Line, World, Microsoft, Euronet ou Calvacom l'ont bien compris : en dépit des apparences, l'internaute se voit mal dans la peau d'un éternel pionnier. Et tant pis si le fonctionnel exige que l'on sacrifie le folklore convivial.

Jean-Michel Normand

Rédaction de documents informatifs

CORRIGÉS

1 Repérer la thèse

■ **Vous avez à résumer ici un article de journal**. Après avoir lu une première fois l'intégralité du texte, vous devez prêter une attention particulière au titre et au sous-titre. L'un et l'autre synthétisent souvent, en effet, le texte qu'ils chapeautent.

■ **Le titre** met en jeu trois termes clés : « démocratie », « bouleversement », « Internet ». Il présuppose qu'Internet provoque des changements brutaux dans le processus de la communication et s'interroge sur leur impact sur la démocratie, autrement dit sur la manière dont les citoyens exercent leur souveraineté politique. La locution « à l'épreuve de » présuppose quant à elle une certaine capacité de résistance de la démocratie aux effets vicieux qui pourraient résulter d'Internet.

■ **Le sous-titre** est plus explicite. Il pose clairement la question à laquelle le texte tente de répondre : Internet est-il un espoir ou une menace pour les relations qu'entretiennent les membres d'une même société ?

■ **Le texte**, que vous devez alors relire, reprend ce questionnement. Il présente d'abord les arguments d'espoir, puis les arguments de crainte. Dans un troisième temps, il se tourne vers l'avenir pour tenter d'apporter un élément de réponse. Les avis de spécialistes, longuement cités dans cette partie, indiquent que l'apparition d'un moyen de communication nouveau suscite le plus souvent des espoirs et des craintes excessifs. En fait, il faut laisser à l'utilisation de ce nouveau média le temps de s'organiser, de se rationaliser.

■ **La thèse** que propose l'article, en réponse au questionnement initial, peut alors être formulée ainsi : l'utilisation d'Internet va s'organiser de manière plus rigoureuse dans un proche avenir, et c'est alors qu'apparaîtront plus clairement ses effets.

2 Repérer les termes clés et les termes d'articulation

■ La recherche de la thèse vous a déjà permis de repérer les trois grandes parties de ce texte. Il s'agit à présent d'approfondir votre étude.

■ Le premier paragraphe reprend les termes de l'alternative posée par le sous-titre : *pour les uns / pour les autres*.

■ Les paragraphes suivants présentent les espoirs que suscite Internet, mais ne les énumèrent pas de façon évidente. Néanmoins, l'étude des termes de liaison et des mots clés permet de les retrouver :

> **Termes de liaison** : *ajoute encore, n'est pas seulement, grâce à*.
>
> **Mots clés** : *ivresse, impression d'ubiquité* (capacité à être présent en plusieurs lieux en même temps), *éditeur d'information, ouverture d'esprit, communication démocratique, réhabiliter l'expression écrite*.

■ Un paragraphe de transition suit. Il est introduit par *pour autant* qui exprime une idée d'opposition. Il fait donc le lien entre la première et la seconde partie.

■ Malgré une concession préliminaire introduite par *certes*, les paragraphes suivants énumèrent les craintes sur le même mode que dans la première partie.

> **Termes de liaison** : une seule expression joue ce rôle, *sans compter*. Les autres liaisons restent implicites.
>
> **Mots clés** : *effets pervers* (détournés du but originel), *utilisation d'un pseudonyme, manipulation, atomiserait, repli*.

▋ Le *néanmoins* du paragraphe suivant introduit une opposition. Le débat précédent doit *être posé en termes moins tranchés* car il est idéologique : il repose sur des idées, des croyances, pas vraiment sur une réalité observée.

▋ Les paragraphes qui suivent manifestent ce changement de perspective et en donnent les raisons. Elles constitueront la troisième partie du texte. La juxtaposition des citations qui présentent ces raisons ne permet pas de relever des termes de liaison.

Mots clés : *chercheurs d'information, rationalisation, banques de données, communauté scientifique, services organisés, monde policé.*

▋ Le dernier paragraphe met l'accent, pour conclure, sur la notion de fonctionnalité qui synthétise les arguments présentés dans la troisième partie.

3. Retrouver le plan du texte de départ

<u>Introduction</u> : Internet aujourd'hui [en 1995 : il faut être attentif aux dates de rédaction des textes] suscite espoirs, mais aussi craintes.

<u>1. Les espoirs</u> : ils sont liés à l'ivresse que provoquent les potentialités d'Internet (le texte les énumère en une série).
- (d'abord) Impression d'ubiquité.
- (et) Possibilité de mettre en circulation tout type d'information.
- (et) Ouverture d'esprit.
  Causes : documentation, contact avec autrui, prix modeste.
- (et) Régénération du lien social.
- (enfin) Réhabilitation de l'écrit.

<u>2. Les craintes</u> : elles sont liées aux réticences vis-à-vis des nouvelles technologies et à la peur d'effets pervers. Le texte les énumère.
- (d'abord) Absence de sincérité des rapports.
- (et) Risque de manipulation (individuelle et collective).
- (et) Diffusion d'informations invérifiables.
- (en définitive) Atomisation des individus.

<u>En fait (prise de position)</u> : craintes et espoirs sont excessifs et idéologiques.
- (explication) Toute nouvelle technologie suscite ces discours.
- (de plus) Les utilisateurs d'Internet sont surtout des chercheurs d'informations.
- (en outre) Les services vont s'organiser et le réseau se rationaliser.

<u>Conclusion</u> : Internet va se fonctionnaliser dans l'avenir.

4. Reconstruire un plan à partir du texte initial (analyse)

Par rapport à celui du résumé, le plan de l'analyse peut faire ressortir le parallélisme des espoirs et des craintes :

Impression d'ubiquité / absence de sincérité
Ouverture d'esprit / manipulation
Possibilité de mettre en circulation tout type d'information / Diffusion d'informations invérifiables
Régénération du lien social / atomisation des individus

La troisième partie, dans ce cas-là, reste identique.

5. Rédiger un résumé et une analyse au 1/5e du texte initial

Résumé

Le développement actuel d'Internet suscite un large débat où s'expriment espoirs et craintes. Les partisans du réseau sont portés par l'euphorie que provoque la découverte de ses potentialités, en particulier celle de dialoguer avec le monde entier. Pour eux, Internet permet à la fois de s'informer et d'informer plus que jamais à un prix modeste. Il favorise en outre une formidable ouverture d'esprit, de même que le contact avec autrui. Il est donc facteur de régénération des liens sociaux. Enfin, il donne à l'écrit un nouveau souffle.

Ses détracteurs, réticents aux nouvelles technologies et à ses possibles effets pervers, mettent en avant le manque de sincérité des rapports que le réseau peut induire. Ils craignent qu'Internet ne serve à manipuler les gens et à diffuser des informations invérifiables. Pour eux, le risque est grand de voir les individus se replier sur eux-mêmes et se couper de tout contact réel avec autrui.

Les uns et les autres tiennent sans doute un discours excessif et marqué par des prises de position idéologiques, comme cela a déjà été le cas lors de l'apparition d'autres moyens de communication. En fait, les utilisateurs d'Internet sont surtout des chercheurs d'informations précises et le réseau va sans doute se rationaliser dans un proche avenir. La fonctionnalité l'emportera alors sur l'effervescence.

Analyse

Le développement actuel d'Internet suscite un large débat où s'expriment espoirs et craintes. Les partisans du réseau sont portés par l'euphorie que provoque la découverte de ses potentialités, alors que ses détracteurs, réticents aux nouvelles technologies, s'inquiètent de ses possibles effets pervers. Pour les uns, Internet permet à la fois de s'informer et d'informer plus que jamais à un prix modeste, en même temps que de dialoguer avec le monde entier. Pour les autres, c'est l'absence de sincérité des rapports induits qui doit être mise en avant. Les premiers insistent sur l'immense ouverture d'esprit qui va résulter de l'utilisation du réseau, alors que les seconds craignent qu'il ne serve à manipuler les gens et à diffuser des informations invérifiables. En fin de compte, Internet est perçu soit comme facteur de contact avec autrui et de régénération des liens sociaux, en même temps qu'il réhabilite l'écrit, soit comme instrument d'un repliement des individus qui se couperaient alors de tout contact avec l'autre.

Pour Jean-Michel Normand, les uns et les autres tiennent sans doute un discours excessif et idéologique, comme cela a déjà été le cas lors de l'apparition d'autres moyens de communication. En fait, pense-t-il, les utilisateurs d'Internet sont surtout des chercheurs d'informations précises et le réseau va sans doute se rationaliser dans un proche avenir. La fonctionnalité l'emportera alors sur l'effervescence.

Les notes de lecture

**Apprendre à concevoir et à rédiger une note de lecture.
Adapter la note au récepteur.**

Définition

Les notes de lecture sont des comptes rendus de lecture destinés à informer le récepteur sur les contenus d'un ouvrage.

Lorsque la note a seulement une fonction documentaire, on se contente de présenter l'ouvrage et d'en évoquer précisément le propos. Mais, le plus souvent, lorsqu'on recense des ouvrages dans des journaux ou des revues, on guide le lecteur en portant un jugement critique et en appréciant les qualités comme les points faibles du livre.

Ce commentaire sera plus ou moins développé selon le contexte dans lequel s'inscrit la note. Dans des revues très spécialisées qui consacrent une note de lecture à toutes les parutions dans un domaine donné, la dimension informative sera privilégiée. En revanche, si l'on s'adresse à un public plus large, dans les journaux ou les magazines, on s'attachera davantage à la dimension incitative. L'objectif sera alors de donner envie de lire.

Toutefois, que la note soit plutôt documentaire ou plutôt incitative, on s'adresse toujours à un récepteur qui n'a pas lu le livre dont on lui parle. Il faut donc identifier l'ouvrage, le caractériser et en faire une analyse précise tout en portant, de façon plus ou moins développée, un jugement critique.

Comment procéder

1 Identifier

Lorsqu'on présente une note de lecture, on doit regrouper, au début ou à la fin du texte, les éléments d'information permettant d'identifier l'ouvrage. Après avoir lu la note, le récepteur doit en effet pouvoir se le procurer.

● Pour une note documentaire, l'identification se présente ainsi :
– le nom et le prénom de l'auteur (le nom en capitales). Si l'ouvrage est collectif, on reporte les noms dans l'ordre alphabétique. Si plus de trois auteurs ont participé à l'ouvrage, on note le premier nom, suivi de la mention « et *al.* » ;
– le titre de l'ouvrage, en italique ;
– le nom de l'éditeur et éventuellement le titre de la collection ;
– le lieu de parution, qui figure le plus souvent en début d'ouvrage, et fait partie du copyright (symbolisé ©). On veillera à ne pas confondre le lieu d'édition (adresse de l'éditeur) et le lieu d'impression (souvent indiqué à la fin de l'ouvrage) ;
– la date de première édition, qui suit ou précède le copyright.

Tous ces éléments d'information sont séparés par des virgules.

Rédaction de documents informatifs

EMERI Claude, ZYLBERBERG Jacques, *La Démocratie dans tous ses états, Argentine, France, Canada*, Presses de l'université de Laval, Laval, 1994.

Remarque : Dans le cas particulier d'une traduction, on caractérisera les indications pour l'édition étrangère avant de reporter ce qui concerne l'édition française (on introduira cette deuxième série d'identifiants par la mention « trad. »)

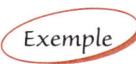
HABERMAS, Jürgen, *Theorie des kommunikativen Handelns*, Suhrkamp, Frankfurt am Main, 1981 ; trad., *Théorie de l'agir communicationnel*, Fayard, Paris, 1987.

●Pour une note de lecture dans une revue, un journal, un magazine, l'identification se présente ainsi :
– le prénom suivi du nom de l'auteur,
– le titre en capitales, en gras ou en italique,
– le nom de l'éditeur, suivi de la date de première édition, suivi du nombre de pages et éventuellement du prix.

Ces trois ensembles sont séparés par un retour à la ligne.

Claude Emeri et Jacques Zylberberg
LA DÉMOCRATIE DANS TOUS SES ÉTATS, ARGENTINE, FRANCE, CANADA
Presses de l'université de Laval, Laval, 1994

 Caractériser

Dans une note de lecture, on doit fournir au lecteur des informations objectives qui lui permettront de situer l'ouvrage dans le champ des savoirs, de le classer dans un genre, de le dater, de situer son auteur.

●**Le champ** : l'ouvrage peut se rattacher à une discipline universitaire (sociologie, écologie, littérature, philosophie, anthropologie, psychanalyse, physique, etc.) ou à un domaine (éducation, environnement, jardinage, etc.). Il peut aussi porter sur deux disciplines ou plus (histoire et sociologie, littérature et psychanalyse, philosophie, histoire et sciences de l'éducation, etc.).

Lorsqu'on caractérise le champ auquel appartient l'ouvrage, on doit être aussi précis que possible, en indiquant notamment à quels courants ce dernier se rattache.

Extrait d'une note de lecture sur *La Communauté des citoyens*, de Dominique Schnapper, Gallimard, 1994 (note parue dans la revue *Esprit*, janvier 1995).
« *Un des intérêts du livre de Dominique Schnapper est de mettre en lumière la difficulté des sociologues depuis la Première Guerre mondiale avec la notion de nation, avec le lien social sous sa forme nationale et politique. Son livre, tout en restant volontairement sociologique, imprégné de Marcel Mauss et de Max Weber, est cependant toujours à la frontière du politique.* »

●**Le genre** : lorsqu'il s'agit d'un ouvrage de fiction, on précise le genre littéraire auquel il se rattache (poésie, théâtre, roman picaresque, nouvelles de science-fiction, récit policier, scénario de film, etc.). Dans les autres cas, on indique s'il s'agit d'un travail de compilation, de la publication d'une thèse, des actes d'un colloque, d'un pamphlet, d'une œuvre collective, d'un témoignage, d'un reportage, etc.

●**La date** : on note si l'ouvrage est une nouveauté, une réédition ou une refonte d'un texte ancien, etc.

- **L'auteur** : on peut faire connaître l'auteur en indiquant son domaine de spécialité et éventuellement sa fonction (s'il est professeur, chercheur, journaliste, on peut préciser dans quelle université, dans quel organe de presse il travaille). On citera, s'il y a lieu, des œuvres antérieures.

3 Analyser

- La note de lecture doit permettre de se faire une idée précise des principaux contenus de l'ouvrage. Il ne s'agit pas d'un résumé et l'analyse ne vise pas l'exhaustivité : un texte d'une ou deux pages ne peut pas restituer tous les aspects d'un ouvrage de plusieurs centaines de pages. L'analyse doit toutefois indiquer :
  - les thèmes et les questions abordés,
  - les grandes lignes de l'argumentation ou de la narration,
  - la construction de la pensée ou du récit.

- Une lecture attentive du sommaire de l'ouvrage permet de faire un premier repérage des idées et des thèmes abordés ; elle peut guider utilement l'analyse.

- L'analyse doit dégager la problématique de l'ouvrage et exposer la démarche de l'auteur, puis développer les différentes étapes de la réflexion.

Remarque : Il n'est pas nécessaire que l'analyse suive l'ordre de présentation des idées dans l'ouvrage. Vous devez faire comprendre la démarche de l'auteur et non résumer sa pensée.

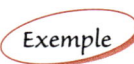

Extrait d'une note de lecture sur *Du visage au cinéma*, de Jacques Aumont, éditions Cahiers du cinéma, 1992 (note parue dans la revue *Esprit*, novembre 1992).
« [Jacques Aumont analyse] les diverses formes de mise en image du visage par un art cinématographique qui s'en empare jusqu'à prendre le risque du gros plan ; et [il se penche] sur le sort que le cinéma réserve au visage. L'analyse des formes du visage au cinéma débouche sur une description des maux que le cinéma inflige au visage, sur le destin biographique d'un visage condamné à dévoiler tous ses secrets. Plus que la peinture et qu'aucun art, le cinéma a à voir avec le visage, mais il a tant à y voir qu'il finit par perdre le sens du visage, par le défigurer. »

4 Commenter

- Le commentaire sera plus ou moins développé selon que la note s'inscrit ou non dans une démarche critique.

  On peut notamment indiquer :
  - le public auquel l'ouvrage est susceptible de convenir ;
  - les qualités et éventuellement les défauts liés à la conception de l'ouvrage (lisibilité, qualité des documents, qualité de l'iconographie, etc.) ;
  - les qualités et les défauts de la démarche (clarté, vigueur de la pensée et de l'argumentation, intérêt de la problématique ou de l'univers narratif créé, etc.).

- Mais commenter, c'est aussi mettre en perspective une thèse ou une démarche littéraire en les situant par rapport à d'autres courants de pensée, à d'autres œuvres et en appréciant le bien-fondé de certaines arguments (qu'on peut comparer à d'autres approches).

- La qualité de l'écriture peut également faire l'objet d'un commentaire.

> **conseils** Il peut arriver qu'un paragraphe entier soit consacré à la critique mais, le plus souvent, il vaut mieux procéder par petites touches et porter des appréciations critiques tout au long de la note de lecture.

Rédaction de documents informatifs

Exemples

– Commentaire groupé extrait d'une note de lecture sur *La Communauté des citoyens*, de Dominique Schnapper, Gallimard, 1994 (note parue dans la revue *Esprit*, janvier 1995) :

« *Je ne suis pas certain que D. Schnapper ait raison de réduire à l'unité d'un seul sens, politique, [...] un concept dont l'ambiguïté et la polysémie sont constitutives. N'y a-t-il pas intérêt à garder deux sens du mot : la connotation culturelle/historique et la connotation politique ? Du coup elle gomme le côté émotionnel du concept, elle durcit une catégorie de pensée elle-même très historique.* »

– Commentaire par petites touches extrait d'une note de lecture sur *Cinq Propositions pour une théorie du paysage*, ouvrage collectif dirigé par Augustin Berque, Champ Vallon, 1994 (note parue dans la revue *Esprit*, janvier 1995). Nous avons souligné les notations critiques :

« *Cet ouvrage a un <u>mérite principal</u> : réunissant cinq des <u>meilleurs</u> spécialistes du paysage – Augustin Berque, Michel Conan, Pierre Donadieu, Bernard Lassus, Alain Roger –, il <u>marque une halte, il institue une parenthèse</u> dans la littérature luxuriante consacrée au thème du paysage depuis quelques années. <u>Se démarquant</u> de la production écologique portant sur l'environnement, la théorie du paysage est une <u>belle</u> invitation à méditer sur notre rapport physique et artistique au monde. Ce qui revient à admettre contre ceux qui le nient qu'il peut encore y avoir un "monde", dût-on le réinventer.* »

Les règles d'écriture

Le rédacteur d'une note de lecture s'adresse à un public auquel il livre des éléments d'information qui vont guider ses choix. Il doit caractériser, analyser et commenter l'ouvrage en veillant :

➡ à être concis et clair, car la note doit pouvoir se lire aisément et rapidement ;

 Erreurs à éviter

Si l'ouvrage est obscur et jargonneux, signalez-le dans le commentaire mais gardez-vous bien d'adopter le même ton.
Vous devez également éviter les formules maladroites du type : l'auteur dit que, l'auteur pense que : lorsque vous rédigez, prenez les contenus de l'ouvrage à votre compte et ne mentionnez qu'occasionnellement l'auteur (pas plus de deux ou trois fois dans la note).

➡ à rester neutre et objectif. La critique, en particulier, doit s'appuyer le plus souvent possible sur des analyses étayées. On doit se garder de porter des appréciations trop personnelles. Les citations sont bienvenues car elles sont l'occasion de donner la parole à l'auteur. Elles devront être courtes, frappantes et bien insérées ;

➡ à mettre en forme un texte équilibré et agréable à lire. Les opérations présentées plus haut (caractérisation, analyse, commentaire) devront s'entremêler. Il serait maladroit de les présenter de façon distincte et le commentaire, en particulier, est d'autant plus pertinent qu'il est ancré dans la caractérisation et l'analyse.

LES ÉCRITS PROFESSIONNELS

Les notes de lecture

> **conseils** L'insertion des citations peut donner lieu à des maladresses. Privilégiez les phrases courtes ou même des groupes de mots signifiants, que vous glisserez dans le cours du texte sans termes introducteurs. L'italique ou les guillemets permettent de repérer la présence du discours rapporté et il est inutile d'alourdir les constructions.

―― CHAPITRES COMPLÉMENTAIRES ――
- Les techniques de la prise de notes (p. 56)
- La lecture et le traitement des dossiers (p. 62)
- Discours rapporté et discours transposé (p. 208)

APPLICATIONS

1) Rédigez l'identification de l'ouvrage décrit ci-dessous (dans le contexte de la note documentaire puis dans celui d'une note pour la presse).

> Les Éditions Lattès, dont le siège est à Paris, publient ce mois-ci (juin 1997) un ouvrage de 350 pages intitulé *Quand nos ancêtres partaient pour l'aventure*. Jean-Louis Beaucarnot, passionné de généalogie, est l'auteur de ce livre.

2) Lisez attentivement cette note de lecture, parue dans *Lire* (N° 256, juin 1997).
Vérifiez le principe de l'entremêlement entre caractérisation, analyse et commentaire en faisant un repérage précis de ces trois types de données dans le texte.

> **David Lepoutre**
> **CŒUR DE BANLIEUE**
> **Odile Jacob, Paris, 1997**
>
> « Le poids des mots, le choc des cultures ». Ainsi pourrait-on résumer les sentiments de David Lepoutre, professeur d'histoire-géographie issu de la bourgeoisie de province, quand, en 1990, il débarque dans la banlieue parisienne, au collège de La Courneuve où il vient d'être nommé. Notre homme ne se départit pourtant ni de sa bonne éducation ni de son langage châtié : « J'ai immédiatement été frappé, écrit-il, par l'âpreté et la dureté des relations interpersonnelles, notamment par la violence verbale et physique qui s'exerçait entre jeunes à tout moment et en toute occasion, dans l'enceinte du collège. »
> Qu'à cela ne tienne ! M. le professeur décide de faire de ces « formes de relations adolescentes » le sujet de sa thèse de doctorat d'anthropologie sociale et d'ethnologie. Il commence par fréquenter le club de boxe thaïe local, s'inscrit à celui de judo et emmé-

Rédaction de documents informatifs

nage dans une cité voisine de celle des Quatre-Mille. Cette méthode dite d'observation participante a donné de beaux fruits : une thèse et sa version remaniée en document plus « grand public ».

Alerte et chaleureux tout en restant scientifique, ce livre propose une nouvelle lecture de la banlieue. Ses jeunes habitants n'y sont pas considérés comme des adolescents en mal de repères ou des victimes désocialisées mais comme un groupe à part entière. Un groupe pourvu d'une forte culture identitaire et fonctionnant d'après un système relationnel particulier.

Rituels, joutes oratoires ou physiques, codes d'honneur et compétitions artistiques : ces adolescents parviennent à tirer de leur quotidien difficile une vitalité et une puissance créatrice étonnantes.

David Lepoutre met aussi l'accent sur un aspect peu revendiqué du travail ethnographique : les relations qui se nouent entre le chercheur et ses interlocuteurs. Quelles qu'en soient les difficultés ou les réussites, elles constituent pour lui une part essentielle de la recherche.

L'amitié chaotique qui l'a lié à Samir, un adolescent des « Quatre-Mille », en témoigne. Le jeune garçon, qui s'est vite rendu compte de la position de demandeur de son professeur, l'a malmené et manipulé avec virtuosité, avant de lui accorder sa confiance puis son amitié.

Rigueur scientifique et chaleur humaine : un cocktail tonique pour une chronique pleine de bon sens et de bonne humeur.

3) Récrivez l'article ci-dessus en 150 mots environ. Vous ferez porter l'accent sur l'analyse et limiterez la caractérisation et le commentaire à quelques touches.
4) Récrivez l'article en 100 mots en privilégiant le commentaire.

CORRIGÉS

1 Identification d'un ouvrage

BEAUCARNOT, Jean-Louis, *Quand nos ancêtres partaient pour l'aventure*, Lattès, Paris, 1997.

Jean-Louis Beaucarnot
QUAND NOS ANCÊTRES PARTAIENT POUR L'AVENTURE
Lattès, Paris, 1997

2 Caractérisation, analyse et commentaire

Nous soulignons la caractérisation et faisons apparaître en italique l'analyse, en gras le commentaire.

« *Le poids des mots, le choc des cultures.* » Ainsi pourrait-on résumer les sentiments de David Lepoutre, professeur d'histoire-géographie issu de la bourgeoisie de province, quand, en 1990, il débarque dans la banlieue parisienne, au collège de La Courneuve où il vient d'être nommé.

Notre homme ne se départit pourtant ni de sa bonne éducation ni de son langage châtié : « *j'ai immédiatement été frappé, écrit-il, par l'âpreté et la dureté des relations interpersonnelles, notamment par la violence verbale et physique qui s'exerçait entre jeunes à tout moment et en toute occasion, dans l'enceinte du collège.* »

Qu'à cela ne tienne ! M. le professeur décide de faire de ces « *formes de relations adolescentes* » le sujet de sa thèse de doctorat d'anthropologie sociale et d'ethnologie. Il commence par fréquenter le club de boxe thaïe local, s'inscrit à celui de judo et emménage dans une cité voisine de celle des Quatre-Mille. Cette méthode dite d'observation participante a donné de beaux fruits : une thèse et sa version remaniée en document plus « grand public ».

Alerte et chaleureux tout en restant scientifique, *ce livre propose une nouvelle lecture de la banlieue*. Ses jeunes habitants n'y sont pas considérés comme des adolescents en mal de repères ou des victimes désocialisées mais comme un groupe à part entière. Un groupe pourvu d'une forte culture identitaire et fonctionnant d'après un système relationnel particulier.

Rituels, joutes oratoires ou physiques, codes d'honneur et compétitions artistiques : ces adolescents parviennent à tirer de leur quotidien difficile une vitalité et une puissance créatrice étonnantes.

David Lepoutre met aussi l'accent sur un aspect peu revendiqué du travail ethnographique : les relations qui se nouent entre le chercheur et ses interlocuteurs. Quelles qu'en soient les difficultés ou les réussites, elles constituent pour lui une part essentielle de la recherche.

L'amitié chaotique qui l'a lié à Samir, un adolescent des « Quatre-Mille », en témoigne. Le jeune garçon, qui s'est vite rendu compte de la position de demandeur de son professeur, l'a malmené et manipulé avec virtuosité, avant de lui accorder sa confiance puis son amitié.

Rigueur scientifique et chaleur humaine : un cocktail tonique pour une chronique pleine de bon sens et de bonne humeur.

3 Note de lecture en 150 mots

David Lepoutre vient de faire paraître une version remaniée de sa thèse de doctorat. Il met ainsi à la portée du grand public les conclusions de ses recherches ethnographiques à La Courneuve.

Il analyse les formes de relations adolescentes dans le contexte particulier de la banlieue parisienne. Professeur d'histoire, il a enquêté sur son lieu de travail et de vie. Cette méthode dite d'observation participante lui a permis de rester au plus près des jeunes dont il avait choisi de décrire la culture et les fonctionnements sociaux.

L'étude de David Lepoutre montre que, malgré leur quotidien difficile, les adolescents des banlieues font preuve d'une vitalité et d'une créativité exceptionnelles. Leurs rituels, leurs codes, les joutes oratoires et physiques auxquelles ils se livrent, sont décrits et analysés. Nous sommes ainsi amenés à porter un autre regard sur ces adolescents.

Le livre dévoile par ailleurs les difficultés inhérentes au travail sur le terrain et c'est là une de ses dimensions les plus passionnantes.

4. Note de lecture en 100 mots

David Lepoutre vient de faire paraître une version grand public de sa thèse d'ethnographie sur un collège de banlieue. Ce livre vigoureux et chaleureux parvient à faire découvrir autrement les adolescents des cités. David Lepoutre nous fait comprendre la signification des rituels et des codes des jeunes qu'il a côtoyés.

Rigoureux dans son travail d'observation, l'auteur a toutefois su lier des relations privilégiées avec les adolescents, d'où une chronique à la fois instructive et pleine de bonne humeur. Voilà un livre réconfortant qui met à mal bien des stéréotypes et qui offre un éclairage inattendu sur le travail ethnographique.

La note de synthèse

 **Rendre compte d'un dossier de manière concise, claire, fidèle et opérationnelle.**

Définition

La note de synthèse est un document de travail informatif qui permet à son destinataire de prendre connaissance du contenu d'un dossier sans avoir à lire chacune des pièces qui le composent.

Elle met donc en rapport les différents documents du dossier, en souligne les données particulières et les éclairages spécifiques, précise la problématique qu'il met en œuvre, enfin présente les argumentations qu'il propose sur le sujet traité.

Analyse

— Les documents que réunit le dossier autour d'un sujet donné peuvent être de natures diverses : articles de journaux, extraits de livres, rapports, comptes rendus, mais aussi bilans, graphiques, tableaux, statistiques.

— Quels que soient les documents, la démarche de travail consiste d'abord à les analyser de manière à dégager l'essentiel de chacun et à préciser son apport au dossier ; puis à les confronter et à rassembler les données ainsi recueillies en un document unique, concis et structuré autour d'une problématique commune. L'analyse déconstruit, la synthèse compose.

 Erreur à éviter

La principale erreur serait donc de résumer successivement chacun des documents. Il convient au contraire de les fondre en un seul texte qui rend compte de l'ensemble des informations dégagées.

— Trois qualités principales sont exigées d'une note de synthèse :

– une présentation complète, mais concise, du dossier, qui ne néglige aucun des documents réunis et en dégage la problématique d'ensemble ;

– une objectivité et une fidélité sans faille aux informations et aux arguments dégagés ;

– une grande lisibilité. Elle portera tant sur la structuration du texte de la note que sur la sobriété du style et la clarté de la mise en page. En particulier, des titres doivent venir faciliter la lecture de la note. Celle-ci, dans tous les cas, doit être rédigée.

Remarques : L'objectivité et la fidélité requises ne s'opposent pas à un regard évaluatif de la part du rédacteur. Celui-ci, pour structurer sa note, est amené à hiérarchiser les différentes données rassemblées.

Rédaction de documents informatifs

Dans certains cas, il est demandé au rédacteur de porter une appréciation personnelle sur le dossier et le sujet traité. Celle-ci se place à la suite de la note de synthèse et doit s'en distinguer typographiquement.

— La longueur de la note de synthèse varie selon l'épaisseur et la complexité du dossier concerné, mais elle n'excède pas, en règle générale, deux ou trois pages.

Comment procéder

1 La lecture des documents

Il est primordial, dans un premier temps, de prendre rapidement connaissance de l'intégralité des pièces du dossier. Cette première lecture permet d'avoir une vue d'ensemble du dossier, de commencer à découvrir les similitudes, les divergences et les complémentarités entre les différents documents, enfin de dégager la problématique et les thèmes qui les rassemblent.

2 L'analyse

— Il s'agit, ensuite, de reprendre les documents et de les étudier l'un après l'autre pour sélectionner les informations qu'ils offrent en fonction de la problématique et des thèmes préalablement mis en évidence.

> **conseils**
> · Il est conseillé, dans la pratique, de fonctionner avec un système de fiches qui répertorient chacun des thèmes du dossier. Au fur et à mesure de la relecture, on reporte sur ses fiches les informations repérées dans les documents.
> · Il est possible également d'organiser chaque fiche selon les différents aspects sous lesquels sont abordés les thèmes répertoriés.

3 La mise en relation

— Il convient, dans un troisième temps, de mettre en relation les différentes informations relevées, à l'intérieur de chaque thème et en fonction des divers aspects mentionnés. Il importe tout particulièrement de noter les relations logiques qui les relient au sein d'un même thème et d'un thème à l'autre, et de préciser les points de convergence, de divergence et de complémentarité.

— La mise en relation doit également permettre de hiérarchiser les informations en fonction de leur importance relative et de la problématique envisagée.

— Celle-ci sera alors reformulée et éventuellement recentrée, en tirant profit de l'étude précédente.

 Erreur à éviter
Il ne s'agit pas d'accorder dans la note une place similaire à chaque document, mais une place adaptée à son importance, par rapport à la problématique dégagée.

4 Le plan de la note

— Il ne peut, bien évidemment, être proposé de plan type de la note de synthèse : le plan pourra varier selon le dossier à synthétiser et le destinataire visé, dont il faudra alimenter

La note de synthèse

la réflexion et satisfaire les attentes. On peut cependant distinguer deux grands types de synthèse : la synthèse-fusion rassemble et structure des informations et des argumentations globalement convergentes, alors que la synthèse-confrontation souligne les différences entre des points de vue qui divergent fortement, voire s'opposent.

➡ Cependant, quelques structurations potentielles, à adapter au cas par cas, peuvent être recommandées (cf. également, Les types de plans, p. 28, et Le rapport professionnel, p. 114, lorsque la note de synthèse doit apporter une aide à la prise de décision) :

– situation - problèmes - jugements - perspectives ;

– description - analyse - opinions - solutions - moyens à mettre en œuvre ;

– du particulier au général ou l'inverse ;

– de l'étude théorique à la mise en œuvre pratique (de l'abstrait au concret) ;

– plan thématique, qui étudie chacun des aspects de la question examinée.

5 L'introduction

➡ L'introduction ne saurait se satisfaire de formules vagues et générales, ni de palabres fastidieux. Elle doit aller directement au but.

➡ Elle expose donc le sujet de la note et son enjeu, présente rapidement les documents étudiés, énonce la problématique dégagée du dossier, enfin annonce le plan de la note.

Remarques : La note de synthèse est titrée et mentionne dans un en-tête le destinataire.

Si les documents sont peu nombreux, il est possible de présenter brièvement chacun d'eux. Sinon, présentez-les de manière synthétique.

Par exemple : *Nous avons examiné des articles de presse, des comptes rendus de débats parlementaires et des statistiques de l'INSEE.*

6 Le corps de la note

➡ Chaque partie doit être annoncée par un titre et, selon la longueur de la synthèse, chaque sous-partie par un sous-titre, de manière à ce que la structuration adoptée soit immédiatement lisible.

➡ Une ou deux phrases de conclusion partielle et de transition sont souhaitables, d'une partie à l'autre et, éventuellement, d'une sous-partie à l'autre.

7 La conclusion

La conclusion ne présente aucun jugement personnel. Elle a pour fonction de tirer le bilan de ce qui a été exposé précédemment et de rappeler les lignes de force du dossier afin de préparer la prise de décision.

CHAPITRES COMPLÉMENTAIRES

· Les spécificités de l'écrit professionnel (p. 14)
· La logique du discours (p. 20)
· Les types de plans (p. 28)
· La lecture et le traitement des dossiers (p. 62)

APPLICATION

Vous êtes employé(e) dans un centre de documentation. Vous avez à produire une note de synthèse à propos du débat sur la presse qui entoure la mort de Lady Diana. Rédigez-la à partir des articles qui suivent.

• « Une logique meurtrière », entretien avec Albert du Roy (*L'Express*, n° 2409).
• « Le droit d'aller et venir en paix », tribune de Johnny Hallyday (*Le Monde* du 4 septembre 1997).
• « Je ressens une forme de honte », entretien avec Raymond Depardon (*Télérama*, n° 2487).
• « Les photographes ont-ils assassiné Diana ? », tribune de Jean-François Kahn (*Marianne*, n° 20).

UNE LOGIQUE MEURTRIÈRE

INTERVIEW

Albert du Roy explique l'attitude des paparazzi qui, à son avis, recommenceront.
Propos recueillis par Renaud Revel

L'Express : *Après la mort de Diana, on montre du doigt la presse à scandales dont vous démontez les ressorts*[1]. *Mais, d'une façon générale, qui est victime, qui est coupable ?*

Albert du Roy : Les paparazzi ne sont que de tristes exécutants, car ce type de drame procède d'une logique meurtrière. Et je ne vois pas comment on peut y parer. C'est le besoin des célébrités d'asseoir et de développer leur notoriété en donnant, parfois, accès à leur vie privée. C'est la demande des lecteurs de connaître l'intimité des stars qu'ils adulent. Et c'est l'intérêt commercial des éditeurs de presse que de répondre à cette demande. Un triple impératif qui explique l'engrenage et conduit à toutes les surenchères.

L'Express : *Peut-on imaginer des garde-fous ?*

Albert du Roy : Non. Sauf si toutes les célébrités décident d'adopter la même attitude d'intransigeance et de fermeté à l'égard de ce que l'on appelle la « presse *people* », sauf si les lecteurs deviennent un peu moins indécents et n'apprécient plus le viol de la vie privée ; ou si les éditeurs de presse décident de ne plus répondre à la demande d'un large public. Pour ma part, je ne crois à aucune de ces hypothèses.

L'Express : *Reste le législateur…*

Albert du Roy : Bien sûr, mais il faut savoir que la loi française – l'une des plus restrictives au monde en la matière – est totalement inefficace. Est-elle inopérante parce qu'insuffisamment dure ? Ou, plus globalement, parce que toute loi en la matière ne sera jamais qu'un chiffon de papier, ce que je crois ? Regardez les tribunaux, leurs jugements sont intéressants : ils ont souvent dit, ces dernières années, qu'une star qui a utilisé, à de maintes reprises, sa vie privée pour développer sa notoriété ne peut pas crier au scandale quand, de temps à autre, un journal se met à violer son intimité. Que valent les quelques millions de francs de dommages et intérêts versés par les éditeurs aux stars égratignées comparés aux chiffres de vente mirobolants qu'ils réalisent !

---

1. *Le Carnaval des hypocrites*, Seuil.

Dérisoire ! C'est la raison pour laquelle je suis pessimiste. Éditeurs et paparazzi vont se faire oublier quelques semaines. Mais, une fois l'émotion passée, la logique va reprendre ses droits, et les enfants de Diana reviendront à la une des tabloïds en Grande-Bretagne et de *Voici*, en France.

L'Express : *Diffuseriez-vous sur France 2, dont vous dirigez l'information, les images de la dépouille de Diana ?*

Albert du Roy : À aucun moment. Heureusement, la télévision en France, même privée – car issue du service public – a des principes. Mais c'est vrai qu'il faut être très attentif : une image fixe est parfois acceptable dans la presse écrite ; toutefois, dès lors qu'elle se met en mouvement, l'intolérable n'est jamais loin. Un exemple : nous avons, dans la précipitation, diffusé, dimanche dernier, des images du père de Dodi al-Fayed sortant de l'hôtel Ritz, la tête dissimulée sous sa veste. Je considère, d'une certaine façon, que c'est un dérapage. Hélas ! je pense qu'il y aura bien une chaîne de télé pour refaire le parcours de la Mercedes de Diana et offrir au public le remake de cette tragédie.

L'Express : *Quelles sont les règles que vous vous imposez, à France 2 ?*

Albert du Roy : Il y a fort longtemps que cette rédaction connaît les règles. Il y a, à France 2, une tradition, des principes non écrits, pour ainsi dire inscrits dans ses gènes.

L'Express, n° 2409, 4/9/97.

LE DROIT D'ALLER ET VENIR EN PAIX
par Johnny Hallyday

Qu'une jeune femme belle et adulée du monde entier soit morte pour échapper à des photographes qu'elle côtoyait depuis toujours invite à la réflexion.

Quelle personnalité médiatisée n'a pas connu les faux départs, les voitures-leurres et, pour finir, les courses-poursuites en pleine ville avec une meute de journalistes ?

Toutes peuvent mal se terminer et pas seulement pour le gibier : chasseurs et spectateurs sont également exposés. Si un motard de presse ou un piéton attardé avait payé de sa vie le manège imbécile qui a coûté la vie à Diana, la tragédie – d'un point de vue humain – eût été la même.

Pourchassé parfois jusqu'à l'écœurement, je n'éprouve cependant aucune aversion pour mes poursuivants : ils font leur métier, qui correspond à une demande, celle de leurs commanditaires qui obéissent eux-mêmes à la loi du marché.

Comme tant d'autres appartenant au monde de la politique, du spectacle ou du sport, j'ai accepté que bien des aspects de ma vie soient publics, et je l'accepterai encore parce que cela fait partie de mon métier tel que je le conçois.

Faut-il pour autant qu'aucune limite n'existe plus ou que celles qui existent encore ne soient pas réellement observées ?

N'est-il pas temps, pour ramener le calme, de fixer une fois pour toutes des règles de bonne conduite, interdisant l'escalade et adoucissant la concurrence féroce à laquelle se livre la presse « people » ?

À défaut, toute personne connue du grand public devra – comme on voudrait indirectement m'y obliger – accepter qu'on ternisse non seulement son image mais aussi, par contamination, celle de son entourage. On m'explique qu'en l'état actuel du droit français (l'un des plus protecteurs, paraît-il, de la vie privée) il n'est pas possible d'aller plus loin dans la répression et la réparation des abus…

Mais puisque, en France – comme partout –, il faut une crise ou un malheur pour faire bouger les choses, ne doit-on pas d'urgence redéfinir par une loi plus précise et plus contraignante la frontière qui sépare la liberté de la presse – que je respecte – de celle plus élémentaire encore d'aller et venir en paix ?

Johnny Hallyday est chanteur.
Le Monde, 4 septembre 1997.

Raymond Depardon, photographe et cinéaste

ENTRETIEN

Cofondateur de Gamma, il est devenu un documentariste de référence. Il fustige la dérive mercantile des agences photo.

« JE RESSENS UNE FORME DE HONTE »

Télérama : *Que pensez-vous du procès public des paparazzi tel qu'il a été instruit dans les médias la semaine dernière ?*

Raymond Depardon : Sur les six photographes mis en examen à la suite de l'accident de Lady Di, la moitié ne sont pas des paparazzi, c'est surtout cela qui m'a frappé. Ils appartiennent à des agences générales d'information. Que des officines spécialisées courent après les vedettes pour voler des photos, c'est leur problème. Mais des agences comme Gamma !

Même si j'ai quitté cette maison, même si je n'ai plus la carte de presse, je ressens une forme de honte. J'ai fondé Gamma et je me dis que j'ai fabriqué un monstre. Depuis une dizaine d'années, Gamma et Sygma, notamment, ont un peu perdu la tête. Elles sont engagées dans une course effrénée au chiffre d'affaires. Elles ont perdu le contrôle d'elles-mêmes. Il faut qu'elles bouclent les fins de mois. C'est l'escalade financière. Comme les journaux, elles deviennent des industries. Et elles ne savent plus s'arrêter. Je pense qu'elles ont une grande part de responsabilité.

TRA : *Les agences n'ont plus de ligne éditoriale ?*

R.D. : Plus du tout. Et leurs photographes, qui sont des pigistes *[NDLR : ils ne sont pas salariés, mais travailleurs indépendants]*, foncent dans cette course à la rentabilité. Certains vous diront que c'est avec l'argent gagné en photographiant Claudia Schiffer qu'ils peuvent se permettre de partir en Tchétchénie… Ça peut arriver, mais c'est extrêmement rare.

Je ne veux pas non plus jouer les puristes, mettre tous les paparazzi dans le même sac et dire que ces gens-là ne sont pas de ma famille. C'est évident qu'il y a des voyous parmi eux et qu'il faut les sanctionner. Mais il y a aussi des photographes qui courent après les célébrités et qui témoignent, à leur façon, de notre époque.

TRA : *Dans* Reporters, *vous portiez un regard ironique mais plutôt tendre sur les paparazzi. C'était au début des années 80. Qu'est-ce qui a changé depuis ?*

R.D. : Aujourd'hui, la demande des journaux dans ce domaine est énorme. De *Voici* à *Gala*, les titres qui vivent de ce genre de photos sont de plus en plus nombreux, et de plus en plus riches. Cette photographie « people » *[NDLR : stars et célébrités en tout genre]* a pris trop de place dans les agences. Je ne sais pas si elle va tuer le grand reportage, mais sa place est maintenant dévorante dans les magazines.

TRA : *Mais vous avez commencé, vous aussi, à 17 ans, en faisant de la photographie de paparazzo.*

R.D. : C'est vrai, mais nos « exclusivités » ne valaient pas grand-chose. Elles ne se monnayaient pas comme aujourd'hui. C'est sans commune mesure. En 1959, je me souviens avoir attendu des heures, planqué, la sortie de Brigitte Bardot à Megève. J'en pleurais. Je rêvais qu'elle sorte, qu'elle pose, et que je puisse enfin rentrer chez moi…

C'était plus pénible encore de couvrir les faits divers. Là, j'avais vraiment l'impression de faire un sale boulot. On est face à des gens démunis, alors que les vedettes ont malgré tout des défenses et aussi un devoir vis-à-vis de leur public.

TRA : *Cette polémique déclenchée autour de la mort de Lady Diana aura-t-elle finalement un effet bénéfique ?*

R.D. : Je le crois. Ça va donner un coup de fouet aux photographes, qui vont réfléchir aux limites de ce qu'ils peuvent faire et accepter. Ensuite, à chacun de se fixer sa propre ligne de conduite. Par exemple, j'ai abandonné le téléobjectif depuis longtemps, c'est une barrière morale que je me suis imposée.

J'espère que ça poussera aussi les agences à revoir leur façon de faire, même si je n'oublie pas la part de responsabilité des éditeurs de presse et aussi des lecteurs. Mais il ne faudrait pas qu'on tombe dans l'excès inverse. Je ne veux pas non plus que les gens photographiés aient tout pouvoir par rapport à l'image. Les célébrités, des acteurs jusqu'aux hommes politiques, mettent en place des systèmes qui font écran pour verrouiller leur communication.

Les photographes travaillent, par exemple, de plus en plus sur rendez-vous (on leur impose ainsi un lieu et une certaine forme d'image), ce qui me paraît une mauvaise chose. Et puis, il ne faudrait pas faire d'amalgame entre images de paparazzi et images volées. Je prétends que les images volées, c'est-à-dire non préparées, sont les meilleures. Ce sont des instantanés qui nous font réfléchir à notre temps. Quand on est photographe, on est obligé de voler des images. Tous les plus grands ont travaillé comme ça, en photographiant dans la rue, sans demander l'autorisation. C'est comme ça qu'une bonne photo se fait.

Moraliser la profession, réfléchir à notre déontologie, bien sûr. Mais pas besoin de changer la loi, qui est déjà suffisamment contraignante. À trop encadrer et à interdire, on risque de s'engager sur une voie totalitaire où il n'y aurait plus d'image possible en prise directe avec le réel.

Propos recueillis par Thierry Leclère.
Télérama, n° 2487, septembre 1997.

LES PHOTOGRAPHES ONT-ILS ASSASSINÉ DIANA ?
NOTRE OPINION

Jean-François Kahn

Si un jour la justice doit se pencher sur le scandale du Crédit Lyonnais, mettra-t-elle uniquement en examen les guichetiers de la banque ? Lorsqu'un gouvernement injuste donne l'ordre de réprimer une manifestation et qu'il y a des morts, les seuls coupables sont-ils les policiers ?

Pourquoi poser de telles questions ? Parce que, pour l'instant, les seuls à avoir été désignés comme responsables de la tragédie dont trois êtres humains – parmi lesquels la princesse Diana – ont été victimes sont les photographes de presse, paparazzi ou pas.

Apparemment ces « chiens » n'ont pas de maîtres ni de colliers ! Ils ne traquaient la superstar que par amour pervers des courses au trésor, ils ne la mitraillaient que pour exorciser leur instinct de tueurs, ne se précipitèrent sur les lieux de l'accident que par voyeurisme morbide. C'est si simple !

Autrement dit, personne n'avait exigé qu'ils agissent de la sorte, personne n'exerçait sur eux une pression de tous les instants, personne ne les payait pour ça, et rien que pour ça, personne ne mettait leur féroce compétition aux enchères, personne ne transformait leurs dérives en exploits, personne n'exploitait, ne rentabilisait, ne diffusait le produit de leurs traques. Farce ! Ces soldats-là, en réalité, ne font que se plier à l'implacable discipline qu'imposent, en haut de la pyramide, bien à l'abri dans leurs palais, mollement couchés sur leurs lits de dollars, servis par leurs armées de mercenaires, les généraux en chef de cette guerre-là...

Au fond, la seule règle à laquelle ces commandos de chasse sont soumis se décline aujourd'hui, même dans les journaux économiques les plus sérieux, de cette façon : productivité et compétitivité. Dans le cadre bien sûr d'une concurrence que la « mondialisation » des images rend plus sauvage. En cela, ils sont modernes. Forcément modernes.

Que leur reproche-t-on au juste ? De ne reculer devant rien pour parvenir à leurs fins, de ne point s'embarrasser de sentiments, de récuser toute tendresse, de piétiner les obstacles, fussent-ils de chair et de sang, de voir une cible derrière chaque être vivant, d'instrumentaliser l'amour et de commercialiser la souffrance... Mais est-ce que, s'ils se comportaient autrement, ils intéresseraient les sbires de M. Rupert Murdoch [1] ? C'est-à-dire l'empereur de ce « marché », la banque qui finance ce trafic, le super-rat de ces régiments de mulots.

---

1. Milliardaire anglo-australien, propriétaire des principaux tabloïds de Grande-Bretagne et d'ailleurs.

Certes, les « flasheurs » déchaînés pourraient, entre deux shoots, avoir des états d'âme, des coquetteries, des pudeurs, réfréner la bête qui sommeille en eux. Que se passerait-il alors ? Ils seraient virés. Jetés à la rue. Vous n'êtes plus performant, coco ! Il y a du mou du côté du retour sur investissements ! Or ces gens-là, messieurs dames, sont comme vous, ils ont femmes et enfants…

Ah, j'entends bien le bémol… Des photos qui peuvent rapporter 2 ou 3 millions de francs. Clic-clac et c'est le Pérou ! Les barrières qui s'effondrent dès lors que vous êtes possédé par le seul appât du gain… Toujours plus, toujours plus loin… pas d'intimité qui tienne… les grands principes, ça ne fait pas bouffer… chacun pour soi et Murdoch pour tous.

Et alors ? Ce n'est pas le vice que nous décrivons là. C'est la société. Inscrite dans un cercle qui, lui, est vicieux. Et virtuellement assassin. Tenez : le président X est un patron… comment dire… « moderne ». Son entreprise fait des bénéfices. Mais, comme le lui ont fait remarquer ses actionnaires, elle pourrait en faire plus, beaucoup plus. Objectif : la rendre plus compétitive – en baissant le coût du travail, en réduisant la variable humaine, en dégraissant. Le président s'exécute, c'est-à-dire qu'il exécute. Résultat : des dégâts sociaux, bien sûr – des drames individuels –, pas pour le plaisir, ma chère ! Mais il faut ce qu'il faut – et le cash-flow bondit et les actions en Bourse s'envolent – les investisseurs sont contents… Franchement, quelle différence ? Là aussi, comme dans le cas des paparazzi, la recherche du plus de profits a généré un moins-disant au niveau de l'humain. L'entre-deux – c'est-à-dire des êtres dont le cœur bat, dont les entrailles se nouent – a été écrasé au passage. Dans les deux cas, il y a des victimes dans les carcasses broyées. Qui est coupable ? Les patrons ? Le système ? Ou ceux qui, aveuglément, en font la promotion ?

Il y a plus « chic », notons-le, que le lynchage des photographes… c'est la culpabilisation des lecteurs. Loi du marché oblige : la demande crée l'offre. Si le public ne se précipitait pas sur la presse de caniveau, il n'y aurait que des journaux bien propres. Cool, Raoul ! Et, si les Allemands n'avaient pas voté nazi, il n'y aurait pas eu Hitler. Sauf que, sans Hitler, ses complices, ses idées et sa propagande, aucun Allemand n'aurait jamais voté nazi. Ce ne sont pas les drogués qui font la drogue, mais la drogue qui produit les drogués. De même, dans le domaine de la presse, ce n'est pas l'improbable débilité du peuple anglais qui a accouché de Murdoch et de ses torchons, ce sont les journaux de Murdoch, lui-même produit du système, qui infantilisent et abrutissent une partie du peuple anglais. Au point que ce pays anglican est en train de se reconfectionner une Sainte Vierge de substitution. Agrémentée de quelques amants ? Pardi ! Même la mère de Dieu doit se vendre dans ce monde-là.

Marianne, 8 au 14 septembre 1997.

CORRIGÉ

Synthèse du débat de presse

Les documents présentés, avec des infléchissements spécifiques, cherchent à préciser le questionnement que provoque la mort violente de Lady Diana, tentent de cerner les responsabilités mises en jeu, enfin se tournent vers l'avenir pour étudier les évolutions envisageables. Leur analyse séparée, d'abord, a pour fonction de repérer les idées essentielles que chacun apporte au débat. Leur mise en relation, ensuite, permet de mieux cerner la problématique commune, d'élaborer un plan et de préparer la rédaction de la note de synthèse.

1 Analyse des documents

■ Dans le premier texte, Albert du Roy :
- met en évidence le cercle vicieux dans lequel sont pris médias, célébrités et lecteurs,
- pense qu'une solution législative n'est pas réaliste.

■ Dans le second texte, Johnny Halliday :
- ne remet pas en cause le droit des médias à informer,
- mais plaide pour un renforcement de la législation sur la protection de la vie privée.

■ Dans le troisième texte, Raymond Depardon :
- dénonce la dérive mercantile des agences de presse sous la pression des journaux *people*,
- en appelle aux photographes pour qu'ils se dotent d'un code déontologique,
- mais se défie pour deux raisons d'un durcissement législatif : il risquerait d'empêcher les journalistes de rendre compte du réel et servirait uniquement à ce que les célébrités maîtrisent davantage leur image médiatique.

■ Dans le quatrième texte, au-delà de la virulence de ses propos, Jean-François Kahn :
- rappelle les termes de la dénonciation intense des *paparazzi*, après la mort de Lady Diana,
- souligne que les photographes sont eux-mêmes soumis, s'ils ne veulent pas se retrouver au chômage, à la demande des journaux et des patrons de presse,
- met en cause le système économique actuel, qui joue à la manière d'un cercle vicieux,
- enfin, dénonce la culpabilisation fallacieuse du lecteur : *ce ne sont pas les drogués qui font la drogue, mais la drogue qui produit des drogués.*

2 Note de synthèse

Débat de société autour de la mort de Lady Diana ⋯⋯⋯⋯⋯

La mort de Lady Diana, à la fin du mois d'août 1997, a mis en cause la presse à scandale et les paparazzi. Ne sont-ils pas cependant des boucs émissaires faciles ? Quatre coupures de presse tentent de faire le point sur la question : deux entretiens, l'un avec le journaliste de télévision Albert du Roy, paru dans *L'Express*, l'autre avec le photographe Raymond Depardon, publié dans *Télérama* ; une tribune libre du *Monde* signée du chanteur Johnny Hallyday ; enfin un éditorial de Jean-François Kahn dans *Marianne*. Elles permettent de préciser l'enjeu du débat et de partager les responsabilités dans une situation qui apparaît délicate à faire évoluer.

1. L'enjeu du débat

Il est reproché aux paparazzi de pourchasser les célébrités de la politique, du spectacle ou du sport sans faire de sentiments, en ne renonçant à aucun moyen pour parvenir à leurs fins : cette traque s'apparente parfois à une chasse à l'homme et peut aboutir, comme dans le cas de Lady Di, à la mort. Les personnalités médiatiques, qui se posent en victimes, ont néanmoins souvent une attitude ambiguë. Si elles revendiquent de pouvoir aller et venir librement, elle acceptent que, de par leur statut, une partie de leur vie soit rendue publique, d'autant plus facilement qu'elles s'en servent pour asseoir et développer leur notoriété. Elles ne se rebiffent en fait pour crier au scandale que lorsque la presse à scandale leur renvoie une image qu'elles ne maîtrisent plus. Les paparazzi sont-ils donc les coupables idéaux qu'on voudrait faire d'eux ?

2. Des responsabilités partagées

Ils ne font somme toute que leur métier et, s'ils ne le faisaient pas, s'ils avaient des états d'âme, ils se verraient rapidement renvoyés par leurs employeurs, les agences de presse, qui réclament des photos pour les vendre. Ce serait donc ces agences, les responsables. Celles-ci, toutefois, en particulier les agences d'information, n'ont à leur tour guère d'autre moyen de boucler leur fin de mois que de faire du sensationnel : c'est ce que veulent et achètent les journaux *people*, qui délaissent en revanche le genre noble du grand reportage. Ces derniers, enfin, se justifient pour leur part en invoquant la loi du marché et la demande du public, bouclant ainsi un cercle vicieux. On pourrait cependant leur rétorquer, comme le fait Jean-François Kahn, que *ce ne sont pas les drogués qui font la drogue, mais la drogue qui produit les drogués*. Les évolutions possibles en ce domaine semblent donc extrêmement limitées.

3. Quelles évolutions ?

La voie législative ne semble pas très réaliste. La loi française est déjà l'une des plus protectrices qui soient de la vie privée, de sorte qu'il est difficile d'aller plus loin dans la répression, malgré le souhait de Johnny Hallyday. Un encadrement plus strict risquerait même de produire un effet inverse et d'empêcher les journalistes de rendre compte du réel, pour ne plus les autoriser à présenter que des images artificielles au service de la communication des personnalités publiques. Ne reste alors que l'issue d'une définition, par les journalistes eux-mêmes, d'un code de bonne conduite, d'une déontologie qui préciserait les limites de leurs agissements, et les pousserait par exemple, comme l'a fait Depardon, à refuser d'utiliser un téléobjectif. Cette hypothèse, malheureusement, semble peu crédible, tout autant que l'intransigeance des célébrités face à la presse à scandale ou le rejet par celles-ci de sujets d'articles qui la font prospérer.

La tonalité du dossier paraît ainsi bien pessimiste : le moment d'émotion passé, le système va sans doute reprendre ses droits, comme si de rien n'était.

La note d'information, le communiqué et le dossier de presse

Transmettre des informations précises et concrètes à un ensemble de personnes, en communication interne ou en communication externe

Définition

La note d'information, le communiqué de presse et le dossier de presse sont des documents qui se donnent pour priorité de renseigner, de porter à la connaissance d'un public plus ou moins large des faits ou des événements. Ils peuvent être utilisés, selon les cas, en communication interne ou en communication externe, mais ils sont toujours impersonnels et leur contenu principal porte sur des éléments référentiels qui répondent aux questions *qui, quoi, quand, où* (éventuellement *comment* et *pourquoi*).

Analyse

- Notes, communiqués de presse et dossiers de presse ont tous pour finalité majeure de faire savoir : une décision, un lieu de rendez-vous, une réunion, une conférence, le lancement d'une opération médiatique, la parution d'un livre, la sortie d'un film…

- On peut cependant distinguer deux cas de figure :

    – le document est purement informatif : il va droit au but et communique de la manière la plus neutre et objective possible des informations concrètes et précises ;

    – le document se veut à la fois informatif et incitatif : l'information reste première, mais elle est présentée de manière attrayante, avec une grande attention accordée au style et à la mise en page, à la lisibilité.

Comment procéder

La note d'information

- La note d'information interne (circulaire, avis, note de service) circule au sein d'une administration ou d'une entreprise. Elle communique des informations verticalement (de la hiérarchie au personnel) ou horizontalement (d'un service à l'autre).

- Elle est dégagée de la codification propre aux lettres (formules de politesse, signature manuscrite).

- Elle mentionne obligatoirement l'origine de la note, son objet et la date de sa rédaction, puis présente l'information qui la justifie.

*GPS Services
Direction des Ressources humaines
Le 15 janvier 1998
Objet : Analyse des postes de travail*

La Direction des Ressources humaines, après accord de la Direction générale, va mettre en place une analyse des postes de travail au sein du Groupe.

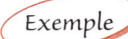

Cette étude doit conduire à préciser, de la manière la plus exhaustive possible, les compétences détenues par l'ensemble du personnel du Groupe, qu'elles soient ou non utilisées actuellement dans le poste occupé. L'objectif est de permettre une meilleure gestion de ces compétences et de favoriser la mobilité au sein de GPS Services.

L'ensemble du personnel se verra remettre début février un questionnaire détaillé. Celui-ci devra être rempli avec précision et retourné à la Direction des Ressources humaines pour le lundi 23 février, terme de rigueur.

2 Le communiqué de presse

— Le communiqué (ou avis) de presse est adressé par un organisme (association, entreprise, administration) à un organe de presse qui peut, selon les cas, le publier tel quel (en particulier, s'il s'agit d'une insertion payante) ou le reformuler en fonction des rubriques habituelles ou de la place disponible.

— Le communiqué peut annoncer une réunion, une manifestation, des résultats... Il peut aussi rectifier des informations antérieures, qui émanaient du même émetteur ou de sources extérieures.

— Le communiqué doit être extrêmement précis dans l'énoncé des informations qu'il présente et n'omettre aucun des renseignements pratiques indispensables.

Communiqué

L'Association sportive de Roquebrune-Cap-Martin informe tous ses adhérents qu'une assemblée générale extraordinaire se tiendra le 10 septembre 1998, à 18 h, à la salle des fêtes de la mairie.

L'objet en est une modification des statuts, conformément aux décisions prises lors de la dernière assemblée générale ordinaire.

Un vin d'honneur sera ensuite offert pour fêter les différents succès de nos sportifs au cours de la saison écoulée.

3 Le dossier de presse

— Il sert à présenter un produit ou un objet nouveau, une manifestation ou un événement particulier. Il est largement utilisé dans le domaine culturel où le faire-savoir est primordial et où la reconnaissance de l'objet culturel passe largement par une médiation critique. Il peut également servir d'outil de communication dans la plupart des secteurs qui ont des activités publiques.

— Sous la responsabilité d'un(e) attaché(e) de presse, il s'adresse à une cible précise de prescripteurs : journalistes susceptibles d'écrire un article, documentalistes, enseignants, responsables de comités d'entreprise... qui sont à même de relayer l'information. Il a donc pour fonction non seulement d'informer, mais d'inciter son public cible à transmettre le message auprès d'un public plus large.

➡ Document informatif et explicatif, le dossier de presse est, comme l'indique son nom, relativement long (plusieurs pages). Il doit être développé et détaillé avec soin et clarté. Il présente les caractéristiques de l'objet ou de l'événement dont il traite, renseigne sur le pourquoi et le comment et communique toutes les informations pratiques jugées nécessaires ou utiles. Il est divisé en différentes parties ou rubriques et utilise des titres et des sous-titres qui sont mis en relief.

➡ Document incitatif, le dossier de presse doit être tout particulièrement soigné dans sa présentation et dans sa mise en forme. Il doit également chercher à mettre en valeur l'objet ou l'événement dont il traite, de même que son originalité ou l'innovation qu'il porte. Il peut aussi être illustré de photos. Dans tous les cas, il doit se montrer persuasif.

➡ Le dossier de presse est le plus souvent accompagné d'une lettre-circulaire, signée par l'attaché(e) de presse et rappelant ses coordonnées. Lorsque l'objet du dossier le permet, est jointe aussi, très souvent, une invitation à un cocktail de lancement, à une projection, à une soirée d'inauguration ou à un vernissage.

Voici, à titre d'exemple, la première page du dossier de presse de « La Semaine du Goût 1997 ».

La 8ᵉ Semaine du Goût aura lieu du 13 au 19 octobre 1997 dans toute la France

La Semaine du Goût à laquelle ont participé effectivement plus de 11 millions de personnes en 1996 dévoilera à nouveau, pour sa huitième édition du 13 au 19 octobre prochain, une multitude de fêtes et parcours gourmands, marchés d'exception, sites remarquables du Goût portant sur la découverte des saveurs, de produits, des traditions et des terroirs.

Organisée par la Collective du Sucre et parrainée par le Conseil national des Arts culinaires, la Semaine du Goût affiche cette année, **pour tous les publics**, un programme toujours aussi ambitieux.

Du nouveau en 1997...

☛ **une thématique de fond autour de l'héritage du goût et des goûts : connaissances et transmissions intergénérations.**
Un sondage exclusif a été réalisé en avril 1997 sur ce thème en collaboration avec l'institut Ipsos et enrichi par le témoignage de chefs (Marc Haeberlin, Ghislaine Arabian...) et de personnalités (Pierre Perret, Sonia Rykiel...).

☛ la valorisation des **jardins potagers de France** :
des journées portes ouvertes et des animations seront organisées dans **une centaine de jardins identifiés comme « Jardins potagers remarquables de France »**, qu'il s'agisse de conservatoires, potagers scientifiques, jardins familiaux ou d'école, jardins monastiques ou de curé, jardin ouvrier ou jardin potager de chef cuisinier...

Les incontournables de la Semaine du Goût…

– La **sensibilisation des enfants au goût**, avec l'incontournable « **leçon de goût** » qui sera dispensée le lundi matin 13 octobre par 2 500 chefs de cuisine et artisans des métiers de bouche (bouchers, charcutiers, fromagers…) aux enfants des classes de CM1 et CM2 dans toute la France.

– La possibilité, pour le **grand public et les étudiants** en particulier, de découvrir le **goût des bonnes tables** (500 restaurateurs participants) à des prix « plus sucrés que salés » : en effet, des réductions de **30 à 50 %** leur seront consenties sur présentation de leur carte, ainsi qu'aux **personnes qui fêtent leur anniversaire** pendant la Semaine du Goût !

– L'occasion de rafraîchir la mémoire gourmande des adultes, avec des **menus « spécial goût »** dans les restaurants d'entreprise, les lycées hôteliers.

– Des produits « coup de cœur » chez les commerçants (boulangers, confiseurs, chocolatiers…), avec notamment le lancement d'un **panier gourmand pour les enfants de 8 à 12 ans chez les charcutiers-traiteurs…**

ORGANISATION
COMMUNICATION

EURO RSCG VITESSE

84, rue de Villiers
92683 Levallois-Perret Cedex
Téléphone : 01 41 34 43 21
Télécopie : 01 41 34 43 31

COLLECTIVE DU SUCRE
30, RUE DE LÜBECK 75116 PARIS

CHAPITRES COMPLÉMENTAIRES

- Principes de lisibilité rédactionnelle (p. 200)
- La mise en page (p. 246)

APPLICATIONS

1) La société Inex, spécialisée dans la production de matériel de haute technologie, vient d'être victime d'un vol. Des cartes magnétiques permettant d'accéder au parking du personnel ont disparu. Il a été décidé d'en distribuer de nouvelles. Elles devront être utilisées à compter du lundi 2 mars 1998. Il a été décidé de procéder à un échange des anciennes et des nouvelles cartes le vendredi 27 février entre 9 h et 12 h et entre 14 h et 17 h. La Direction de la Sécurité se chargera de l'opération. En tant que DRH, vous êtes chargé de rédiger une note d'information interne qui devra être affichée le lundi 23 février.

2) Le Comité national contre le tabagisme souhaite annoncer largement la création d'une vidéothèque européenne antitabac. Il s'agit pour lui d'un outil au service de la prévention du tabagisme.
La vidéothèque rassemble déjà 300 documents (films, reportages).
Elle est ouverte non seulement aux acteurs de la prévention du tabagisme et aux professionnels de la santé, mais aussi aux enseignants et au grand public.
Elle édite un catalogue des documents rassemblés. On peut se les procurer en payant simplement les frais d'envoi. Il est également possible de se procurer une copie d'un document. La vidéothèque demande uniquement qu'on lui paie le coût de la reproduction et de l'envoi.
Rédigez un communiqué de presse.

3) Vous êtes l'attaché(e) de presse de Cinévista Production qui produit le nouveau film de Jean-Charles Anaudin et vous êtes chargé(e) de préparer et rédiger le dossier de presse. Comment allez-vous l'organiser (parties, rubriques) ?

CORRIGÉS

1. Note interne

Inex
Direction des Ressources humaines
Le 23 février 1997
Objet : échange des cartes magnétiques de parking

À la suite d'un vol et pour des raisons évidentes de sécurité, les cartes magnétiques d'accès au parking du personnel doivent être changées.

Les nouvelles cartes pourront être utilisées à compter du lundi 2 mars.

L'échange des cartes se fera le vendredi 27 février entre 9 h et 12 h et entre 14 h et 17 h dans les bureaux de la Direction de la Sécurité.

2. Communiqué

Le Comité national contre le tabagisme annonce la création d'un nouvel outil au service de la prévention du tabagisme, la vidéothèque européenne antitabac.

Rédaction de documents informatifs

> *Cette vidéothèque, qui rassemble 300 documents, est ouverte à tous. Son catalogue est envoyé sur simple demande contre remboursement des frais d'envoi. Des copies des documents peuvent également être fournies contre remboursement des frais de reproduction et d'envoi.*

3. Dossier de presse

Le dossier de presse d'un film s'adresse en priorité aux prescripteurs que sont les journalistes. Il cherche à capter leur attention, mais aussi à les aider dans leur travail, en leur fournissant de la matière en vue d'un article ou d'une émission. C'est pourquoi il lui faut non seulement présenter le sujet et les caractéristiques du film, mais aussi mettre l'accent sur son créateur et sur ses interprètes, rappeler leur carrière, proposer des anecdotes… Autrement dit, le dossier de presse doit anticiper les attentes des journalistes et du public.

1. Le film
    1.1. Présentation incitative (sujet et synopsis, originalité, caractéristiques à mettre en valeur)
    1.2. Évocation du tournage et de ses anecdotes
2. Le réalisateur
    2.1. Rappel biographique
    2.2. Filmographie commentée
    2.3. Entretien avec le réalisateur
3. Les principaux interprètes
    3.1. Présentation et filmographie
    3.2. Entretiens « express »
4. Fiche signalétique

Elle rappellera les noms du producteur, de l'auteur et de l'équipe technique, des interprètes, la durée du film, et elle mettra en relief les dates de sortie à Paris et en province.

5. Contact

Le dossier de presse mentionne de manière très apparente (au moyen d'un encadré, par exemple) le nom et les coordonnées de l'attaché(e) de presse du film. Les journalistes qui souhaiteraient obtenir des informations complémentaires ou joindre le réalisateur ou tel acteur sauront aisément à qui s'adresser.

Le rapport professionnel

 **Présenter les caractéristiques d'une situation qui pose problème, étudier les solutions envisageables et préparer la prise de décision.**

Définition

Le rapport est un document de travail, généralement demandé par une personne ou une instance décisionnaire, tourné vers l'avenir. Il a pour but d'expliciter les spécificités d'une situation donnée, d'analyser les problèmes qu'elle pose, d'en mesurer les enjeux, enfin de proposer des possibilités d'action, de manière à préparer une prise de décision.

Analyse

— Le rapport est un document qui implique son rédacteur. Celui-ci, en effet, ne peut se contenter de décrire et d'analyser des faits. Il doit également porter un regard appréciatif sur la situation concernée et proposer des moyens d'action qui permettront de la transformer.

— Le rapport doit être clair, précis et argumenté avec soin. Son premier souci est l'efficacité. Les recommandations qu'il comporte sont donc concrètes et développées.

— Le rédacteur d'un rapport s'adresse à des destinataires précis : au demandeur pour décision, à des collègues pour information ou avis. Il lui faut donc, dans son évaluation, prendre en compte les attentes du récepteur et chercher à y répondre.

Comment procéder

1 L'exposé de la situation

— Pour étudier et exposer la situation, une recherche documentaire minutieuse est préalablement nécessaire. Le rédacteur d'un rapport doit donc constituer dans un premier temps un dossier qui réunira toutes les sources d'information possibles, en fonction du cas envisagé : articles de presse généraliste ou professionnelle, bilans, comptes rendus, études techniques, statistiques, conclusions d'enquêtes, actes de colloques, banques de données, documents internes, etc. Il lui faut aussi, bien souvent, mener personnellement une enquête de terrain pour observer les faits par lui-même et mener des entretiens.

— Les informations réunies doivent être complètes et précises. Elles sont ensuite triées, classées et hiérarchisées, puis analysées et synthétisées selon une démarche similaire à celle que l'on emploie pour rédiger une note de synthèse (voir p. 98). L'exposé que présente le rapport doit permettre au destinataire d'avoir une vue d'ensemble de la situation qui pose problème, sans qu'aucun des aspects de celle-ci ne soit négligé.

2 L'évaluation

→ À ce stade, le rapporteur doit porter un regard critique sur la situation étudiée : il lui faut mesurer les problèmes qu'elle pose, en préciser les causes, en étudier les conséquences présentes.

→ Bien souvent, différents points de vue se dégagent, voire s'opposent. Le rapporteur devra en tenir compte et en faire état. Mais, comme il lui est demandé de porter un regard appréciatif et de formuler un diagnostic, il s'attachera à mettre en évidence le point de vue qu'il adopte et à réfuter les autres.

3 Les solutions préconisées

→ Elles ne doivent pas être générales ni vagues. Ce que l'on attend de l'auteur d'un rapport est une véritable aide à la décision.

→ Le rapporteur s'engage donc dans le choix de solutions données ; mais il motive clairement ce choix, précise les critères qui l'ont guidé et présente les conditions concrètes d'une évolution positive. Il justifie aussi, lorsque c'est nécessaire, les raisons qui lui font rejeter d'autres solutions potentielles.

4 Le plan du rapport

→ Le plan du rapport obéit en règle générale à un cadre type qui découle des observations précédentes :

- Exposé de la situation et des faits qui sont en relation avec elle.
- Analyse et évaluation du ou des problèmes posés.
- Présentation des solutions préconisées et des moyens de les mettre en œuvre.

→ Ce cadre est parfois présenté sous la formule FOR (faits-opinions-résolutions), SPRI (situation-problèmes-résolutions-informations pour la mise en œuvre) ou SAR (situation-argumentation-résultats) : dans tous les cas, la démarche d'ensemble est la même.

→ Pour mieux convaincre de la pertinence de son analyse, l'auteur du rapport expose d'abord, dans la seconde partie, les points de vue auxquels il n'adhère pas et réfute les conclusions qui en découlent. Il développe ensuite son opinion et réfute les objections qui pourraient y être faites. La troisième partie, consacrée aux solutions préconisées, peut alors être introduite de manière logique et convaincante.

5 La présentation matérielle du rapport

L'en-tête

Il mentionne obligatoirement :
- le nom du ou des rapporteurs, qui engagent ainsi leur responsabilité,
- le nom du ou des destinataires,

— l'objet du rapport,
— la date du rapport, puisque celui-ci analyse une situation donnée à un moment donné.

La mise en forme

— Si le rapport est long, il se voit précédé d'un sommaire et d'un résumé.

— Dans tous les cas, le rapport fait apparaître immédiatement son plan par l'emploi de titres et de sous-titres et par la numérotation de chaque partie comme de chaque paragraphe.

— Les paragraphes sont courts et chacun ne traite que d'une idée majeure. Ils sont articulés les uns aux autres par des transitions logiques.

L'introduction

Elle est fonctionnelle : elle présente donc, avec clarté et brièveté, la situation étudiée et le questionnement qu'elle induit, puis annonce l'orientation du rapport.

Les annexes

— Les documents techniques qui accompagnent le rapport et en justifient le diagnostic sont le plus souvent placés en annexes, de manière à ne pas interrompre le fil de la lecture.

— Ces annexes sont obligatoirement annoncées dans le corps de l'étude. Elles sont numérotées, titrées et paginées. En outre, si elles sont nombreuses, un sommaire les précède.

CHAPITRES COMPLÉMENTAIRES

- *Les spécificités de l'écrit professionnel (p. 14)*
- *La logique du discours (p. 20)*
- *Confronter, réfuter (p. 42)*
- *La note de synthèse (p. 98)*

APPLICATION

La société Harmoniques, déjà connue dans le domaine discographique, désire se développer dans l'édition de livres. Elle s'inquiète toutefois des moyens de promotion de ses ouvrages et vous demande, en tant que conseil en communication, un rapport sur la publicité littéraire. Rédigez-en le sommaire détaillé et l'introduction à partir des documents suivants, publiés dans Livres Hebdo *(28 nov. 1994).*

PLUS SONNANTE QUE TRÉBUCHANTE, LA PUBLICITÉ LITTÉRAIRE

Le livre et la publicité font un drôle de ménage. Interdit de télévision, il contourne la loi grâce au parrainage. En radio, c'est le pré carré de Laffont ; à la une du *Monde*, l'espace est réservé avec un an d'avance. Bref, la publicité littéraire est tiraillée entre le suivisme et la prise de risque.

Enquête de Daniel Garcia

Soit un roman vendu 110 F en librairie. 3 % de publicité sur 5 000 exemplaires (score de vente honorable, hors de portée d'un premier roman) permettent de dégager 16 500 F de publicité média. Un quart de page noir et blanc dans *Télé 7 Jours* coûte trois fois ce prix. Un tiers de page dans *Le Monde*, même négocié avec une forte remise, coûtera quand même dans les 75 000 F. Notre roman n'aura donc pas de publicité. Et il en va ainsi pour l'écrasante majorité de la production littéraire. À l'inverse, des auteurs qui se vendent entre 30 000 et 50 000 exemplaires bénéficieront souvent d'investissements publicitaires supérieurs aux fameux 3 %. Avec un budget d'achat média tournant autour de 500 000 F, *Le Zubial* d'Alexandre Jardin aura été l'un des mieux lotis de l'année 1997. Mais outre qu'Alexandre Jardin est abonné aux listes des meilleures ventes, son dernier livre est consacré à son père, Pascal Jardin, qui fut également un auteur Gallimard. En promouvant *Le Zubial*, l'éditeur espère sans doute un retour sur investissement qui profitera à l'ensemble du catalogue « famille Jardin ». Pareilles campagnes à 500 000 F sont rares : la moyenne des « gros » investissements tourne plutôt entre 150 000 F et 350 000 F. Même à ce prix-là, aucun éditeur ne peut s'offrir la lune. Si les pleines pages du *Monde* pour lancer un livre font toujours événement, c'est qu'à 250 000 F l'unité, pour du noir et blanc, il s'en vend rarement plus de deux par an.

Une gamme complexe de rabais. À ce point de l'enquête, on serait tenté de conclure que puisque l'édition ne sera jamais capable de dégager les masses qui pourraient générer des effets, la publicité pour le livre restera toujours anecdotique. Et de refermer le dossier. Sauf que, par les temps qui courent, les 490 millions de francs, le montant brut investi par l'édition en achat d'espace publicitaire (…), ce n'est quand même pas rien. Et que le livre, vu du côté des publicitaires et des supports de presse, a toujours ce petit « supplément d'âme » qui en fait un produit valorisé bien au-delà de son poids économique. Une agence de publicité est toujours fière de compter dans sa clientèle tel éditeur de renom, même si l'importance qu'elle lui accorde sentimentalement est inversement proportionnelle à la marge qu'elle peut en tirer. Du côté de la presse écrite, principale bénéficiaire des achats médias de l'édition, tous les journaux accordent aux éditeurs des tarifs publicitaires alléchants, souvent inférieurs de 15 % à ceux de la publicité commerciale classique. À ces tarifs officiels, s'ajoute une gamme complexe de rabais, qui profitent aux gros annonceurs et à ceux qui peuvent jouer d'un « effet groupe » : Havas édition dans *L'Express* ou Hachette, dans Hachette Filipacchi presse, bénéficient de ristournes qui peuvent atteindre jusqu'à 60 % du tarif officiel – du moins pour ceux dont Hachette détient plus de 50 % du capital. Seul *Télérama* impose des tarifs sans discussion possible. L'hebdomadaire, qui se défend de toute morgue, peut arguer, il est vrai, d'un lectorat « idéal » (cossu, cultivé et grand amateur de lecture) et d'un « coût pour mille » relativement modeste. Quand on sait qu'à *Télérama*, toujours, sur cent pages de publicité vendues par Publicat, la régie de l'hebdomadaire, neuf le sont au secteur édition-musique (indissociés) ou qu'au *Monde*, qui s'attire à lui seul un peu plus de 50 % des achats médias de l'édition dans la presse quotidienne nationale, la publicité littéraire représente bon an, mal an, avec 20 à 25 millions de francs, près de 10 % des recettes publicitaires du journal, on se dit que, finalement, le supplément d'âme est plus sonnant que trébuchant.

De là à s'imaginer que le traitement journalistique des éditeurs est aligné, dans les rédactions, sur leurs achats publicitaires, il n'y a qu'un pas, allégrement franchi par ceux qui s'estiment lésés. Des anecdotes édifiantes – pour ne pas dire navrantes – circulent sur le sujet. Impubliables – et souvent invérifiables. Mais si Christophe Fiorito, chef de publicité littéraire à Publicat, peut clamer, la main sur le cœur, que « ce n'est pas à *Télérama* qu'un représentant de la pub suit à la trace les critiques du journal dans les cocktails littéraires », il laisse entendre, *a contrario*, que pareilles déambulations ont cours ailleurs. Pratiques d'un autre âge ? Précisément : pratiques héritées d'un âge où les éditeurs reprenaient en « placards » commerciaux des extraits de critiques louangeuses. Du placard à la vraie publicité, le chemin a traîné en longueur.

Toucher la marge plutôt que le cœur de cible

En 1974, Yves Michalon, un publicitaire amoureux des livres, crée au sein de son agence, MBC, un département « culturel » où se retrouvent bien vite quelques grands éditeurs comme Grasset, Albin Michel ou Laffont. MBC deviendra Bélier Rive Gauche et s'imposera comme « l'agence » des éditeurs littéraires. Cédant à sa passion, Yves Michalon a fini par devenir éditeur en 1995 – sous son propre nom. Mais son bébé, filiale d'Havas, existe toujours. Il s'appelle désormais Hémisphère droit et conçoit la publicité d'une grosse demi-douzaine d'éditeurs (Le Robert, Gallimard, Grasset, Plon/Perrin/Orban, Denoël, le Mercure de France, Dalloz ainsi que les nouvelles librairies Place du Livre). Si MBC, en son temps, a joué un rôle novateur, en matière de « stratégie média » notamment, force est de constater que depuis 1974 l'aspect des publicités littéraires publiées dans la presse n'a guère évolué : on est resté au placard portant mention du titre avec photo de l'auteur et reproduction de quelques critiques. Dans le poche, où les méthodes sont plus agressives (…), cette constance laisse certains pantois : « Je suis effaré que l'édition grand format en soit encore là, commente un éditeur. Si on suit leur raisonnement, un livre dont la presse n'aurait pas parlé n'aurait pas vocation à bénéficier de publicité ! » Quand Marie-Annick Giraud, directeur général d'Hémisphère droit, explique qu'elle « se bat » pour imposer les évolutions qui lui paraissent nécessaires (comme ce slogan « Alain Minc persiste et signe » pour le dernier livre de l'essayiste, paru cet automne chez Plon), elle avoue implicitement une résistance des éditeurs au changement. Du reste, l'existence même d'Hémisphère droit ne laisse pas de surprendre : dans quel autre secteur marchand trouverait-on quelques-uns des principaux concurrents dans la même agence ? Vu des supports, le verdict est cinglant : « Les éditeurs sont, dans ce domaine, fermés à toute créativité. » Les intéressés répliquent que la créativité coûte cher. Et qu'ils ne raisonnent ni en termes de produits ni en termes de concurrence commerciale, mais d'image et de politique d'auteur. D'où l'importance décisive de leurs investissements dans la presse écrite et notamment dans *Le Monde, Le Point, L'Express, Le Nouvel Observateur* et *Télérama*, miroirs habituels de l'intelligentsia. Une « stratégie » qui laisse sceptique un publicitaire : « Vouloir absolument aller vers le support qui correspond à son image ne sert à rien, commente-t-il. Il est plus intéressant d'essayer de toucher la marge plutôt que le cœur de la cible. La publicité ne prêche pas à des convaincus. »

TROIS CAS D'ÉCOLE

À la question de savoir si la publicité pour le livre est prescriptrice, la réponse des éditeurs est souvent négative, les sommes investies étant jugées trop faibles pour obtenir un effet de levier. Trois exemples, dans des registres radicalement différents, tendraient pourtant à faire vaciller cette certitude.

Premier exemple : Dalloz
Le 11 décembre 1995, le célèbre éditeur de droit qui fête ce soir-là ses 150 ans au Sénat a décidé de s'offrir, pour la première fois de son histoire, le pavé de une du *Monde* avec une accroche « teasing » : le texte publié en une (« 150 ans nous ont permis d'agrandir… ») se poursuit en page 3 du quotidien (« … notre vision du droit »). Avec, en illustration,

sur un quart de page, le *Mégacode civil*, édition agrandie et enrichie du best-seller maison. « Le *Mégacode* était un produit entièrement nouveau, raconte Bernard Angaud, directeur de la publicité et du marketing de Dalloz. Nous étions en pleine grève de la poste et des transports. Toute la PLV [1] destinée aux libraires était bloquée. Hormis cet encart, nous avons été empêchés de communiquer sur l'ouvrage avant le début 1996. Or, à la veille de Noël, le *Mégacode* s'était déjà vendu à plus de deux mille exemplaires. »

Deuxième exemple : J'ai lu
Pour asseoir la notoriété de « Librio » (les livres à 10 F), notamment en direction des scolaires, J'ai lu a distribué gratuitement dans *Libération* du 4 septembre, jour de la rentrée des classes, un recueil de nouvelles inédites, *C'est la rentrée,* signées par de jeunes écrivains. Pour 7 F, le prix du quotidien, les acheteurs de *Libération* (tirage du 4 septembre : 220 000 exemplaires) repartaient donc avec un « Librio » en prime. Annoncée dans les kiosques les jours précédents, l'opération s'accompagnait également d'un publi-rédactionnel pour « Librio » sur toute la page du quotidien. Cette pratique dite « de l'échantillonnage » déjà pratiquée au début de cette année, par *Télérama* et « Folio », dans le cadre d'un *Hors-série Prévert*, tend à se développer. Si Danièle Darmon, directrice du marketing de J'ai lu se refuse à dévoiler le coût de l'opération, elle s'estime en revanche ravie des résultats, qui ont bénéficié aux deux partenaires : *Libé* a vendu plus d'exemplaires ce jour-là. De notre côté, dans les jours qui ont suivi nous avons vu les ventes de la collection gonfler titre par titre. »

Troisième exemple : Glénat
Du 11 au 24 septembre dernier, l'éditeur de bande dessinée s'est offert une campagne d'affichage dans le métro (245 panneaux de 4 × 3 mètres) pour la sortie du sixième album de Titeuf (« La bédé pô triste » disait le slogan). Tiré à 100 000 exemplaires fin août, l'album était déjà réimprimé à 30 000 le 20 septembre ! Un résultat qui, pour l'éditeur, ne doit rien au hasard : « Nous avons lancé cette opération parce que nous pensions que l'auteur montait en puissance et que c'était le bon moment d'agir. La campagne métro avait été précédée de mailings aux libraires et aux bibliothécaires et d'encarts dans *Livres Hebdo*, elle a été complétée par la PLV et une forte présence de l'auteur en librairie. C'est l'ensemble des promotions cumulées qui a fait « prendre la mayonnaise ». Cette fois, Titeuf a littéralement explosé.

1. Présentoir sur lieu de vente (note de l'éditeur).

TV : TRANSFORMER LES INTERDITS EN PARRAINAGE, RADIO : SUIVRE LES RECETTES DE BERNARD FIXOT

Le livre est interdit de publicité télévisée, en vertu d'une réglementation destinée à protéger les éditeurs indépendants. Cependant, compte tenu des tarifs officiels affichés par les grandes chaînes, on voit mal, à moins d'un aménagement des prix en faveur du livre, à l'image de ce que pratique déjà la presse écrite, quel grand groupe aurait les moyens de s'offrir une campagne télé. Un spot de 30 secondes sur TF1, un dimanche ou un mardi soir en « prime time », coûte en effet la bagatelle de 460 000 F. Cependant, tous les éditeurs continuent à rêver de la télévision, « média efficace et puissant » comme le résume froidement l'un d'eux. Ces dernières années, on a vu se développer des contournements de la loi (parfaitement légaux, au demeurant) sous forme de dotations à des jeux télévisés (Larousse avec « Questions pour un champion » par exemple) ou de parrainage (qu'on se souvienne de l'opération de J'ai lu avec « Sacrée soirée » pour Barbara Cartland). Ces deux solutions offrent de multiples avantages : les tarifs sont plus accessibles aux éditeurs qui s'assurent d'une bonne visibilité de leurs produits et d'un principe de répétition sans quoi aucune campagne télévisée ne marque les esprits. Quant à en mesurer l'efficacité, c'est une autre histoire : « Nous ignorons si notre parrainage de « Sacrée soirée » a eu un impact direct sur les ventes de Barbara Cartland, reconnaît-on chez J'ai lu, mais les libraires ont apprécié. Quand ils voient qu'un éditeur s'implique pour défendre un produit, ils ont tendance à l'encourager. »

Le livre, en revanche, n'est pas interdit de publicité à la radio. Mais, curieusement ce média semble largement sous-utilisé. « La radio est un média qui fait vendre ! » martèle opportunément Jérôme de Conigliano, directeur de clientèle à Europe Régies, la régie publicitaire qui coiffe Europe 1, Europe 2, Skyrock, RFM et BFM. Avec un chiffre d'affaires « édition/imprimé » de 95 MF l'an dernier (ce chiffre comprend l'édition de livres, de fascicules type Atlas mais aussi de cédéroms culturels), Europe Régies revendique 50 % de parts de marché de la publicité éditoriale. Sur Europe 1 (quatre millions d'auditeurs, dont une majorité de cadres), une campagne d'une semaine (40 spots de 30 secondes) est facturée 250 000 F. Mais la régie a développé, ces derniers temps, une offre tous azimuts où même de petits budgets peuvent trouver leur compte, comme ce « produit du jour », un publi-reportage de trois minutes facturé 45 000 F. Le premier à avoir compris que la radio faisait vendre, c'est Bernard Fixot : boudé par la presse à sa sortie, *Jamais sans ma fille* n'aurait sans doute pas connu la carrière que l'on sait sans la pression publicitaire que Fixot avait concentrée sur ce titre. Aujourd'hui, le P-DG de Laffont, qui concentre plus de 80 % de son budget publicité sur la radio, est le premier client dans l'édition d'Europe Régies (d'autant que ses vieilles amitiés dans la maison lui font bénéficier de ristournes significatives), devant Hachette, Atlas, Larousse, Flammarion...

SYLVIE HOARE, LA PUBLICITAIRE INTÉGRÉE D'ALBIN MICHEL

Avant de « vendre » Stephen King et Mary Higgins Clark, Sylvie Hoare, responsable de la promotion chez Albin Michel, avait travaillé pour des lessiviers, connus pour être les plus redoutables annonceurs du marché publicitaire. Ancienne de J. Walter Thompson et de Euro-RSCG, sa passion pour le livre l'a un jour incitée à rejoindre l'équipe d'Yves Michalon à Bélier Rive Gauche. C'est là que Richard Ducousset, le directeur général d'Albin Michel, la débauche en 1993, pour diriger le nouveau service intégré de publicité qu'il veut créer au lendemain du vote de la loi Sapin. Avant cette loi, seuls les annonceurs passant par une agence publicité pouvaient bénéficier, en plus des « taux de négos » désormais prohibés, de la « commission d'agence » (15 % de ristourne) offerte par les supports. Désormais, tout annonceur bénéficie de cette remise, qu'il passe ou non par une agence. Pourtant, excepté Le Seuil, Albin Michel est aujourd'hui le seul grand éditeur littéraire à maîtriser de bout en bout sa communication : « Je m'étonne qu'ils n'aient pas été plus nombreux à profiter de la loi Sapin pour sauter le pas, dit Sylvie Hoare. Soyons clairs : la plupart des éditeurs littéraires ne demandent pas à leurs agences de la vraie création. Dans ces conditions, leur payer des honoraires est un formidable gâchis. » Si elle se refuse à donner des chiffres, Sylvie Hoare assure que son arrivée chez Albin Michel a permis à l'éditeur de réaliser des économies « très importantes ». En outre, elle se réjouit de pouvoir travailler constamment en direct avec ses donneurs d'ordre : « Les bureaux du P-DG ou du directeur littéraire sont à quelques mètres du mien. » La « vraie création », Sylvie Hoare, qui a conçu autrefois des campagnes pour L'Oréal, avoue parfois en rêver. La publicité créative s'accompagne de formats spéciaux et de formules « teasing » qui coûtent fort cher. » L'an dernier, elle s'est tout de même fait plaisir avec un film cinéma pour Stephen King qu'elle a entièrement conçu de A à Z.

Livres Hebdo, 28 novembre 1994.

CORRIGÉ

Rapport sur les moyens de la publicité littéraire

Sommaire •••

Introduction

L'utilisation de la publicité promotionnelle par les éditeurs de livres apparaît au premier abord être une pratique délicate à mettre en œuvre, essentiellement pour des raisons de coût. Par ailleurs, l'impact de la publicité sur les ventes se prête à des opinions contradictoires. Un examen approfondi de l'état des lieux et des méthodes potentielles permet cependant de proposer des moyens d'action.

1. L'édition et la publicité : état des lieux

    1. 1. Des budgets réduits…
    1. 2. … principalement investis dans la presse
    1. 3. Des supports onéreux…
    1. 4. … malgré une gamme complexe de rabais
    1. 5. Une publicité interdite de télévision

2. Une mise en pratique délicate

    2. 1. Un impact jugé peu probant…
    2. 2. … sauf dans quelques secteurs
    2. 3. Une publicité trop conventionnelle…
    2. 4. … et qui ne prêche trop souvent que des convaincus
    2. 5. Des exemples prouvent pourtant une possible efficacité

3. Les possibilités d'action

    3. 1. Faire preuve d'originalité…
    3. 2. … pour toucher la marge plutôt que le cœur de la cible
    3. 3. Gérer sa pub en interne…
    3. 4. … plutôt que de passer par une agence
    3. 5. Utiliser le parrainage télévisuel…
    3. 6. … et, surtout, privilégier le support radio
    3. 7. Varier les démarches promotionnelles : concours, prix littéraires, affichage, partenariat avec des supports médias…

Conclusion

Une voie étroite, mais qui peut être efficace.

Les comptes rendus

**Prendre des notes en réunion de façon efficace.
Rendre compte de façon objective et synthétique
des propos d'autrui.**

Définition

Rendre compte, c'est faire le point à destination d'un tiers sur une situation qu'on a vécue.

On peut rendre compte à l'oral comme à l'écrit. Nous nous intéressons ici aux techniques de comptes rendus dans les situations de communication écrite.

Un compte rendu écrit est la relation d'une situation d'échanges verbaux. Les situations les plus diverses peuvent donner lieu à un compte rendu : colloque, conférence, table ronde, journée professionnelle, journée de stage, réunion.

Ce sont toutefois les réunions qui donnent le plus souvent lieu à des comptes rendus. Nous nous en tiendrons donc à cette situation.

De la réunion au compte rendu

- Les réunions peuvent être de différents types. Elles peuvent réunir un petit ou un grand groupe de personnes. Elles peuvent être informelles ou officielles. Elles peuvent avoir des objectifs très variés : exposer une information, organiser le travail, prendre une décision, résoudre un problème, rechercher des idées, etc.

- Quel que soit le type de la réunion, il est presque toujours nécessaire de rendre compte de ce qui s'est passé. D'une part, pour que les participants puissent garder une trace des contenus de la réunion. D'autre part, pour faire circuler l'information auprès des absents.

- Le compte rendu est le moyen le plus habituel de faire part du déroulement d'une réunion. Il en existe d'autres, cependant. Lorsque la réunion revêt un caractère officiel, on ne peut pas synthétiser l'information, il est en effet parfois juridiquement nécessaire de la livrer telle quelle. Dans ce cas, on rédige un procès-verbal. Autrement dit, on retranscrit la totalité des échanges, dans l'ordre de la réunion. Parfois, aussi, seules les conclusions intéressent les destinataires du compte rendu. Il peut également arriver que les déclarations des participants ou une partie de l'information doivent rester secrètes pour des raisons de confidentialité. On rédige alors uniquement un relevé de décisions.

Comment procéder

1 Avant la réunion

Lors d'une réunion, l'un des participants est désigné comme secrétaire de séance. S'il sait à l'avance qu'il remplira ce rôle, il peut se préparer, notamment en portant une attention particulière à l'ordre du jour. Ce document indique en effet le nom de chacun des participants et donne parfois des précisions sur leurs fonctions. L'ordre du jour comporte par ailleurs la liste complète des questions qui seront abordées lors de la réunion. C'est là une première indication de ce que pourra être le plan du compte rendu. Il peut s'avérer par ailleurs utile de compléter son information sur les principales questions qui vont être abordées.

2 Pendant la réunion

→ Au début d'une réunion, le secrétaire de séance a intérêt à repérer rapidement tous les participants. Un premier tour de table est parfois l'occasion de situer les personnes annoncées dans l'ordre du jour. Sinon, il faudra, lors de la première prise de parole d'un participant qui n'a pas été présenté, obtenir confirmation de son identité.

→ Pendant la réunion, la qualité de la prise de notes est capitale. Le compte rendu étant un exercice qui nécessite une totale objectivité, il ne faut rien omettre de ce qui se dit, quoi qu'on puisse penser soi-même des arguments ou des déclarations des uns et des autres. Toutefois, comme il serait impossible de noter en intégralité tous les échanges, on supprimera les redondances, les reformulations et on pourra résumer des développements trop longs ou maladroits. Il faut aussi faire un usage systématique des abréviations et des symboles.

> **conseils** Il faut procéder le plus souvent possible par intégration, sans abuser de la reformulation et en réservant la suppression à d'évidentes redites.
> La présence du secrétaire de séance doit être discrète. Évitez de faire répéter leurs propos aux participants pour les besoins de votre prise de notes. Toutefois, si un détail technique vous échappe, n'hésitez pas à intervenir. Il vaut mieux une ou deux interruptions dans la discussion plutôt que des inexactitudes dans le compte rendu.

3 Après la réunion

→ La qualité de votre compte rendu dépend largement de la précision de votre prise de notes, mais à ce stade, il ne suffit pas de recopier ce que vous avez noté pendant la réunion. Vous allez devoir organiser votre compte rendu selon un plan adapté aux échanges dont vous avez été témoin.

→ Deux types de plans sont possibles :
– Le plan chronologique est adapté à des réunions longues dont l'ordre du jour très structuré aura été scrupuleusement respecté. Il vous suffira alors, le plus souvent, de reprendre vos notes dans l'ordre en créant un intertitre pour chaque point de l'ordre du jour.
– Le plan thématique est adapté à des réunions plus décousues ou dont l'ordre du jour n'aura pas été suivi (retours en arrière, digressions nombreuses, discussion à bâtons rompus). Vous devrez retrouver une liste de questions que vous ordonnerez. Vous créerez un intertitre pour chaque thème et vous reporterez les interventions correspondantes.

Les règles d'écriture et de mise en page

→ De même qu'une réunion trop longue ou confuse est souvent improductive, de même le compte rendu doit être court, dynamique et clair.

Un compte rendu de réunion ne doit pas, sauf circonstances exceptionnelles, dépasser six pages. Vous devrez donc résumer les interventions longues et, surtout, regrouper des déclarations allant dans le même sens. Seules les déclarations claires et concises doivent être intégrées telles quelles.

— Le souci de l'objectivité est une préoccupation constante du rédacteur de compte rendu. Il faut veiller à retranscrire toutes les déclarations importantes. On ne peut omettre un propos que s'il rejoint d'autres déclarations qu'on mentionne. Ce souci d'objectivité se traduit par une rédaction qui reste au plus près des échanges verbaux. Enfin, on doit s'interdire toute appréciation sur les échanges (on ne note pas que telle personne a répondu ironiquement ou habilement, etc., même si c'était le cas !).

— La technique de l'intégration nécessite la maîtrise du discours rapporté, puisque le compte rendu est rédigé au discours indirect. On peut rédiger au présent ou au passé composé.

> **conseils** L'essentiel du compte rendu consiste à intégrer les propos des participants. Pour éviter la monotonie, il faut donc faire appel à une grande variété de verbes introducteurs :
> *observer, rappeler, indiquer, préciser, mentionner, souligner, déclarer, affirmer, informer, répondre, rétorquer, demander, s'enquérir,* etc.
> Il faudra, bien sûr, éviter ceux des verbes introducteurs qui sont porteurs de subjectivité comme *insinuer, prétendre,* etc.

— Dans la mise en page, on isolera en haut de la première page les éléments d'information qui permettront au lecteur de faire un premier repérage :
- date de la réunion,
- objet de la réunion,
- liste des participants (présents et absents excusés).

On mettra en valeur, en caractères gras :
- les intertitres, qui reprennent les points de l'ordre du jour ou les thèmes abordés. On favorise ainsi une lecture de survol du compte rendu.
- les noms des participants. Chacun saura ainsi rapidement quels propos on lui prête. Cela permettra également au lecteur de trouver rapidement telle intervention qu'il recherche.

CHAPITRES COMPLÉMENTAIRES

- Les techniques de la prise de notes (p. 56)
- La lecture et le traitement des dossiers (p. 62)
- Discours rapporté et discours transposé (p. 208)

APPLICATION

Lisez cette transcription intégrale d'une réunion. Rédigez-en le compte rendu. Vous adopterez un plan thématique.

Une réunion se tient dans une université pour évaluer une formation en informatique par la voie de l'alternance. Assistent à la réunion :
– trois étudiants : Claire Patient, Fabien Viot, Jérôme Cuisinier ;
– trois enseignants : M. Leroy, qui anime la réunion, M. Dugay et Mme Fabre ;
– trois responsables d'entreprise, tous trois maîtres d'apprentissage d'étudiants du groupe : Mme Hervé, Mme Combes et M. Louis.

M. Leroy. — Il y a maintenant quatre mois que les étudiants ont commencé la formation. Je crois que nous pouvons faire le point. Je dois dire d'emblée qu'on ne m'a pas signalé de difficultés particulières pour l'instant. Bon. Donc je crois qu'aujourd'hui nous devons voir comment ça s'est passé ici, à l'université, et dans l'entreprise. Voir ce qui a bien fonctionné et ce qu'on peut améliorer peut-être. Je propose que nous fassions un tour de table. Monsieur Louis, si vous voulez commencer.

M. Louis. — Alors en ce qui me concerne, tout va bien. J'ai regardé les contenus de formation et je trouve ça très complet. Il manque peut-être quelque chose de plus approfondi sur les réseaux, parce que nous, on a un intranet qu'on développe et, c'est vrai qu'il y a des besoins, maintenant, importants, en réseaux, dans toutes les entreprises.

Mme Fabre. — Si je peux intervenir… Je voudrais préciser tout de suite que nous sommes conscients de ces besoins. Cela n'est pas visible sur la brochure parce que c'est nouveau cette année, mais nous renforçons l'enseignement des réseaux. Vous le savez sans doute, mais nous avons créé un *e. mail* pour chaque étudiant. Bref, nous rattrapons le temps perdu.

M. Leroy. — Nous continuons le tour de table. Claire ?

Claire Patient. — En tant que déléguée étudiante, je voudrais dire que pour la plupart d'entre nous, il y a un problème lié à la densité des cours. Huit heures par jour, tous les jours, c'est très lourd. D'autant que nous n'avons pas de vacances.

M. Dugay. — Vous le saviez en venant ici. C'est un choix que vous avez fait.

M. Leroy. — Si vous le voulez bien, laissons Claire finir. Oui, vos camarades se plaignent ?

Claire Patient. — Nous souhaiterions qu'on puisse revenir sur le système des après-midi bloqués. 4 heures de suite d'algo ou de bases de données, c'est très lourd. Est-ce qu'on ne pourrait pas fractionner ?

M. Leroy. — Cela semble difficile. Mais nous allons y réfléchir pour la prochaine session.

Fabien Viot. — Si je peux intervenir aussi… Il y a, dans la formation, des étudiants qui ont fait des classes préparatoires scientifiques ou qui ont un DEUG. Ils sont très à l'aise en mathématiques et pour nous qui venons de BTS ou d'IUT, ça n'est pas toujours facile. Est-ce qu'on ne pourrait pas prévoir un soutien ?

M. Leroy. — Alors là, je vous rassure tout de suite. Il va y avoir, oui, à la prochaine session, un soutien, 2 heures par semaine.

Claire Patient. — Cela ne va pas alléger l'emploi du temps.

M. Leroy. — Écoutez, c'est sur la base du volontariat. Je crois que ça ne vous concerne pas et vos camarades verront s'ils veulent assister à ces séances.

Nous allons continuer notre tour de table. Madame Combes…

Mme Combes. — Pour ma part, je n'ai pas rencontré de difficulté. L'étudiant qui est chez nous donne toute satisfaction. Je voudrais dire quand même que je m'étonne de ce que le COBOL [langage de programmation] soit si peu enseigné.

M. Dugay. — Nous allons l'aborder le mois prochain…

Mme Combes. — Je sais. Mais c'est un enseignement de 30 heures. C'est peu. Nous avons été obligés de former nous-même l'étudiant. Et il faut savoir qu'il y a des débouchés professionnels en COBOL en ce moment.

M. Dugay. — Reconnaissez qu'un informaticien principalement formé en COBOL rencontrerait des difficultés d'ici quelques années. Et puis, si vous regardez nos contenus d'enseignement, vous verrez que nous veillons avant tout à la polyvalence. C'est à l'entreprise de donner, selon ses besoins, un complément de formation.

Mme Combes. — C'est ce que nous faisons…

M. Leroy. — Vous vouliez dire autre chose, Madame Combes ?

Mme Combes. — Non. Si ce n'est, comme l'a dit l'étudiante, que les sessions à l'université sont très chargées. Alors je crois qu'il faudrait éviter de donner des mémoires à préparer aux étudiants parce qu'ils n'ont pas le temps et qu'ils y travaillent pendant les sessions en entreprise.

Mme Fabre. — C'est un travail de recherche qu'ils préparent à deux ou trois. Donc, *a priori*, ils ne devraient pas pouvoir s'en occuper en entreprise. Nous le leur rappellerons. Et d'ailleurs, ils auront un après-midi libre chaque semaine lors des prochaines sessions pour travailler aux mémoires.

M. Leroy. — Madame Hervé, si vous voulez ajouter quelque chose…

Mme Hervé. — Écoutez, nous sommes très satisfaits. Je voudrais quand même dire… oui, à propos des sessions. En ce qui nous concerne, ces sessions de deux mois ne sont pas idéales. Elles ne permettent pas à l'étudiant de suivre les projets. Dans certaines formations, les étudiants sont trois jours en entreprise puis trois jours à l'université. C'est un rythme qui permet d'impliquer davantage les apprentis.

M. Leroy. — C'est une remarque qui nous a déjà été faite, mais nous ne pouvons pas modifier le rythme de l'alternance. Jérôme, on ne vous a pas encore entendu…

Jérôme Cuisinier. — Je n'ai rien à ajouter. J'étais d'accord avec Claire et c'est bien que vous reveniez sur le principe des après-midi bloqués.

M. Leroy. — Bon. Je crois que nous nous sommes tous exprimés. Il y aura une nouvelle réunion de suivi le 20 mars. D'ici là, n'hésitez pas à nous contacter, si vous rencontrez des difficultés.

CORRIGÉ

Le compte rendu

Compte rendu de la réunion du 18 décembre

Présents
Enseignants : Mme Fabre, M. Dugay, M. Leroy.
Responsables d'entreprise : Mme Combes, Mme Hervé, M. Louis.
Étudiants : Claire Patient, Jérôme Cuisinier, Fabien Viot.

Objet de la réunion
Évaluation de la formation en informatique.

Bilan général du premier trimestre

M. Leroy ouvre la réunion en indiquant qu'aucune difficulté particulière ne lui a, pour le moment, été signalée dans cette formation.

Les responsables d'entreprise présents se disent satisfaits de la formation.

Adaptation de l'enseignement aux besoins de l'entreprise

M. Louis rappelle que les entreprises ont des besoins de plus en plus grands dans le domaine des réseaux et, en particulier, de l'intranet. Il pense, de ce fait, qu'un approfondissement de l'enseignement serait utile dans ce domaine.

Mme Fabre signale que les enseignants sont conscients de ces besoins nouveaux. Elle précise que, cette année, l'enseignement de réseau sera renforcé. Elle rappelle qu'un *e. mail* a d'ailleurs été créé pour chaque étudiant.

Mme Combes soulève, de son côté, le problème de la formation en COBOL qu'elle juge insuffisante, alors même que, souligne-t-elle, des débouchés existent actuellement dans ce type de programmation.

M. Dugay rappelle que cet enseignement ne commence qu'en janvier. À son avis, il n'est pas envisageable de renforcer la formation en COBOL, ce langage de programmation n'étant pas appelé à se développer à l'avenir.

Rythme de l'alternance et emploi du temps

Mme Hervé juge le rythme d'alternance parfois inadapté aux besoins de l'entreprise. Elle pense que si les étudiants étaient trois jours en entreprise et trois jours à l'université, ils seraient davantage impliqués dans les différents projets.

Par ailleurs, étudiants et responsables d'entreprise se plaignent de l'emploi du temps trop chargé des semaines universitaires.

Mme Combes constate que les étudiants sont obligés de travailler à leur mémoire pendant les sessions en entreprise, faute de temps à l'université.

Les étudiants disent trouver les semaines très lourdes. Claire Patient demande, au nom de ses camarades, que les après-midi bloqués puissent être fractionnés.

M. Leroy s'engage à étudier le fractionnement des demi-journées. Mme Fabre indique que lors des prochaines sessions, les étudiants bénéficieront d'un après-midi par semaine pour travailler à deux ou trois sur leur mémoire.

Remise à niveau

À la demande des étudiants, et en raison de l'hétérogénéité du groupe, un cours de soutien de mathématiques sera proposé aux étudiants.

Ce cours de 2 heures hebdomadaires sera ouvert aux étudiants volontaires.

Prochaine réunion :
jeudi 20 mars

La lettre administrative et professionnelle

 Maîtriser les codes de présentation et de rédaction de la correspondance administrative et professionnelle. Construire des lettres claires et efficaces.

Définition

Une lettre administrative ou professionnelle est un message adressé par un émetteur particulier à un récepteur clairement identifié. Elle se donne un objectif précis et daté, qui est de l'ordre de la demande, de la réponse ou/et de l'information. Elle s'inscrit à la fois dans une sociabilité forgée par le temps et dans un fonctionnement économique qui met l'accent sur l'efficience.

Ces caractéristiques premières font que la lettre administrative ou professionnelle doit respecter une codification rigoureuse, des règles d'usage strictes, tout en assurant une communication la plus claire possible.

Analyse

— Message transmis d'un émetteur à un récepteur, la lettre s'inscrit dans une situation de communication à la fois générale et spécifique. Elle doit donc être adaptée à chaque circonstance, tout en s'inscrivant dans un cadre normalisé. Les formules dites d'appel et de politesse, qui sont obligées mais qui peuvent subtilement varier, permettent tout particulièrement de répondre à ces deux exigences.

— Par souci d'efficacité, la lettre professionnelle doit être la plus courte possible et présenter directement son objet. Il faut donc, dans sa rédaction, aller à l'essentiel, sans se perdre en bavardages inutiles qui risqueraient d'entretenir une confusion dommageable ou d'irriter un destinataire qui, le plus souvent, n'a absolument pas de temps à perdre.

— Selon l'objectif que l'on se donne, se dégagent quelques grands types de lettres qui suivent des plans-cadres propres : lettre de candidature, lettre officielle, lettre commerciale, lettre circulaire…

— Enfin, selon le proverbe latin *verba volant, scripta manent* (les paroles partent au vent, les écrits demeurent), la lettre constitue un engagement fort, fait preuve de foi, a valeur contractuelle. C'est pourquoi chacun de ses termes doit être soupesé avec soin, avant d'être utilisé.

Comment procéder

1 La présentation de la lettre

— Il est d'usage que la lettre professionnelle soit écrite sur du papier blanc uniforme, de format 21 × 29,7 cm. Elle peut être tapée à l'aide d'un traitement de textes, sauf dans le

Rédaction de documents informatifs

cas d'une lettre de candidature, laquelle est impérativement manuscrite (à la différence du CV qui l'accompagne).

➛Document de communication, la lettre doit être présentée avec soin et aérée. N'oubliez pas de respecter des marges en haut et en bas de la feuille, mais aussi à droite et à gauche. Veillez à aligner votre texte et, dans le cas d'une lettre manuscrite, à écrire droit, en vous aidant, si besoin est, d'une feuille réglée placée sous la feuille de courrier. Dans tous les cas, rappelez-vous que vous serez d'abord jugé sur la première impression que laissera votre correspondance.

➛En haut et à gauche de la feuille, se trouve la zone de l'émetteur : vous y placerez vos coordonnées, ainsi éventuellement que la qualité au titre de laquelle vous écrivez la lettre.

➛En haut et à droite, mais en dessous de la zone de l'émetteur, se trouve la zone du récepteur : vous y placerez les coordonnées (nom et/ou fonction, adresse) du destinataire. Une fois pliée en trois, la feuille doit pouvoir faire apparaître ces coordonnées si l'on utilise une enveloppe à fenêtre.

➛La date peut être placée au-dessus de la zone du récepteur ou en dessous. Ce qui doit vous guider est d'abord l'équilibre général de ce premier tiers de feuille. Dans tous les cas, la date doit comporter quatre indications : le lieu puis, après une virgule, le jour, le mois (en toutes lettres) et l'année. Présentée de manière abrégée, la date n'appartient qu'à une correspondance familière.

➛L'objet, si besoin est, indique le contenu global de la lettre (dans le cas d'une lettre circulaire, par exemple). Il se place en dessous de la zone du récepteur, sur la gauche, et tient en quelques mots précis. C'est à cette même place que doivent être rappelées les références d'une annonce, entre autres si vous écrivez une lettre de candidature.

➛La formule d'appel doit se détacher du texte de la lettre grâce à un espace blanc. De même, pour la formule de politesse qui termine la lettre.

➛La signature est obligatoire. Elle doit, elle aussi, se détacher du texte.

➛Si vous ajoutez un post-scriptum (P.-S.), celui-ci ne doit pas manifester un oubli de votre part. Son objectif s'inscrit dans une stratégie d'écriture, il sert à souligner une information que vous désirez mettre en avant.

· N'écrivez qu'au recto des feuilles que vous utilisez pour votre courrier.
· Évitez d'écrire la seule formule de politesse finale sur une nouvelle feuille.

2 Les formules d'appel

➛Elles peuvent varier selon le destinataire, mais sont toujours suivies d'une virgule.

➛Formule neutre, utilisée pour un destinataire inconnu, peu connu ou/et dont on ne désire pas souligner la fonction : *Madame, Monsieur, Madame ou Monsieur, Mesdames, Messieurs, Mesdames et/ou Messieurs* (dans tous les cas, avec majuscule).

➛Formule déférente, qui souligne la fonction : *Madame la Directrice, Monsieur le Président…* Dans tous les cas, *Madame* ou *Monsieur* prennent une majuscule, de même que la fonction soulignée. Naguère encore, la tradition voulait que, pour une femme, la fonction reste au masculin. Aujourd'hui, nombre de femmes souhaitent que l'appellation de leur fonction soit féminisée, à la manière québécoise.

➛Formule plus amicale, à utiliser en général d'égal à égal : *Cher Monsieur, Cher Monsieur et ami, Monsieur et cher collègue…* (*ami*, *collègue* ne prennent pas de majuscule).

La lettre administrative et professionnelle

> **Erreurs à éviter**
>
> N'utilisez pas de possessif en tête de formule, ne mentionnez pas non plus le patronyme du destinataire. Ces pratiques sont extrêmement familières. Si vous connaissez vraiment bien votre interlocuteur, vous pouvez en revanche le nommer par son prénom : *Cher Pierre*.

3 Les formules de politesse

- C'est dans les **nuances** de la formule de politesse qui clôt la lettre que s'exprime le sentiment manifesté à l'égard du destinataire. Il faut donc être vigilant dans son emploi.

La formule de politesse est composée de **trois éléments** qui doivent se situer au **même niveau de langue** :

Je vous prie d'agréer (1), *Monsieur* (2), *mes salutations distinguées* (3).

- Dans tous les cas, il est indispensable de reprendre en (2) la **formule d'appel** utilisée en tête de lettre, avec ses majuscules, et en la plaçant entre deux virgules.

- L'élément (1) est constitué du **verbe d'envoi**. Il est préférable d'éviter l'impératif, trop sec, à moins que l'on ne s'adresse à un subalterne ou que l'on veuille manifester une certaine irritation (lettre de réclamation, par exemple) : *Recevez, Acceptez, Agréez*, ou encore *Veuillez recevoir, accepter, agréer*... Il est préférable d'utiliser, en manifestant une déférence croissante, des formules du type : *Je vous prie d'accepter, Je vous prie d'agréer, Je vous prie de recevoir, Je vous prie de bien vouloir croire, Je vous prie de bien vouloir accepter, Je vous prie de bien vouloir agréer*.

- L'élément (3) est constitué du **complément du verbe d'envoi**, de ce que l'on envoie. Il est donc en rapport étroit avec l'élément (1) et varie non seulement selon le degré de déférence, mais aussi selon le verbe employé :

agréer accepter	mes salutations distinguées, les plus distinguées
	mes hommages, mes hommages respectueux (à une dame)
	l'expression de mes sentiments les meilleurs, dévoués, (les plus) respectueux, respectueux et dévoués
	l'expression de mon plus profond respect, de mon dévouement respectueux
croire	à l'assurance de ma considération, de ma haute considération
	à l'expression de mes meilleurs sentiments
	à l'expression de mon profond respect
recevoir	l'assurance de ma parfaite considération
	l'assurance de mes meilleurs sentiments
	l'expression de mes sentiments dévoués

conseils
- Entre un homme et une femme, on évite de parler de sentiments.
- C'est plutôt un supérieur qui adresse l'assurance de sa considération à un inférieur.
- On prie d'agréer des salutations, mais l'expression de sentiments.
- L'élément (2) de la formule de politesse se place impérativement après le verbe d'envoi. On dira : *Je vous prie d'agréer, Monsieur, ...* et non : *Je vous prie, Monsieur, d'agréer ...*

Rédaction de documents informatifs

> . Évitez de lier la formule de politesse à un espoir ou à une attente (Dans l'espoir, dans l'attente d'une réponse…). L'on pourrait penser que vos salutations dépendent de la réponse attendue, ce qui serait évidemment bien désobligeant.

4 L'attaque de la lettre

→ Dans la mesure du possible, les premières lignes exposent, par souci d'aller à l'essentiel, l'objet de la lettre. Celui-ci, nous l'avons vu, peut être de l'ordre de la demande, de la réponse ou de la transmission d'information. Trois types d'attaque sont donc à envisager. Ce ne sont cependant que des modèles, qui doivent ensuite être adaptés à chaque cas particulier.

Formules de demande

- **Formules courantes** : *Je vous prie de bien vouloir, Je vous serais reconnaissant de, Je vous saurais gré de, Je vous serais obligé de bien vouloir…* (Notez l'emploi du conditionnel.)
- **Formule déférente** : *J'ai l'honneur de solliciter (de votre bienveillance).*

Formules de réponse

Dans votre lettre du…, En réponse à votre lettre du…, Votre lettre du… nous demandait…

Formules informatives

- **courantes** : *Je vous informe, Je vous signale, Je vous avise que…*
- **déférentes** : *J'ai l'honneur de vous faire connaître, de porter à votre connaissance, de vous faire parvenir, de vous exposer, de vous rendre compte de…*
- **positive** : *J'ai le plaisir de (vous informer, vous signaler…).*
- **négative** : *J'ai le regret de…*

> **conseils**
> · Évitez, si possible, de débuter une lettre par *je*. Cherchez toujours à impliquer votre correspondant et à privilégier le *vous* dans la première phrase.
> · De la même manière, ne cédez pas à la facilité d'user dans l'attaque d'un participe présent, lourd et souvent employé de manière incorrecte. Une autre tournure est sans doute envisageable !

5 Le plan de la lettre

→ Le principe majeur est de construire votre lettre selon un plan clair et précis, et non de l'écrire au fil de la plume. Rappelez-vous toujours qu'un paragraphe ne comporte qu'une seule idée essentielle. Chaque fois que vous passez d'une idée à une autre, vous devez donc passer aussi d'un paragraphe à l'autre.

→ L'un des plans les plus simples est celui qui se construit autour d'un axe chronologique : passé, présent, futur. Il demande, bien sûr, à être ensuite adapté à chaque cas particulier.

Hier	vous nous avez adressé tel et tel document.
Aujourd'hui	il manque tel formulaire.
Demain	veuillez nous l'adresser pour que nous puissions traiter votre dossier.

LES ÉCRITS PROFESSIONNELS

La lettre administrative et professionnelle

→ Un autre plan courant, pour des lettres plus développées, qui s'apparentent à des notes de synthèse, est celui qui suit la méthode SPRI (situation-problème-résolution-informations qui en découlent).

S	Vous nous avez adressé tel et tel document.
P	Il manque tel formulaire.
R	Veuillez nous l'adresser.
I	Si ce n'était pas fait avant telle date et de telle manière, nous ne pourrions traiter votre dossier et cela aurait telle et telle conséquence.

→ Dans tous les cas, n'oubliez pas d'articuler clairement les idées et les arguments que vous souhaitez développer. Assurez-vous, également, que vous avez donné toutes les informations nécessaires à la bonne compréhension de votre lettre. Relisez-vous en vous mettant à la place du destinataire.

6 La lettre de candidature

→ Ce peut être une lettre de candidature dite spontanée, ou une lettre en réponse à une annonce. Dans ce dernier cas, n'oubliez pas de rappeler les références de l'annonce en tête de lettre (*cf.* la présentation de la lettre, p. 128).

→ Votre lettre est accompagnée de votre CV. Il est donc inutile de rappeler toutes les informations qu'il présente. Vous pouvez, en revanche, insister sur tel élément qui fait de vous un candidat sérieux, en adéquation avec le poste proposé. Ce peut être un diplôme particulier ou une expérience professionnelle antérieure, dont vous vous attacherez brièvement à montrer quel atout cela donne à votre candidature.

→ La lettre de candidature, en règle générale, est composée de trois paragraphes. Le premier justifie votre choix de répondre à une annonce particulière ou de solliciter une entreprise spécifique, et met donc l'accent sur celle-ci. Le second cherche à vous « vendre » : après avoir indiqué à l'entreprise pourquoi vous l'avez choisie, il s'agit de lui donner des raisons de vous choisir, vous. Le dernier paragraphe, se tourne quant à lui vers l'avenir, il envisage une issue favorable à votre candidature : il vous déclare disponible pour un entretien, il demande des informations précises sur le poste à pourvoir, bref il est ouvert et positif.

Vous	Vous êtes une entreprise dynamique.
Moi	Je peux vous apporter telle compétence.
Nous	Nous pourrions nous rencontrer pour envisager notre collaboration.

· *Soyez attentif à l'apparence globale de votre lettre, elle vous juge d'emblée.*
· *N'oubliez pas qu'une lettre de candidature doit être manuscrite. Elle peut faire l'objet d'une analyse graphologique.*
· *Si l'annonce ne précise pas clairement à qui envoyer la lettre de candidature, adressez-la à Monsieur le Directeur des Ressources humaines.*

Rédaction de documents informatifs

CHAPITRES COMPLÉMENTAIRES

- Les types de plan (p. 28)
- Les spécificités de l'écrit professionnel (p. 14)
- Le CV (p. 138)
- Principes de lisibilité rédactionnelle (p. 200)

APPLICATIONS

1) Voici quatre débuts de lettres. Exercez-vous à éviter le *je*. Trouvez des tournures qui impliquent le destinataire.

1. Je vous indique que je n'ai, à ce jour, pas reçu les documents indiqués d'une croix dans la liste ci-dessous.
2. Il nous paraît nécessaire que vous participiez à cette réunion de la plus haute importance.
3. Nous avons bien reçu votre courrier du 10 septembre 1997, auquel nous nous empressons de répondre.
4. Je m'adresse à votre entreprise car j'ai appris que vous disposez d'un département communication important.

2) Rédigez une lettre en suivant l'ensemble des recommandations qui suivent. Vous inventerez les coordonnées de l'émetteur et du destinataire.

Un éditeur spécialisé dans la formation professionnelle, la société LEREIN, vient de publier en mai 1998 un catalogue de ses titres auquel il a donné le nom de *Les Formateurs de demain*. Il décide au même moment de créer un site sur Internet, dont l'adresse est : http ://www.lerein.fr. Il voudrait en effet tester les réactions des utilisateurs potentiels de ses produits.

Il écrit à la Chambre de commerce et de l'industrie de la ville de Paris, très en pointe dans le domaine de la formation professionnelle.

LEREIN propose que les acteurs de la formation professionnelle, étudiants, enseignants, intervenants professionnels, expérimentent ses produits sur Internet et lui fassent part de leurs remarques.

LEREIN s'engage vis-à-vis d'eux à rassembler et publier à leur intention les résultats de ces remarques, et à offrir à chacun d'eux, en remerciement, deux ouvrages de ses collections.

3) Rédigez une lettre circulaire avec les données suivantes.

Vous êtes un éditeur bien connu des libraires, les éditions Paul Lemoine (15, rue de Buci, Paris 6e). Vous avez décidé de lancer une collection de semi-poches. Les caractéristiques en sont les suivantes :

– Il s'agit d'une collection de littérature.
– Elle s'appelle « Relief ».
– Elle reprend des livres de fonds (déjà publiés comme nouveautés), mais avec une nouvelle présentation et une nouvelle gamme de prix (40 à 80 francs).
– Papier, typographie, fabrication doivent être mis en avant.
– Les deux premiers titres paraîtront en octobre 98.
– Son format est le format classique des semi-poches : 14 cm × 18,5 cm.
– Deux titres sortiront tous les deux mois.
– Les titres peuvent être classés en poches ou en littérature générale.

Vous envoyez un courrier aux principaux libraires (mai 98) pour leur présenter la collection. Vous joignez à votre lettre un exemple de couverture et un formulaire de demande des deux premiers titres de la collection en service de presse.

Rédigez la lettre en question.

4) Lettre de candidature
Rédigez le texte d'une réponse à l'annonce ci-dessous, parue dans *Le Monde* du 3 septembre 1997. Vous pouvez inventer l'élément du CV susceptible d'être mis en avant.

CORRIGÉS

1. Passer du *je* au *vous*

▪ Vous ne m'avez pas, sauf erreur, adressé à ce jour les documents indiqués d'une croix dans la liste ci-dessous.

▪ Votre participation à cette réunion de la plus haute importance nous paraît nécessaire.

▪ Vous nous avez adressé un courrier en date du 10 septembre 1997, dont nous avons pris acte. (Suit la réponse, dans un nouveau paragraphe.)

▪ Votre entreprise dispose d'un département communication important qui a retenu toute mon attention (et qui justifie que je m'adresse à vous).

2. Lettre LEREIN

Monsieur Jean Dupont
Société LEREIN
23, rue Championnet
75018 PARIS
Tél/fax : 01 42 31 08 72

Paris, le 15 mai 1998

Monsieur le Responsable de
la Formation professionnelle
Chambre de commerce et
d'industrie
27, avenue de Friedland
75008 Paris

Monsieur,

Notre société, spécialisée dans l'édition d'ouvrages liés à la formation professionnelle, vient de publier un catalogue des titres qu'elle commercialise : *Les Formateurs de demain*. Nous nous permettons de vous en envoyer quelques spécimens.

Nous venons par ailleurs d'ouvrir un site sur Internet (http ://www.lerein.fr) dans le but de recueillir les appréciations du plus grand nombre possible d'utilisateurs sur les produits en question.

Nous savons que la Chambre de commerce et d'industrie de la ville de Paris est en pointe dans le domaine de la formation professionnelle. C'est pourquoi nous serions très honorés si les participants à vos sessions, étudiants, enseignants, intervenants professionnels, qui se passionnent pour les nouvelles technologies, acceptaient de tester nos réalisations et de faire part de leurs commentaires directement sur Internet.

En retour, nous nous engageons à publier à leur intention les résultats de la consultation et à offrir à chacun, en remerciement, deux ouvrages de notre catalogue.

Je vous remercie de l'attention que vous nous portez et me tiens à votre disposition pour vous donner de plus amples informations.

Je vous prie de bien vouloir agréer, Monsieur, l'expression de mes sentiments les meilleurs.

3. Lettre circulaire

Éditions Paul Lemoine						Paris, le 10 mai 1998
15, rue de Buci
75006 Paris
Tél. : 01 43 28 55 32
Fax : 01 43 28 43 12

				À Mesdames et Messieurs les Libraires

Objet : présentation de la collection « Relief »

Mesdames, Messieurs,

Vous connaissez la qualité de nos publications et nous vous remercions de votre fidélité à les promouvoir.

Nous allons faire paraître au mois d'octobre prochain les premiers titres d'une collection de semi-poches, intitulée « Relief ».

Il s'agit pour nous, de proposer des livres de fonds dans une nouvelle présentation, et selon une nouvelle gamme de prix, lesquels iront de 40 à 80 F.

Le papier et la typographie seront choisis de façon à rendre la lecture agréable, et la fabrication sera soignée.

Ces ouvrages seront au format le plus courant des semi-poches : 14 × 18,5 cm. Ils pourront donc être classés en littérature générale comme en poches.

Les titres de la collection « Relief » paraîtront au rythme de deux tous les deux mois.

Pour que vous puissiez mieux visualiser la collection, nous vous adressons un exemple de couverture. D'autre part, nous nous ferons un plaisir de vous envoyer en service de presse les deux premiers titres de « Relief ». Il suffit, pour cela, que vous nous renvoyiez le formulaire de demande ci-joint.

Nous vous prions d'agréer, Mesdames, Messieurs, nos salutations cordiales.

4. Lettre de candidature

Monsieur,

Votre entreprise, manifestement, a du caractère. En cela, elle me paraît très séduisante et c'est avec plaisir et enthousiasme que j'envisage de faire un bout de chemin avec elle. C'est pourquoi je m'empresse de répondre à la proposition que j'ai trouvée dans Le Monde du 3 septembre.

Je suis pour ma part un homme jeune, ouvert et volontaire, réfléchi mais entreprenant, qui, à sa sortie de l'École Supérieure de Commerce de Paris, cherche à mettre son énergie et sa force communicative au service d'un emploi motivant. Mon stage de dernière année, effectué au sein d'AXA (cf. CV ci-joint), m'autorise à vouloir m'engager en connaissance de cause dans le domaine des Ressources humaines.

> Je me tiens à votre disposition pour vous exposer l'étude que j'ai réalisée dans le cadre de ce stage et mieux vous montrer ma flamme pour ce métier, flamme que je désire mettre au service de votre entreprise.
> Je vous prie de bien vouloir agréer, Monsieur, mes salutations distinguées.

On notera que la liberté de ton que s'autorise, ici, la lettre de candidature, répond au style volontairement provoquant de la petite annonce elle-même. La réponse à des annonces de facture classique devra se montrer plus mesurée et déférente.

Le curriculum vitæ (CV)

 **Se présenter de manière concise et efficace auprès d'un employeur potentiel ou d'un organisme de formation. Faire le point sur son profil en cherchant à retenir l'attention du destinataire.**

Définitions

Le curriculum vitæ (en abrégé, CV) est un document informatif qui sert à vous faire connaître d'un destinataire auprès duquel vous êtes en position de demande. Il se fait votre ambassadeur et doit donc proposer l'image la plus positive et la plus attractive possible de vous-même.

Traduite littéralement du latin, l'expression *curriculum vitae* désigne « le cours, le parcours de la vie ». Il faut, par conséquent, que votre CV trace avec brièveté votre itinéraire personnel et mette en évidence toutes les informations relatives à :
- votre état civil,
- votre formation,
- votre expérience professionnelle,
- vos capacités diverses.

Analyse

● Le CV ne s'envoie pas seul. Il accompagne une lettre, de motivation ou de candidature, il ne la remplace pas. Il est écrit en un style bref et précis, quasi télégraphique.

● Le CV est un document de communication à dominante informative, mais qui doit également être convaincant et attractif. Cela signifie que, si le message véhiculé y joue le rôle essentiel, vous ne devez pas, pour autant, négliger les autres facteurs de la communication que sont l'émetteur, le récepteur, le référent, le canal et le code. Tous les détails comptent. Le destinataire, qui est le plus souvent un spécialiste des « ressources humaines », cherchera en effet à évaluer non seulement votre savoir-faire professionnel, mais aussi l'ensemble de votre personnalité, de votre savoir-être.

● L'émetteur : vous devez, bien évidemment, vous mettre en avant et chercher à vous « vendre », en trouvant les arguments adéquats pour ce faire. Vous chercherez donc à éclairer votre projet professionnel, à valoriser vos aptitudes et à gommer – sans mentir ! – les aspects négatifs de votre parcours.

● Le récepteur : ce n'est pas la personne particulière qui compte (bien souvent, vous ne savez même pas son nom), mais la fonction et l'organisme qu'elle représente. Votre CV ne doit pas donner l'impression d'être passe-partout, il est préférable de le personnaliser en fonction du destinataire, donc de chercher, préalablement à sa mise en forme, à mieux cerner à quelle structure spécifique vous le destinez et à quel type d'emploi. Vous pourrez ainsi mettre en évidence telle ou telle capacité qui convient tout particulièrement.

Rédaction de documents informatifs

→ **Le référent** : lorsque vous rédigez votre CV, vous devez toujours vous mettre à la place du destinataire, de manière à vous assurer d'être clair et explicite. Expliquez, si nécessaire, la spécificité d'un diplôme que vous avez obtenu ou d'une activité que vous avez exercée, de façon à leur donner toute leur valeur.

→ **Le canal** : il s'agit, dans le cas du CV, d'une feuille impérativement blanche et de format 21 × 29,7 cm, sur laquelle le texte sera dactylographié, à la différence de la lettre de candidature qui, elle, est manuscrite.

→ **Le code** : plusieurs règles sont à respecter.
– la mention « curriculum vitæ » en tête de page est inutile ;
– le CV doit en général tenir sur une seule feuille (deux au maximum) et, dans tous les cas, n'être tapé que sur le recto de la (ou des deux) feuille(s) ;
– les différentes rubriques doivent être aisément identifiables ;
– le CV n'est jamais signé ;
– enfin, la mise en forme, l'orthographe et la syntaxe doivent être soignées, car elles concourent largement à l'évaluation qui sera faite de vous, à travers la lecture de votre CV et de la lettre qui l'accompagne. La première impression que laissera votre document est fondamentale ! Relisez-vous donc avec attention, en vous aidant d'un dictionnaire ; aérez et harmonisez votre mise en page ; laissez des marges (3 à 4 cm) qui permettront au destinataire de faire des annotations.

· N'abusez pas des encadrements, ne multipliez pas les soulignages, alignez bien dates et descriptifs des formations et des expériences professionnelles, de manière à présenter un document sobre et lisible.
· L'ordre de présentation des études effectuées et des expériences professionnelles acquises peut être *l'ordre chronologique classique*, mais on utilise de plus en plus l'ordre dit *chronologique inversé* (on a alors affaire à ce que l'on appelle le CV à l'américaine). Dans tous les cas, pour vous montrer cohérent, vous devrez adopter le même ordre dans la présentation de vos études et dans celle de vos expériences professionnelles.

⚠ **Erreur à éviter**
Ne joignez pas de timbre, ni d'enveloppe timbrée à votre envoi. Vous ne formulez pas une demande de documentation !

Comment procéder

→ **Avant de rédiger** votre CV, il vous faut procéder à votre bilan personnel et rassembler toutes les informations utiles sur votre parcours, vos années d'études et vos expériences professionnelles, puis les trier et les ordonner, afin de préparer la rédaction de votre CV. Rappelez-vous toujours que toutes les informations que vous mentionnerez pourront avoir à être développées lors de l'entretien qui, éventuellement, vous sera proposé plus tard. Il vous faut donc vous y préparer.

→ Vous vous attacherez ensuite à remplir chacune des quatre grandes rubriques que comporte tout CV, et que nous rappelons : l'état civil, la formation, l'expérience professionnelle, les capacités diverses. La présentation des langues connues, selon l'importance que vous lui accorderez et ce que vous avez à en écrire, sera intégrée à la rubrique « formation » ou constituera une cinquième rubrique distincte.

1 La rubrique « état civil »

— Elle est habituellement placée en haut et à gauche de la feuille de CV.

— Elle doit mentionner, dans l'ordre : votre nom (en capitales, suivi le cas échéant du nom de jeune fille), votre prénom usuel, votre date et votre lieu de naissance, votre nationalité (si cette information a une importance en fonction de l'entreprise ou du poste convoité), votre situation de famille, enfin votre adresse.

— Les hommes jeunes doivent également mentionner leur situation vis-à-vis du service militaire et, éventuellement, la fonction occupée (coopération, tâche spécifique).

— La mention d'un téléphone où vous joindre rapidement est également utile.

> **conseils** Ne joignez une photo que si elle vous est explicitement demandée. Dans ce cas, vous choisirez une photo d'identité récente et de bonne qualité, que vous placerez en haut et à droite de la feuille de CV, à la hauteur de la rubrique « état civil ».

2 La rubrique « formation »

— Elle s'attachera aux diplômes les plus importants et significatifs par rapport au poste convoité, et elle marquera les différentes étapes de votre formation. Indiquez clairement la date d'obtention et le titre précis du diplôme obtenu, ainsi que l'appellation exacte de l'institution qui vous l'a octroyé. Méfiez-vous des sigles opaques, surtout si vous avez suivi des études à l'étranger (vous pouvez, par exemple, les développer dans une parenthèse).

— Si vous avez suivi des études supérieures, il est inutile de détailler vos études secondaires. Mentionnez uniquement la date d'obtention du baccalauréat et la série (éventuellement, la mention, si elle est valorisante).

— Les formations parascolaires ou para-universitaires, les sessions à l'étranger, les séminaires, s'ils contribuent à fortifier votre projet professionnel, peuvent être également mentionnés, même s'ils ne débouchent pas sur des diplômes.

— De même, il est préférable de mentionner les années d'études qui n'ont pas été couronnées de succès ou qui ont été interrompues, par exemple pour changer de voie, plutôt que de laisser percevoir un « trou » dans votre chronologie. Préparez-vous, en revanche, à devoir fournir des explications à ce sujet, lors de l'entretien.

3 La rubrique « langues »

— Indiquez clairement les niveaux écrits et parlés des différentes langues que vous prétendez connaître. Ne vous surestimez pas et ne cherchez pas à bluffer, l'entretien ultérieur risquerait d'être désastreux. Être bilingue signifie maîtriser deux langues comme s'il s'agissait de langues maternelles. Parler couramment une langue signifie être capable d'entretenir à brûle-pourpoint une conversation soutenue dans cette langue ou d'opérer une traduction simultanée. Dans tous les cas, le bilinguisme ou la connaissance courante d'une langue doivent pouvoir être justifiés. Par ailleurs, vous pouvez mentionner que vous avez de simples notions de telle ou telle langue, surtout s'il s'agit d'une langue « rare ».

Rédaction de documents informatifs

─ Tout ce qui paraît apte à justifier la mention d'un niveau de langue est bon à noter : séjours, stages ou études à l'étranger, voyages linguistiques, cours suivis dans les centres culturels, traductions et, bien sûr, diplômes de langue, tel le TOEFL pour la langue anglaise.

4 La rubrique « expérience professionnelle »

─ Elle peut mentionner non seulement les postes occupés durablement, mais aussi (pour les débutants) les stages effectués dans le cadre d'une scolarité ou en dehors, les emplois saisonniers, les remplacements…

─ Dans tous les cas, vous devez indiquer clairement les dates, la durée et le lieu de l'emploi, la fonction ou le poste occupé et le nom de l'entreprise où vous avez travaillé. Si celle-ci risque d'être méconnue, spécifiez aussi son domaine d'activité.

─ En fonction du poste sollicité, vous mettrez en avant les emplois qui manifestent plus particulièrement votre compétence dans un domaine spécifique, vous détaillerez les tâches que vous avez eu à effectuer dans ces emplois et vous présenterez éventuellement (avec brièveté, toujours) les résultats obtenus ou les acquis capitalisés.

Utilisez des formules dynamiques, des verbes d'action, le vocabulaire de l'entreprise, pour présenter vos activités professionnelles passées et manifester votre implication.

5 La rubrique « divers »

─ Cette rubrique doit servir à mentionner toutes les informations qui vous semblent susceptibles de valoriser vos compétences ou de mieux cerner votre personnalité, et qui n'auront pu être placées dans les rubriques précédentes.

─ La mention du permis de conduire et de la possession d'un véhicule, d'une connaissance poussée de tel ou tel système informatique, d'un diplôme de secouriste ou d'un BAFA entrent, par exemple, dans ce cadre.

─ Les informations sur vos voyages, vos loisirs culturels ou autres, les sports que vous pratiquez (assidûment) ou encore sur votre engagement dans une association, n'ont d'intérêt que dans la mesure où elles sont précises et où elles apportent une connaissance complémentaire sur votre caractère.

Dans tous les cas, ne doutez pas qu'elles constitueront des sujets de conversation lors d'un entretien ultérieur et qu'elles seront interprétées de façon à mieux vous cerner. Demandez-vous donc quels traits de personnalité elles révèlent et évitez d'écrire que vous n'aimez que les sports individuels et solitaires si le poste que vous convoitez exige un esprit d'équipe, ou que vous êtes passionné de cinéma si vous n'avez pas vu de film en salle depuis trois mois !

CHAPITRES COMPLÉMENTAIRES

- Facteurs et fonctions de la communication (p. 8)
- Les spécificités de l'écrit professionnel (p. 14)
- Principes de lisibilité rédactionnelle (p. 200)
- La mise en page (p. 246)

APPLICATIONS

1) Examinez le CV suivant, manifestement mal présenté et mal rédigé : il s'agit d'un véritable CV rendu par un étudiant et à peine remanié pour les besoins de l'exercice ! Tentez d'abord de repérer toutes les maladresses qu'il comporte. Refaites-le ensuite, de manière à ce qu'il devienne présentable.

<u>Curriculum vitae</u>

nom : Paul PETITROND
adresse : 22 avenue de Verdun
92 600 Asnières
nationalité : français
Je n'ai pas fait mon service militaire

Expérience professionnelle

Juin 94 à juin 95

    Organisateur de soirées événementielles (Les Planches, la 5e avenue, les Bains, Castel, le Papagayo)

    Directeur du night-club « Les Caves des Planches » (relations publiques, gestion des stocks, gestion du personnel)

Juillet 96

                                Stage d'huissier

Formation :
Bac ES
Deux années de droit
EBS

Langues
Anglais
Espagnol

Autres activités :
• Photographique : collaboration avec l'agence de presse Keystone-L'Illustration en tant que reporter photographe
• Sports : équitation, tennis, plongée, ski

Divers
    + Maîtrise de Word, Excel
Permis B, permis mer
    + Célibataire

Rédaction de documents informatifs

2) À partir des informations suivantes, qui vous sont données dans le désordre, composez un CV soigné.

Nicole Garcia vit à Nice (132, boulevard Garibaldi), dans les Alpes-Maritimes. Elle a suivi un parcours scolaire fort honorable au lycée du Parc impérial qui lui a valu d'obtenir son baccalauréat de lettres avec mention AB, en 1994. Elle a parallèlement suivi des cours de flûte durant toute sa scolarité secondaire au conservatoire de musique de la ville et a fait partie de la chorale de son lycée. Elle a aussi été nommée, alors qu'elle était en Première, membre du conseil d'administration de l'établissement, fonction qu'elle n'a pas souhaité renouveler en Terminale.

D'origine espagnole, elle a souvent effectué des séjours dans la famille de son père, à Valence, et parle aisément le castillan. Ses parents l'ont envoyée aussi par trois fois effectuer des séjours linguistiques en Grande-Bretagne.

Après le bac, elle a fait une année de lettres supérieures au lycée Masséna, mais n'a pas été admise en seconde année. Elle a cependant obtenu l'équivalence d'une première année de lettres modernes à l'Université de Nice. Elle a aussi été hôtesse d'accueil lors de différents manifestations organisées au Palais des congrès, et lors du carnaval.

Tout en terminant son DEUG, elle est ensuite partie suivre des cours de langue et de civilisation espagnoles durant un semestre à l'université de Salamanque, dans le cadre du programme Erasmus, puis a trouvé pour l'été suivant un emploi d'hôtesse d'accueil dans la compagnie Iberia à l'aéroport de Valence.

De retour à Nice, elle a obtenu une licence de lettres modernes, tout en travaillant à temps partiel pour l'agence Nouvelles Frontières. Elle a aussi passé son BAFA, s'est abonnée à *Time* et occupe son temps libre avec la chorale locale, « À chœur déployé », qui se produit dans toute la région PACA.

Comme elle aime les voyages (elle est allée deux mois en Amérique du Sud, durant l'été 1994, et un mois en Inde, durant l'été 1995), elle souhaiterait à présent trouver un emploi dans ce secteur.

CORRIGÉS

1. Rectifier un CV mal présenté, mal rédigé

Paul PETITROND
22, avenue de Verdun
92 600 Asnières
Tél : 01 43 22 22
Célibataire
Service militaire : sursitaire

Formation

1994-97	Études à l'École européenne de gestion (EBS), école de commerce, en 4 ans. Actuellement en 3e année.
1992-94	DEUG de droit (non obtenu) à l'Université Paris XIII
1992	Baccalauréat, série ES (mention AB)

Études secondaires au lycée Albert Camus de Colombes

Expérience professionnelle

1996	Stage chez un huissier à Cergy (95) : travail de secrétariat, transfert de données sur un logiciel spécifique
1994-95	Organisation de soirées événementielles dans diverses discothèques parisiennes (Les Planches, la 5e avenue, les Bains, Castel, le Papagayo)
	Direction de la discothèque « Les Caves des Planches » : tâches de relations publiques, de gestion des stocks et de gestion du personnel

Langues

Anglais	lu, écrit, parlé (six mois d'études à l'EBS Londres dans le cadre de mon cursus)
Espagnol	scolaire, mais trois mois d'études sont prévus à Madrid au cours du second semestre

Divers

- Pratique photographique : collaboration ponctuelle avec l'agence de presse Keystone-L'Illustration, en tant que reporter photographe
- Informatique : maîtrise de Word 7, d'Excel et de Photoshop
- Sports : pratique assidue de divers sports (équitation, plongée, ski). Classé 2e série en tennis
- Possession du permis voiture et du permis bateau

2 Composer un CV soigné

Nicole GARCIA
132, Bd. Garibaldi
06 000 Nice
Tél : 04 93 56 61 88
Célibataire

Formation

1997	Licence de lettres modernes (université de Nice)
1995-96	DEUG de lettres modernes (université de Nice)
1994-95	Lettres supérieures (lycée Masséna, Nice)
	Équivalence de la première année de DEUG de lettres modernes
1994	Baccalauréat lettres (mention AB)

Études secondaires au lycée du Parc impérial (Nice)

Expérience professionnelle

1997	Employée à temps partiel à l'agence Nouvelles Frontières de Nice
1996	Hôtesse d'accueil pour Iberia à l'aéroport de Valence, Espagne (3 mois)
1994-95	Hôtesse d'accueil intérimaire au Palais des congrès de Nice, ainsi que pour le carnaval

Langues

Espagnol bilingue
- père d'origine espagnole
- nombreux séjours à Valence
- 6 mois d'études de la langue et de la civilisation espagnoles à l'université de Salamanque (Erasmus, 1996)

Anglais courant
- 3 séjours linguistiques de 2 semaines en Grande-Bretagne (entre 1990 et 1993)
- abonnée à *Time* depuis 1996

Divers

- Musique
  - flûte (6 années d'études au conservatoire de Nice)
  - membre de la chorale « À chœur déployé » (nombreux concerts dans la région PACA)
- BAFA obtenu en février 1997
- Ancien membre du conseil d'administration du lycée du Parc impérial (1992-93)
- Voyages
  - 2 mois en Amérique du Sud (été 1994)
  - 1 mois en Inde (été 1995)

Les OUTILS de l'écrit

I. Orthographe et grammaire

II. Vocabulaire

III. Expression

IV. Ponctuation, typographie, mise en page

L'accord des adjectifs qualificatifs et des déterminants

 Maîtriser les accords avec le nom ou le pronom : adjectifs qualificatifs, indéfinis, numéraux (*vingt* et *cent*).

1 Règle générale

L'adjectif qualificatif, quelle que soit sa fonction, s'accorde en genre et en nombre avec le(s) nom(s) ou le(s) pronom(s) qu'il qualifie :

une bonne revue ; celle-ci est excellente ; de bons journalistes.

Les déterminants du nom s'accordent en genre et en nombre avec le nom qu'ils déterminent. On regroupe sous ce terme de nombreuses catégories :
– les articles définis, indéfinis, partitifs : *le temps, un livre, du pain* ;
– les adjectifs possessifs : *mon livre* ;
– les adjectifs démonstratifs : *cette histoire* ;
– les adjectifs exclamatifs et interrogatifs : *quelle histoire ! quels jours ?*
– les adjectifs numéraux : *deux romans* (numéral cardinal), *le premier roman* (ordinal) ;
– Les adjectifs indéfinis : *tous les jours, aucune raison, quelques pommes…*

Les difficultés d'accord portent sur les points suivants :
– adjectif qualificatif éloigné du nom ou du pronom qu'il qualifie ;
– adjectif qualificatif caractérisant plusieurs noms ou pronoms ;
– adjectifs qualificatifs de couleur ;
– adjectifs qualificatifs composés ;
– adjectifs numéraux cardinaux : accord de *vingt* et *cent* en particulier ;
– adjectifs indéfinis : confusion entre adjectifs indéfinis et adverbes.

2 L'accord de l'adjectif qualificatif

■ L'adjectif qualificatif est éloigné du nom dans les fonctions suivantes :
– apposition : *Ravies d'avoir atteint leur but, les sportives…*
– attribut du sujet : *Les sportives sont ravies d'avoir atteint leur but.*
– attribut du complément d'objet : *Ces performances, je les trouve étonnantes.*
(complément d'objet : *les*, mis pour *performances*)

Quand l'adjectif qualifie plusieurs noms, il se met au pluriel.
– plusieurs noms masculins → masculin pluriel :

un journal et un magazine excellents.

– plusieurs noms féminins → féminin pluriel :

une introduction et une conclusion intéressantes.

– nom(s) féminin(s) + nom(s) masculin(s) → masculin pluriel :

une introduction, un développement et une conclusion intéressants.

Attention ! Le masculin « l'emporte sur le féminin ». Un seul nom masculin détermine l'accord au masculin pluriel.

■ Les adjectifs de couleur peuvent être simples ou composés.
– Les adjectifs de couleur simples s'accordent avec le nom auquel ils se rapportent, sauf ceux qui proviennent d'un nom :

des couvertures bleues, mais des chemises orange.

Cinq adjectifs issus de noms échappent à cette règle : *écarlate, fauve, incarnat, mauve, rose* : **des robes mauves.**

– Les adjectifs de couleur composés sont invariables :

des tissus bleu-vert (deux adjectifs de couleur reliés par un trait d'union) ;
des soieries rouge cerise (adjectif + nom = « du rouge de la cerise »).

Attention ! **Des drapeaux rouges et blancs** = des drapeaux rouges et des drapeaux blancs.
Des drapeaux rouge et blanc = des drapeaux qui sont tous composés de rouge et de blanc.

■ Les adjectifs composés peuvent être formés :
– de deux adjectifs : *des sauces* aigres-douces → accord des deux éléments en genre et en nombre ;
– d'un adverbe et d'un adjectif : *des enfants* bien-aimés → l'élément adverbial reste invariable ;
– d'un premier élément terminé par *-a, -é, -i, -o* et d'un adjectif : *les musiques* latino-américaines → le premier élément reste invariable.

Attention ! Ces règles comportent des exceptions : le recours au dictionnaire est donc vivement conseillé pour l'emploi des adjectifs composés.

3 Les adjectifs numéraux cardinaux (vingt, cent)

Les adjectifs numéraux cardinaux sont invariables sauf *un, vingt* et *cent*.

Vingt et *cent* prennent un *-s* quand ils sont précédés d'un nombre qui les multiplie et non suivis d'un autre nombre :

quatre-vingts pages ; trois cents lignes ;

quatre-vingt-deux pages ; trois cent six lignes.

MAIS :
– **cent vingt pages** = 100 + 20 pages et non 100 × 20. *Vingt* reste donc invariable.

– **page quatre-vingt, page trois cent** : *quatre-vingt* et *trois cent* équivalent à *quatre-vingtième* et *trois centième* (numéraux ordinaux). *Cent* et *vingt* restent invariables.

– **deux cents milliers** : *dizaine, vingtaine…, millier, million, milliard* sont des noms et non des nombres. *Cent* est variable devant ces noms.

L'accord des adjectifs qualificatifs et des déterminants

4 Les adjectifs indéfinis : difficultés d'accord

■ *Aucun* et *nul* s'accordent en genre avec le nom singulier auquel ils se rapportent :
Aucun avis, nulle opinion.

Attention ! **Elles sont nulles.** Ici, *nul* est adjectif qualificatif → accord en genre et en nombre.

■ *Même*, adjectif indéfini, s'accorde en nombre avec le nom ou le pronom auquel il se rapporte. Il peut :
– être placé entre l'article et le nom : *les mêmes histoires.*
– renforcer des pronoms personnels : *Ils le feront eux-mêmes.*

Attention ! **– Ils sont satisfaits, ils sont même ravis. (= Ils sont satisfaits, voire ravis).** Dans cet emploi, *même* est adverbe, donc invariable.

– Après un nom, *même* peut être adjectif indéfini ou adverbe, suivant le sens :

Les journaux, les magazines, les revues même (= *aussi* ; adverbe).

Ce sont ces paroles mêmes (= *elles-mêmes* ; adjectif indéfini).

■ *Quelque* s'emploie au singulier ou au pluriel dans des sens différents :

Ce travail m'a pris quelque temps (= *un certain temps*).

Lisez quelques livres, ces quelques notes (= *une petite quantité de*).

Attention ! **Il y a quelque six mois, j'ai lu ce livre.** Devant un adjectif numéral cardinal, *quelque* signifie *environ*. Il est adverbe et donc invariable.

■ *Tout* adjectif indéfini s'accorde en genre et en nombre avec le nom auquel il se rapporte. On le rencontre sous les deux formes suivantes :

Tous les journaux (suivi d'un déterminant et d'un nom = *la totalité de*)

Toute déclaration, tout avis (au singulier devant un nom = *chaque, n'importe quel(le)*).

Attention ! Quand *tout* signifie *complètement, tout à fait,* il est adverbe. Il est invariable, sauf devant un adjectif féminin commençant par une consonne ou un *h* aspiré :

Ils sont tout étonnés. Elles sont toutes confuses. (accord en genre et en nombre)

Conseils

• Accord de l'adjectif qualificatif

– Vérifiez si l'adjectif s'accorde avec plusieurs noms et n'accordez pas l'adjectif avec le dernier des noms qu'il qualifie. N'oubliez pas que « le masculin l'emporte sur le féminin » : un seul nom masculin détermine l'accord au masculin pluriel. Ce nom n'est pas toujours directement suivi de l'adjectif : *un rendez-vous et une réunion annulés.*

– Pensez à rechercher (en relisant vos textes) le nom ou le pronom auquel se rapporte un adjectif apposé : Prévues *depuis un mois, ces* réunions *n'ont pu être annulées.* – *[Ces clients], je* les *ai* vus*, ravis, accepter spontanément.*

- Les adjectifs numéraux cardinaux

Dans de nombreux textes (en particulier les textes rédigés), les adjectifs numéraux cardinaux s'écrivent en toutes lettres. Vous devez donc connaître les règles d'accord les concernant.

- Les adjectifs indéfinis

En cas de difficulté d'accord, pensez au sens : si *quelque* équivaut à *environ,* il est invariable, etc.

Entraînement

1) **Accordez les mots entre parenthèses.**

Les deux « o » de porto gouleyent au fond de la bouteille (noir). Porto, ça roule au fond d'un golfe sombre, avec un port de tête (altier) de gentilhombre. De la noblesse (clérical), (austère), et cependant (galonné) d'or. Mais dans le verre, il reste seulement l'idée du noir. Plus (grenat) que (rubis), c'est de la lave (doux) où donnent des histoires de couteau, des soleils de vengeance, et des menaces de couvent sous le fil du poignard.

Oui, (tout) cette violence, mais (endormi) par le cérémonial du petit verre, par la sagesse des gorgées (timide). Du soleil (cuit), des éclats (assourdi). Une saveur (pervers) du fruit (mat) où se seraient noyés les débordements, les brillances. À chaque lampée, on laisse le porto remonter vers une source (chaud). C'est un plaisir à l'envers, qui s'épanouit à contretemps, quand la sobriété se fait (sournois). À chaque coup de langue en (rouge) et (noir) monte plus (fort) le (lourd) velours. Chaque gorgée est un mensonge.

Philippe Delerm, *La Première Gorgée de bière et autres plaisirs minuscules*, « Prendre un porto », © Éd. Gallimard.

2) **Replacez les adjectifs aux endroits qui conviennent en les accordant correctement.**

éclaté ; connu ; plat ; frontal ; confronté ; porteur ; quatre ; frontal ; moral ; graphique ; plat ; musical.

Le nouveau film de Johan Van der Keuken, le quarante-septième de ce cinéaste hollandais (…) des lecteurs des *Cahiers*, risque d'en étonner plus d'un. Par sa durée d'abord, qui excède largement les standards du film documentaire : (…) heures, durant lesquelles un temps multiple, (…), se noue et se dénoue, forme des boucles, revient sur lui-même, finissant par donner au spectateur le sentiment qu'une expérience se joue sous ses yeux, fluide et strictement (…). Une expérience du monde.

(…) au temps et à l'espace, l'image chez JVDK est (…), toujours (…), mais aussi (…) d'une grande plasticité graphique et géographique. Image (…), image (…), image (…), mais aussi image qui creuse et enregistre la mémoire, celle du passé comme celle du présent : Seconde Guerre mondiale, Sarajevo, Tchétchénie, misère (…) des exclus ou des exilés.

Serge Toubiana, « Le monde au fil de l'eau », *Les Cahiers du cinéma* n° 517, octobre 1997.

L'accord des adjectifs qualificatifs et des déterminants

3) Accordez ces adjectifs de couleur avec le nom donné entre parenthèses.

1. (Des feuilles) roux.
2. (Des robes) paille.
3. (Une chevelure) brun.
4. (Une couverture) bleu roi.
5. (Des foulards) bleu-mauve.
6. (Des cravates) pistache.
7. (Des carrosseries) gris argent.
8. (Des soieries) fauve.
9. (Une écharpe) jaune clair.
10. (Des chaussettes) noir et bleu.

4) Écrivez ces nombres en toutes lettres.

180 – 105 – 319 – 484 – 1 600 – 87 – 80 douzaines – page 220.

5) Accordez correctement les mots entre parenthèses : adjectifs indéfinis, qualificatifs ou adverbes ? Précisez-le.

1. Je n'ai (nul) envie de prendre cette route.
2. Nous avons effectué (tout) les contrôles.
3. Ce roman fait (quelque) six cents pages.
4. (Tout) candidate présentera un dossier.
5. Les résultats sont mauvais, (même) (nul).
6. Ce rapport contient (quelque) pages de statistiques.
7. Ce sont les phrases (même) qu'il a prononcées.
8. (Même) causes, (même) conséquences.
9. Elles sont (tout) abasourdies par cette nouvelle.
10. Les événements parlent d'eux-(même).

Corrigés

1 Les deux « o » de porto gouleyent au fond de la bouteille **noire**. Porto, ça roule au fond d'un golfe sombre, avec un port de tête **altier** de gentilhombre. De la noblesse **cléricale**, **austère**, et cependant **galonnée** d'or. Mais dans le verre, il reste seulement l'idée du noir. Plus **grenat** que **rubis**, c'est de la lave **douce** où donnent des histoires de couteau, des soleils de vengeance, et des menaces de couvent sous le fil du poignard.

Oui, **toute cette** violence, mais **endormie** par le cérémonial du petit verre, par la sagesse des gorgées **timides**. Du soleil **cuit**, des éclats **assourdis**. Une saveur **perverse** du fruit **mat** où se seraient noyés les débordements, les brillances. À chaque lampée, on laisse le porto remonter vers une source **chaude**. C'est un plaisir à l'envers, qui s'épanouit à contre-temps, quand la sobriété se fait **sournoise**. À chaque coup de langue en **rouge** (*nom*) et

noir (*nom*) monte plus **fort** (*adverbe*) le **lourd** velours. Chaque gorgée est un mensonge.

•••

2 Le **nouveau** film de Johan Van der Keuken, le quarante-septième de ce cinéaste **hollandais connu** des lecteurs des *Cahiers*, risque d'en étonner plus d'un. Par sa durée d'abord, qui excède largement les standards du film **documentaire** : **quatre** heures, durant lesquelles un temps **multiple**, **éclaté**, se noue et se dénoue, forme des boucles, revient sur lui-même, finissant par donner au spectateur le sentiment qu'une expérience se joue sous ses yeux, **fluide** et strictement **musicale**. Une expérience du monde. **Confrontée** au temps et à l'espace, l'image chez JVDK est **plate**, toujours **frontale**, mais aussi **porteuse** d'une **grande** plasticité graphique et géographique. Image **plate**, image **frontale**, image **graphique**, mais aussi image qui creuse et enregistre la mémoire, celle du passé comme celle du présent : **Seconde** Guerre mondiale, Sarajevo, Tchétchénie, misère **morale** des exclus ou des exilés.

•••

3 1. Des feuilles rousses.
2. Des robes paille (adjectif issu d'un nom : invariable).
3. Une chevelure brune.
4. Une couverture bleu roi (adjectif composé : adj. + nom, invariable).
5. Des foulards bleu-mauve (adjectif composé de deux adjectifs : invariable).
6. Des cravates pistache (invariable).
7. Des carrosseries gris argent (adjectif composé : adj. + nom, invariable).
8. Des soieries fauves (exception à la règle des adjectifs issus d'un nom : variable).
9. Une écharpe jaune clair (adjectif composé de deux adjectifs : invariable).
10. Des chaussettes noir et bleu (si chaque chaussette contient du noir et du bleu) / noires et bleues (s'il y a des chaussettes noires et des chaussettes bleues).

•••

4 cent quatre-vingts – cent cinq – trois cent dix-neuf – quatre cent quatre-vingt-quatre – mille six cents – quatre-vingt-sept – quatre-vingts douzaines – page deux cent vingt.

•••

5 1. Je n'ai nulle (adjectif indéfini) envie de prendre cette route.
2. Nous avons effectué tous (adjectif indéfini) les contrôles.
3. Ce roman fait quelque (adverbe) six cents pages.
4. Toute (adjectif indéfini) candidate présentera un dossier.
5. Les résultats sont mauvais, même (adverbe) nuls (adjectif qualificatif).
6. Ce rapport contient quelques (adjectif indéfini) pages de statistiques.
7. Ce sont les phrases mêmes (adjectif indéfini = elles-mêmes) qu'il a prononcées.
8. Mêmes (adjectif indéfini) causes, mêmes conséquences.
9. Elles sont tout (adverbe) abasourdies par cette nouvelle.
10. Les événements parlent d'eux-mêmes (adjectif indéfini renforçant le pronom personnel *eux*).

L'accord du verbe avec son sujet

 **Reconnaître le sujet, quelles que soient sa nature et sa place, pour accorder correctement le verbe à un temps simple.**

1 Règle générale

À un temps simple (présent, imparfait, passé simple, futur), le verbe conjugué s'accorde toujours avec le sujet en personne (1re, 2e, 3e) et en nombre (singulier ou pluriel) :

> *Ils écrivent* (3e pers. du pluriel).

Quand il y a plusieurs sujets, le verbe s'accorde au pluriel. Attention à l'accord en personne.
– La 1re personne l'emporte sur la 2e et la 3e :

> *Ma collègue* (3e pers.) *et moi* (1re pers.) *étudierons* (1re pers. plur.) *ce rapport.*

– La 2e personne l'emporte sur la 3e :

> *Céline* (3e pers.) *et toi* (2e pers.) *rédigerez le compte rendu.*

Cas des pronoms sujets

– On met un trait d'union entre le verbe et le pronom personnel sujet inversé :

> *Nous viendrons, disent-ils.*

– Après un verbe terminé par -a ou -e à la 3e personne du singulier, on intercale un -t-, précédé et suivi d'un trait d'union, entre le verbe et le pronom personnel sujet inversé *il/elle/on* :

> *Je viendrai, déclare-t-il / déclara-t-elle.*

– Le verbe se met à la même personne que l'antécédent du pronom relatif sujet *qui* :

> *C'est moi* (antécédent 1re pers.) *qui interviendrai.*
> *C'est toi* (antécédent 2e pers.) *qui dois intervenir.*

2 Plusieurs sujets coordonnés

– Par *et* : accord du verbe au pluriel.

> *Cet article et ce compte rendu m'intéressent.*

– Par *ni* et par *ou* : accord du verbe au singulier ou au pluriel.
1. On considère que les éléments coordonnés forment un ensemble :

> *Ni cet article ni ce compte rendu ne m'intéressent.* (pluriel)

2. On considère que les éléments coordonnés s'opposent, s'excluent :

> *Un compte rendu ou une note suffira.* (singulier)

– Par l'un et l'autre, ni l'un ni l'autre : accord au singulier ou au pluriel.
  L'un et l'autre conviendra/conviendront.
  Ni l'un ni l'autre ne me satisfait/satisfont.
– Par l'un ou l'autre : accord du verbe au singulier.
  L'un ou l'autre conviendra.
– Par avec, ainsi que, comme : accord du verbe au singulier ou au pluriel.
  Le président ainsi que son conseiller interviendra/interviendront.

3 Cas particuliers

Nature du sujet	Accord au singulier	Accord au pluriel
ce/c', pronom démonstratif : accord selon la personne	C'est nous (1re pers. pl.)/ c'était vous (2e pers. pl.).	Ce sont eux. C'étaient nos amis. (3e pers. pl.)
beaucoup (de), tant (de), la plupart (de), adverbes de quantité : pluriel		La plupart des avis convergent.
la moitié (de), un tiers (de), un quart (de)… : fraction au singulier	Un tiers des invités assiste/assistent à la conférence.	
deux tiers (de), trois pour cent… : fraction au pluriel		Soixante pour cent de la population approuvent cette décision.
une dizaine, une vingtaine… (noms de nombres) : pluriel		Une dizaine de journaux rapportent ce fait.
la/le + nom collectif : singulier	Le groupe d'invités arrive.	
un/une + nom collectif : singulier ou pluriel	Un groupe de journalistes est/sont sur les lieux.	

Conseils

Relisez-vous toujours. Les fautes d'accord du verbe sont particulièrement sanctionnées par vos lecteurs et ce sont les plus fréquentes. Recherchez donc systématiquement le (les) sujet(s) des verbes. Faites attention en particulier :
– aux sujets inversés : *De quoi traite cet article ? À quoi s'intéressent les lecteurs ?*
– aux sujets éloignés : *Ces remarques, je le crois, appellent des précisions.*
– aux sujets séparés du verbe par un pronom complément :
Ils lui demandent des précisions. Je leur précise les détails.
– aux groupes nominaux sujets étendus, dans lesquels vous devez repérer le nom noyau qui détermine l'accord :
Le délégué des commissions de locataires déclare…

L'accord du verbe avec son sujet

Entraînement

1) Accordez les verbes entre parenthèses au temps et au mode indiqués.

1. Carole et moi (préparer, futur de l'indicatif) cet exposé.
2. C'est moi, et non Éric, qui (rassembler, futur de l'indicatif) les informations.
3. Toi, qui (connaître, présent de l'indicatif) la région, et Alice, qui (savoir, présent de l'indicatif) conduire, (aller, futur de l'indicatif) à sa rencontre.
4. Pierre, Corinne et moi, qui (jouer, présent de l'indicatif) d'un instrument, (devoir, présent du conditionnel) former un petit orchestre.
5. C'est toi, et toi seul, qui (pouvoir, présent de l'indicatif) nous renseigner.

2) Écrivez correctement l'ensemble souligné (verbe-sujet inversé) selon les indications données.

1. « J'ai enfin pu obtenir des informations », (s'exclamer, passé simple de l'indicatif) il.
2. Ainsi ce récit (s'achever, présent de l'indicatif) il.
3. Pourquoi (falloir, présent de l'indicatif) il interrompre cette lecture ?
4. « Les faits ne sont pas si graves », m' (objecter, futur de l'indicatif) on.
5. Ce spectacle (avoir) il obtenu le succès escompté ?

3) Repérez le sujet et accordez le verbe entre parenthèses, au présent.

1. Un rapport de l'OCDE (établir) qu'un quart des adultes des pays riches (maîtriser) mal lecture et écriture.
2. Un supplément de huit pages (analyser) comment, avec les technologies sans fil, temps et espace se (contracter).
3. Quand le soleil (se coucher) sur la rive gauche du Nil, les falaises de cet amphithéâtre et les ruines de ce temple (se fondre) dans une lumière dorée qui (réveiller), chez quiconque (avoir) la chance d'y plonger, un sentiment d'éternité.
4. Contrairement à une idée répandue, les plantes, en effet, (être), au regard des soins que (nécessiter) leur multiplication et leur culture, l'un des produits les moins coûteux qui (être).
5. La délicatesse de touche du metteur en scène, la sincérité des deux partenaires et, avant tout, l'énergie spirituelle, universelle, de Tchékov et de Gorki, éclatante dans ces lettres, (faire) que non seulement cette gêne (disparaître), mais que toute la vue, toute l'écoute de ce spectacle (aller) de soi, (filer) dans l'air avec la grâce et la beauté d'une colombe.

(Phrases extraites du *Monde*)

4

4) Singulier ou pluriel ? Choisissez le bon accord. Attention ! les deux solutions sont parfois possibles.

1. Dix pour cent des personnes sondées répond/répondent oui à cette question.
2. Ni l'une ni l'autre de ces propositions ne lui convient/conviennent.
3. La plupart des sondages confirme/confirment cette opinion.
4. Une multitude de badauds s'attarde/s'attardent sur les lieux.
5. Sur ce sujet, un bref résumé comme une simple note suffit/suffisent.
6. L'un ou l'autre désignera/désigneront quelqu'un pour animer le débat.
7. Le groupe de touristes s'arrête/s'arrêtent devant la cathédrale.
8. Une trentaine de critiques paraît/paraissent cette semaine sur ce film.
9. Un quart des étudiants assiste/assistent à ce cours.

Corrigés

1
1. Carole et moi préparerons cet exposé.
2. C'est moi, et non Éric, qui rassemblerai les informations.
3. Toi, qui connais la région, et Alice, qui sait conduire, (vous) irez à sa rencontre.
4. Pierre, Corinne et moi, qui jouons d'un instrument, devrions former un petit orchestre.
5. C'est toi, et toi seul, qui peux nous renseigner.

• • •

2
1. s'exclama-t-il.
2. s'achève-t-il.
3. faut-il.
4. m'objectera-t-on.
5. a-t-il obtenu.

• • •

3 (On a composé en gras le sujet ou le nom noyau du groupe nominal sujet.)

1. Un **rapport** de l'OCDE établit qu'**un quart** des adultes des pays riches maîtrise/maîtrisent mal lecture et écriture.
2. Un **supplément** de huit pages analyse comment, avec les technologies sans fil, **temps et espace** se contractent.
3. Quand **le soleil** se couche sur la rive gauche du Nil, **les falaises** de cet amphithéâtre **et les ruines** de ce temple se fondent dans **une lumière dorée qui** réveille, chez **quiconque** a la chance d'y plonger, un sentiment d'éternité.
4. Contrairement à une idée répandue, **les plantes**, en effet, sont, au regard des soins que nécessitent **leur multiplication et leur culture**, l'un des **produits les moins coûteux qui** soient.
5. La **délicatesse** de touche du metteur en scène, la **sincérité** des deux partenaires et, avant tout, **l'énergie** spirituelle, universelle, de Tchékov et de Gorki, éclatante dans ces lettres, font que non seulement **cette gêne** disparaît, mais que **toute la vue, toute l'écoute de ce spectacle** vont de soi, filent dans l'air avec la grâce et la beauté d'une colombe.

• • •

4
1. répondent.
2. convient/conviennent.
3. confirment.
4. s'attarde/s'attardent.
5. suffit/suffisent.
6. désignera.
7. s'arrête.
8. paraissent.
9. assiste/assistent.

L'accord du participe passé

 Accorder correctement le participe passé : employé seul, avec l'auxiliaire *être*, avec l'auxiliaire *avoir*, dans les verbes pronominaux.

1 Le participe passé employé seul

Le participe passé employé seul s'accorde comme l'adjectif qualificatif, avec le(s) nom(s) ou le(s) pronoms auxquels il se rapporte :

Les spectateurs enthousiasmés applaudissent. (épithète)
Enthousiasmés, ils applaudissent l'orateur. (apposé)
Les discussions sont animées. (attribut du sujet)
Je la crois enthousiasmée par cet article. (attribut du complément d'objet direct)

Sont invariables :
– attendu, compris, entendu, excepté, ôté, supposé, vu placés devant le nom :
Excepté cette semaine, les bureaux sont ouverts.
Mais : *Les bureaux sont ouverts, cette semaine exceptée.*

– ci-inclus, ci-joint en tête de phrase et devant un nom sans déterminant :
Ci-joint la copie du dossier. Veuillez trouver ci-joint copie du dossier.
Mais : *la copie ci-jointe.*

– approuvé, lu, vu dans les locutions :
Lu et approuvé. Vu le...

Sont variables ou invariables, devant le nom : étant donné, mis à part, passé :
Mise / Mis à part cette intervention, tout s'est bien passé.

2 Avec l'auxiliaire être

Avec l'auxiliaire *être*, le participe passé s'accorde en genre et en nombre avec le sujet.

Les nouvelles nous sont parvenues ce matin. (passé composé de *parvenir*)
Toutes les places sont retenues. (présent passif de *retenir*)

Quand il y a plusieurs sujets de genres différents, l'accord se fait au masculin pluriel :
Ta lettre et ta note ont été lues.
Mais : *Ta lettre et ton rapport ont été envoyés.*

Dans un infinitif, le participe passé s'accorde également :
Après avoir été reçue à son examen, Cécile a cherché du travail. (accord avec le sujet *Cécile*)

3. Avec l'auxiliaire avoir

Avec l'auxiliaire *avoir*, le participe passé ne s'accorde pas avec le sujet.
Il s'accorde en genre et en nombre avec un complément d'objet direct (COD) placé avant lui :

> J'ai écrit deux lettres. Je les ai envoyées hier. → *les*, pronom COD mis *pour deux lettres* (féminin pluriel), est placé avant le verbe.

Soyez attentifs :
– au pronom relatif *que*, dont vous devez rechercher l'antécédent :

> As-tu lu les deux lettres (antécédent) que j'ai envoyées ?

– aux phrases exclamatives et interrogatives :

> Quelle lettre as-tu envoyée ? (COD : *Quelle lettre*)
> – Quelle belle lettre tu as écrite ! (COD : *Quelle belle lettre*).

Le participe passé suivi d'un infinitif s'accorde avec un COD placé avant lui si ce COD est sujet de l'infinitif :

> – La cantatrice que j'ai entendue chanter (c'est la cantatrice qui chante).
> – Les airs que j'ai entendu chanter (*que*, mis pour *airs*, COD de *chanter* : on chante les airs).

Attention ! – L'infinitif peut être sous-entendu. Dans ce cas, le participe est invariable :
> Il a écrit les lettres qu'il a voulu (écrire).

– Le participe passé du verbe *faire* suivi d'un infinitif est toujours invariable :
> Les lettres qu'il a fait envoyer.

4. Dans les verbes pronominaux

On distingue plusieurs catégories de verbes pronominaux et l'accord de leur participe passé dépend de la catégorie à laquelle ils appartiennent.

■ Les verbes pronominaux par nature n'existent que sous cette forme : *s'abstenir* (« abstenir » n'existe pas).
Leur participe passé s'accorde avec le sujet :
> Ils se sont abstenus.

■ Les verbes pronominaux de sens passif : leur emploi est équivalent à la voix passive. (*Ces livres se vendent bien.* = *On vend bien ces livres.*)
Leur participe passé s'accorde avec le sujet :
> Ces livres se sont bien vendus.

■ Les verbes pronominaux réfléchis : l'action se réfléchit sur le sujet (*elle se coiffe = elle coiffe elle-même* ; *se*, pronom réfléchi = *elle-même*).
Ces verbes suivent la règle d'accord du participe passé employé avec *avoir*, qui s'accorde avec le pronom complément placé avant le verbe si celui-ci est COD :
> – Elle s'est coiffée (= elle a coiffé elle-même).
> – Elle s'est coupé les cheveux (= elle a coupé ses cheveux, COD placé après).

■ Les verbes pronominaux réciproques : plusieurs sujets exercent une action l'un sur l'autre ou les uns sur les autres (*Tous deux se regardent = chacun regarde l'autre*).

L'accord du participe passé

Ces verbes suivent la règle du participe passé employé avec *avoir* qui s'accorde avec le pronom complément placé avant le verbe si celui-ci est COD :
– **Ils se sont regardés** : le verbe *regarder* est transitif direct
(*regarder quelqu'un*, COD) : le participe s'accorde avec le sujet.
– **Ils se sont plu** : plaire est un verbe transitif indirect
(*plaire à quelqu'un*, COI) : le participe passé est invariable.

 Les verbes pronominaux neutres, ou non réfléchis : l'action ne se reporte pas sur le sujet (*Je m'aperçois de son absence = je m'aperçois qu'il est absent*, et non « j'aperçois moi-même »).
Leur participe passé s'accorde avec le sujet :
Elles se sont aperçues de son absence.

Conseils

Participe passé employé avec l'auxiliaire *avoir*
Distinguez bien les compléments d'objet direct des compléments circonstanciels.

Certains verbes peuvent admettre des compléments circonstanciels de durée, de distance, de prix, de quantité, qu'il ne faut pas confondre avec le COD. Dans ce cas, leur participe passé est invariable :
Cet objet coûte cent francs (complément circonstanciel de prix). → *Les cent francs que cet objet a coûté.*
Mais : *Ce travail m'a coûté des efforts* (COD). → *Les efforts que ce travail m'a coûtés.*
En cas de doute sur l'accord d'un participe en -é (es), remplacez le verbe du 1er groupe par un verbe du 3e groupe dans lequel on « entend » la terminaison : *Les dispositions qu'il a souhaitées.* → *Les dispositions qu'il a prises.*

Entraînement

1

1) Accordez correctement les participes passés entre parenthèses.

1. Un tel programme pourrait être (facilité) si les relations politiques avec les États-Unis étaient (rétabli).
2. La brutalité de ces chiffres, (présenté) dans une étude sur le recrutement scolaire depuis quarante ans, mérite d'être (nuancé).
3. Le Tibet est devenu le symbole d'une pureté apolitique et d'une innocence mystique qu'auraient (perdu) les Occidentaux.
4. La partie supérieure de la Coupole est (orné) de peinture : trente-trois œuvres qui, deux d'entre elles (mis) à part, sont toutes contemporaines de l'inauguration des lieux.
5. Après avoir (évolué) sur une tendance de 7 % à 8 % depuis 1990, la croissance des pays de l'ASEAN devrait être (ramené) aux alentours de 3,5 % l'an prochain.
6. La consommation française s'est franchement (ressaisi) au troisième trimestre, et l'environnement du consommateur, tant sur le plan de l'emploi que sur ceux des revenus et de la fiscalité, s'y est plus nettement (amélioré).
7. Les espoirs (né) du regain de dynamisme des exportations japonaises, il y environ un an, ont été subitement (balayé).

(Phrases extraites du *Monde*)

2

2) Classez ces verbes pronominaux selon leur catégorie. Mettez-les à la 3ᵉ personne du pluriel du passé composé (sujet féminin).

1. S'aventurer.
2. Se rencontrer.
3. Se concentrer.
4. Se reposer.
5. S'échapper.
6. Se sourire.
7. Se plaindre.

3

3) Remplacez les infinitifs entre parenthèses par des participes que vous accorderez correctement.

La première fois qu'Aurélien vit Bérénice […], il n'aima pas comment elle était (habiller). Une étoffe qu'il n'aurait pas (choisir). Il avait des idées sur les étoffes. Une étoffe qu'il avait (voir) sur plusieurs femmes. […] Ses cheveux étaient ternes ce jour-là, mal (tenir). Les cheveux (couper), ça demande des soins constants. Aurélien n'aurait pas su dire si elle était blonde ou brune. Il l'avait mal (regarder). Il lui en demeurait une impression vague, générale, d'ennui et d'irritation. Il se demanda même pourquoi. C'était (disproportionner). Plutôt petite, pâle, je crois… Qu'elle se fût (appeler) Jeanne ou Marie, il n'y aurait pas (repenser), après coup. Mais Bérénice. Drôle de superstition. Voilà bien ce qui l'irritait.

Il y avait un vers de Racine que ça lui remettait dans la tête, un vers qui l'avait (hanter) pendant la guerre, dans les tranchées, et plus tard, (démobiliser). Un vers qu'il ne trouvait même pas un beau vers, ou enfin dont la beauté lui semblait douteuse, inexplicable, mais qui l'avait (obséder), qui l'obsédait encore : « Je demeurai longtemps errant dans Césarée… »

Louis Aragon, *Aurélien*, © Éd. Gallimard.

4

4) Même exercice.

Et tout d'un coup le souvenir m'est (apparaître). Ce goût, c'était celui du petit morceau de madeleine que le dimanche matin à Combray (parce que ce jour-là je ne sortais pas avant l'heure de la messe), quand j'allais lui dire bonjour dans sa chambre, ma tante Léonie m'offrait après l'avoir (tremper) dans son infusion de thé ou de tilleul. La vue de la petite madeleine ne m'avait rien (rappeler) avant que je n'y eusse (goûter) ; peut-être parce que, en ayant souvent (apercevoir) depuis, sans en manger, sur les tablettes des pâtissiers, leur image avait (quitter) ces jours de Combray pour se lier à d'autres plus récents ; peut-être parce que, de ces souvenirs (abandonner) si longtemps hors de la mémoire, rien ne survivait, tout s'était (désagréger), les formes – et celle aussi du petit coquillage de pâtisserie, si grassement sensuel sous son plissage sévère et dévot – s'étaient (abolir), ou, (ensommeiller), avaient (perdre) la force d'expansion qui leur eût (permettre) de rejoindre la conscience.

Marcel Proust, *À la recherche du temps perdu*.

L'accord du participe passé

5

codirigé ; connu ; bénéficié ; développé ; paru ; constituée ; érodé ; accumulés ; compris ; menacés ; appelée.

5) Remettez les onze participes passés à leur place, dans cet article.

(1) dans son pays pour son ouvrage *Les Trois Italies*, (2) en 1984, Arnaldo Bagnasco a récemment (3), avec Patrick Le Gallès, *Villes en Europe* (La Découverte, 1997).

– La référence aux classes moyennes devient de plus en plus présente dans le discours politique. Leurs intérêts et leurs valeurs seraient (4), entend-on dire souvent. Qu'en pensez-vous ?

– Je souscris à cette idée. Pendant les « Trente Glorieuses » (…), ces couches moyennes ont beaucoup (5) de la protection sociale, parce qu'elles en ont bien (6) les mécanismes. Comment s'est (7) leur potentiel ? Grâce aux revenus du travail, aux transferts sociaux, au patrimoine transmissible qu'elles ont (8). (…) S'est ainsi (9) une « classe de consommation », comme l'ont (10) les sociologues anglais. Tout cela est (11) par la crise du Welfare.

Le Monde, 23/12/1997, p. 21.

Corrigés

1
1. facilité, rétablies.
2. présentés, nuancée.
3. perdues.
4. ornée, mises à part.
5. évolué, ramenée.
6. ressaisie, amélioré.
7. nés, balayés.

• • •

2
1. *S'aventurer* : v. pronominal par nature. *Elles se sont aventurées.*
2. *Se rencontrer* : v. pronominal réciproque. *Elles se sont rencontrées.*
3. *Se concentrer* : v. pronominal réfléchi. *Elles se sont concentrées.*
4. *Se reposer* : v. pronominal réfléchi. *Elles se sont reposées.*
5. *S'échapper* : v. pronominal neutre. *Elles se sont échappées.*
6. *Se sourire* : v. pronominal réciproque. *Elles se sont souri.*
7. *Se plaindre* : v. pronominal neutre. *Elles se sont plaintes.*

3 La première fois qu'Aurélien vit Bérénice […], il n'aima pas comment elle était habillée. Une étoffe qu'il n'aurait pas choisie. Il avait des idées sur les étoffes. Une étoffe qu'il avait vue sur plusieurs femmes. […] Ses cheveux étaient ternes ce jour-là, mal tenus. Les cheveux coupés, ça demande des soins constants. Aurélien n'aurait pas su dire si elle était blonde ou brune. Il l'avait mal regardée. Il lui en demeurait une impression vague, générale, d'ennui et d'irritation. Il se demanda même pourquoi. C'était disproportionné. Plutôt petite, pâle, je crois… Qu'elle se fût appelée Jeanne ou Marie, il n'y aurait pas repensé, après coup. Mais Bérénice. Drôle de superstition. Voilà bien ce qui l'irritait.

Il y avait un vers de Racine que ça lui remettait dans la tête, un vers qui l'avait hanté pendant la guerre, dans les tranchées, et plus tard, démobilisé. Un vers qu'il ne trouvait même pas un beau vers, ou enfin dont la beauté lui semblait douteuse, inexplicable, mais qui l'avait obsédé, qui l'obsédait encore : « Je demeurai longtemps errant dans Césarée… »

4 Et tout d'un coup le souvenir m'est apparu. Ce goût, c'était celui du petit morceau de madeleine que le dimanche matin à Combray (parce que ce jour-là je ne sortais pas avant l'heure de la messe), quand j'allais lui dire bonjour dans sa chambre, ma tante Léonie m'offrait après l'avoir trempé dans son infusion de thé ou de tilleul. La vue de la petite madeleine ne m'avait rien rappelé avant que je n'y eusse goûté ; peut-être parce que, en ayant souvent aperçu (*accord avec* en, *COD : le participe passé demeure invariable*) depuis, sans en manger, sur les tablettes des pâtissiers, leur image avait quitté ces jours de Combray pour se lier à d'autres plus récents ; peut-être parce que, de ces souvenirs abandonnés si longtemps hors de la mémoire, rien ne survivait, tout s'était désagrégé, les formes – et celle aussi du petit coquillage de pâtisserie, si grassement sensuel sous son plissage sévère et dévot – s'étaient abolies, ou, ensommeillées, avaient perdu la force d'expansion qui leur eût permis de rejoindre la conscience.

5 Connu (1) dans son pays pour son ouvrage *Les Trois Italies*, paru (2) en 1984, Arnaldo Bagnasco a récemment codirigé (3), avec Patrick Le Gallès, *Villes en Europe* (La Découverte, 1997).
– La référence aux classes moyennes devient de plus en plus présente dans le discours politique. Leurs intérêts et leurs valeurs seraient menacés (4), entend-on dire souvent. Qu'en pensez-vous ?
– Je souscris à cette idée. Pendant les « Trente Glorieuses » (…), ces couches moyennes ont beaucoup bénéficié (5) de la protection sociale, parce qu'elles en ont bien compris (6) les mécanismes. Comment s'est développé (7) leur potentiel ? Grâce aux revenus du travail, aux transferts sociaux, au patrimoine transmissible qu'elles ont accumulés (8). (…) S'est ainsi constituée (9) une « classe de consommation », comme l'ont appelée (10) les sociologues anglais. Tout cela est érodé (11) par la crise du Welfare.

Les homophones grammaticaux

 **Distinguer les « mots grammaticaux » homophones les plus fréquents par leur nature et par leur emploi.**

1 Définition

Les homophones grammaticaux sont des mots qui se prononcent de la même façon et s'écrivent différemment. Il s'agit :
– de formes verbales courantes : formes des verbes *être* et *avoir* ;
– de mots outils courts : pronoms, prépositions, adverbes, conjonctions.
Les confusions demeurent fréquentes entre ces homophones, même s'il s'agit le plus souvent d'erreurs d'étourderie. Voici quelques moyens simples de distinguer les principaux d'entre eux.

2 Les principaux homophones grammaticaux

– a   3e pers. du sing., indicatif présent de *avoir*.
– à   préposition.
  Il a raison. – Apprendre à écrire.

Conseil

Quand on peut remplacer *a* par *avait*, *a* s'écrit sans accent.

– ai   *avoir*, 1re pers. sing., indicatif présent.
– aie, aies, ait   *avoir*, 1re/2e/3e pers. sing., subjonctif présent.
– es, est   *être*, 2e/3e pers. sing., indicatif présent.
  J'ai rendez-vous. – Pourvu que j'aie / tu aies / il ait raison ! – Tu es / Il est raisonnable.

Conseil

Mettez ces formes au pluriel pour vous assurer de leur mode et donc de leur graphie : *nous avons, que nous ayons, que vous ayez, qu'ils aient, vous êtes, ils sont.*

– ou   conjonction de coordination.
– où   pronom interrogatif ou relatif.
  Fromage ou dessert. – Où est le dossier ? Je ne sais pas où il est.

Conseil

Quand on peut remplacer *ou* par *ou bien*, il s'agit de la conjonction de coordination *ou*.

- on   pronom indéfini + liaison avant voyelle.
- on n'   pronom indéfini + adverbe de négation.

> On a trouvé cette lettre. – On n'a trouvé que cette lettre. – On n'a rien trouvé.

Conseil

> Cherchez si la phrase contient un « deuxième élément » de négation ou de restriction : n'… pas, n'… plus, n'… rien, n'… jamais, n'… aucun(e), n'… nul(le), n'… personne, n'… que.

- ce/c'est   pronom démonstratif ce/c' + verbe être.
- se/s'est   pronom réfléchi se/s' + verbe être.

> Ce n'est pas intéressant. C'est intéressant. – Il se souvient. Il s'est souvenu.

Conseil

> Observez la phrase. Le pronom réfléchi se doit être précédé d'un pronom personnel de la 3ᵉ personne (il/elle) ou d'un nom.

- leur   pronom personnel complément.
- leur   adjectif possessif, singulier.
- leurs   adjectif possessif, pluriel.

> Je leur parle de leur recherche/de leurs recherches.

Conseil

> Leur, pronom personnel complément invariable (= à eux), est un complément de verbe et peut être remplacé par lui (je lui parle) ; leur(s), adjectif possessif, détermine un nom et peut être remplacé par notre/votre ou nos/vos.

- qu'elle(s) conjonction que/qu' + elle.
- quelle(s)   adjectif exclamatif ou interrogatif.

> J'aimerais qu'elle réussisse. – Quelle belle démonstration ! Quelle heure avez-vous ?

Conseil

> Qu'elle peut être remplacé par qu'il.

- qu'en   pronom interrogatif que/qu' + pronom en.
- quand   adverbe interrogatif ou conjonction de temps.
- quant (à)   locution prépositive.

> Qu'en pensez-vous ?
> Quand viendrez-vous ? – Quand je pourrai.
> Quant à moi, je ne sais pas.

Conseil

> Qu'en peut être remplacé par que… de (Que pensez-vous de cela ?) ; quant est suivi de à, au, aux et peut être remplacé par en ce qui concerne.

Les homophones grammaticaux

- quoique   conjonction concessive.
- quoi que   locution concessive.

    Quoique ce film soit excellent, je le trouve trop long.
    Quoi que tu dises, je trouve ce film ennuyeux.

> **Conseil**
>
> *Quoique* en un mot peut se remplacer par *bien que*.

- quelque (+ *adj.* + que)   locution conjonctive concessive.
- quelque(s) (+ *nom* + que)   locution conjonctive concessive.
- quel(s) que, quelle(s) que   locution conjonctive concessive *(quel(s)/quelle(s) + être + que)*.

    Quelque passionnants qu'ils soient, ils doivent interrompre leur discussion.
    Quelques inconvénients qu'offre ce choix, il faut le suivre.
    (= quels que soient les inconvénients…)
    Quel que soit ton choix, je l'approuve. Quelle que soit ton idée, je la trouve bonne.

> **Conseil**
>
> *Quelque* suivi d'un adjectif qualificatif qu'il modifie est invariable et peut être remplacé par *si*, adverbe d'intensité ; *quel(s)/quelle(s) que* précède immédiatement un verbe (presque toujours *être*) : pensez alors à l'accorder en genre et en nombre avec le sujet du verbe.

- qu'il a/est   conjonction ou pronom relatif + *il* + *a* (ou *est*).
- qui la/les   pronom relatif/interrogatif + *la/les* (pronom complément).
- qu'il l'a/est   conjonction + *il* + *l'* (pronom complément) + *a* (ou *est*).
- qui l'a/l'est   pronom relatif/interrogatif + *l'* (pronom complément) + *a* (ou *est*).
- qu'il la/les   conjonction *que* + *il* + *la/les* (pronom complément).

    Je sais qu'il a publié une nouvelle.
    Cette nouvelle, je sais qui la publie.
    Je vous parle de Marc. Savez-vous qu'il l'a publiée, sa nouvelle ?
    Cette nouvelle, je sais qui l'a écrite. C'est Marc.
    À propos de la nouvelle de Marc : il paraît qu'il la écrite.

> **Conseil**
>
> En cas de doute, essayez de transformer la phrase :
> – *il* peut être remplacé par un nom (*je sais qu'il a publié…* → *que Marc a publié…*) ;
> – *l'a* peut être remplacé par *l'ont* ou *les ont* (*je sais qu'il l'a publiée* → *qu'ils l'ont publiée / les ont publiées*). Essayez de mettre la phrase au pluriel.

Entraînement

1) Complétez ces phrases en choisissant parmi les homophones proposés entre parenthèses.

1. (a/à) … des périodes d'essor succèdent des périodes de retour … un état stationnaire.
2. (a/à ; ce/se) … court terme … superposent des fluctuations qualifiées de cycliques.
3. (ce/se ; c'est/s'est ; leur/leurs) … retour des cycles … accompagné d'un renouveau théorique important dans … interprétation.
4. (on/on n') Du flottement des monnaies, … attendait cinq séries de modifications.
5. (a/à ; ou/où) En longue période, tout retour de la croissance parvient tout juste … maintenir le chômage au palier … il est monté.
6. (a/à ; leur/leurs) Grâce … … main-d'œuvre peu coûteuse et … … monnaies sous-évaluées, les NPI ont accompli une percée sur le marché.
7. (a/à ; quelle/qu'elle) … … période la productivité augmente-t-elle le plus rapidement ?
8. (on/on n' ; a/à ; ces/ses) … … peu de chiffres … communiquer sur les échanges entre … deux pays.
9. (ce/se ; qui les/qui l'est/qu'il est/qu'il les ; ou/où) … … convenu d'appeler désormais « la crise asiatique » n'est pas seulement une crise monétaire … financière.
10. (quoique/quoi que) … il arrive, les autorités monétaires sont contraintes d'intervenir sur les taux.

(Phrases extraites d'un manuel de sciences économiques et sociales)

2) Corrigez et commentez les fautes éventuelles contenues dans ces phrases.

1. De cet écrivain, nous savons qui l'a vécu a Buenos Aires.
2. Quelques perspicaces que soient ses questions, elles ne font pas avancer le débat.
3. Quand au développement du tourisme, il est étonnant mais nous ne savons quand déduire.
4. On a que très peu de renseignements sur se qui s'est produit.
5. On n'aimerait demander au réalisateur se qu'il a déterminé à tourner ce film en Italie.
6. Quelle que soit ses échéances, c'est le mois prochain qu'il doit se décider.
7. Quoi qu'il est dû s'interrompre une semaine, il s'est rattrapé et s'est avec succès qu'il a passé cette épreuve.

3) Complétez ces phrases d'auteurs par des homophones choisis dans la liste.

ai/aie/aies/ait/es/est ; ce/se ; quelle/qu'elle ; quoi que/quoique ; quelque/quelques/quel(les) que ; quand/quant/qu'en.

1. … soient les créations de la culture anglo-saxonne ou nordique, l'Europe ne saurait être elle-même sans l'apport de la culture latine. (André Siegfried)
2. Comme le plancher tremble, … soir ! On voit bien qu'il fait froid : les danseurs russes … réchauffent. (Colette)
3. … très ému lui-même, il affecta jusqu'au dernier moment la plus grande gaieté. (Alphonse Daudet)
4. … dures que soient, Madame, les conditions que vous m'imposez, je ne refuse pas de les remplir. (Laclos)

Les homophones grammaticaux

5. Oh ! argent que j'ai tant méprisé et que je ne puis aimer … je fasse, je suis forcé d'avouer que tu as pourtant ton mérite. (Chateaubriand)

6. … au XIXᵉ siècle, à ses idées neuves en histoire et en littérature, déjà proposées par tant de bouches éloquentes, c'était … que mes excellents maîtres ignoraient le plus. (Renan)

7. Le dernier acte est sanglant, … belle que soit la comédie en tout le reste. (Pascal)

8. Baisser une chose, c'est la mettre plus bas … n'était ; l'abaisser, c'est la mettre plus bas qu'une autre. (Condillac)

9. J'aime assez … une œuvre d'art, on retrouve aussi transposé, à l'échelle des personnages, le sujet même de cette œuvre. (André Gide)

10. … découvertes que l'on … faites dans le pays de l'amour propre, il y reste encore bien des terres inconnues. (La Rochefoucauld)

Corrigés

1

1. **À** des périodes d'essor succèdent des périodes de retour **à** un état stationnaire.

2. **À** court terme **se** superposent des fluctuations qualifiées de cycliques.

3. **Ce** retour des cycles **s'est** accompagné d'un renouveau théorique important dans **leur** interprétation.

4. Du flottement des monnaies, **on** attendait cinq séries de modifications.

5. En longue période, tout retour de la croissance parvient tout juste **à** maintenir le chômage au palier **où** il est monté.

6. Grâce **à leur** main-d'œuvre peu coûteuse et **à leurs** monnaies sous-évaluées, les NPI ont accompli une percée sur le marché.

7. **À quelle** période la productivité augmente-t-elle le plus rapidement ?

8. **On a** peu de chiffres **à** communiquer sur les échanges entre **ces** deux pays.

9. **Ce qu'il est** convenu d'appeler désormais « la crise asiatique » n'est pas seulement une crise monétaire **ou** financière.

10. **Quoi qu'**il arrive, les autorités monétaires sont contraintes d'intervenir sur les taux.

2

1. De cet écrivain, nous savons **qu'il a** vécu (pronom personnel + v. *avoir* = nous savons que cet écrivain a vécu) **à** Buenos Aires.

2. **Quelque** (invariable devant adjectif) perspicaces que soient ses questions, elles ne font pas avancer le débat.

3. **Quant** au (= en ce qui concerne le) développement du tourisme, il est étonnant mais nous ne savons **qu'en** déduire (= que déduire de cela).

4. **On n'a** que (locution restrictive *ne … que*) très peu de renseignements sur **ce** (*se* est impossible : il n'y a pas de pronom personnel de la 3ᵉ personne ni de nom dont il puisse être le pronom réfléchi) qui **s'est** (correct) produit.

5. **On** (pas de négation ni de restriction) aimerait demander au réalisateur **ce** (même remarque que pour la phrase 4) **qui l'a** déterminé (= les raisons qui l'ont déterminé) à tourner **ce** (correct : déterminant démonstratif du nom *film*) film en Italie.

6. **Quelles que soient** (accord en genre et en nombre avec le sujet *ses échéances*, féminin pluriel) ses échéances, c'est le mois prochain qu'il doit se décider.

7. **Quoiqu**'il (*quoique* en un mot = *bien qu'il*) **ait** (au pluriel : quoiqu'ils aient, ou quoique nous ayons) dû s'interrompre une semaine, il **s'est** (correct) rattrapé et **c'est** (*c'* : pronom démonstratif) avec succès qu'il a passé cette épreuve.

• • •

3 1. **Quelles que** soient les créations de la culture anglo-saxonne ou nordique, l'Europe ne saurait être elle-même sans l'apport de la culture latine. (André Siegfried)

2. Comme le plancher tremble, **ce** soir ! On voit bien qu'il fait froid : les danseurs russes **se** réchauffent. (Colette)

3. **Quoique** très ému lui-même, il affecta jusqu'au dernier moment la plus grande gaieté. (Alphonse Daudet)

4. **Quelque** dures que soient, Madame, les conditions que vous m'imposez, je ne refuse pas de les remplir. (Laclos)

5. Oh ! argent que j'ai tant méprisé et que je ne puis aimer **quoi que** je fasse, je suis forcé d'avouer que tu as pourtant ton mérite. (Chateaubriand)

6. **Quant** au XIXe siècle, à ses idées neuves en histoire et en littérature, déjà proposées par tant de bouches éloquentes, c'était **ce** que mes excellents maîtres ignoraient le plus. (Renan)

7. Le dernier acte est sanglant, **quelque** belle que soit la comédie en tout le reste. (Pascal)

8. Baisser une chose, c'est la mettre plus bas **qu'elle** n'était ; l'abaisser, c'est la mettre plus bas qu'une autre. (Condillac)

9. J'aime assez **qu'en** une œuvre d'art, on retrouve aussi transposé, à l'échelle des personnages, le sujet même de cette œuvre. (André Gide)

10. **Quelques** découvertes que l'on **ait** faites dans le pays de l'amour propre, il y reste encore bien des terres inconnues. (La Rochefoucauld)

Formes verbales : les confusions

 Distinguer les emplois du subjonctif et de l'indicatif. Éviter les confusions sur les terminaisons verbales : infinitif en *-er*, formes conjuguées, participes.

1 Indicatif et subjonctif

Le mode indicatif exprime des faits réels se situant dans le présent, le passé ou le futur :

> *J'écris. J'ai écrit/J'écrivais/J'écrivis. J'écrirai/Je vais écrire.*

Le mode subjonctif exprime des faits envisagés. On l'emploie :
– Dans des propositions indépendantes exprimant l'ordre, le souhait, l'hypothèse :

> *Qu'il écrive.* (ordre) – *Pourvu qu'il écrive.* (souhait) –
> *Soit un ensemble A.* (hypothèse)

– Dans des propositions subordonnées complétives, après des verbes exprimant la volonté, l'obligation, un sentiment (souhait, doute, crainte) : *falloir, exiger, vouloir, craindre, douter, souhaiter, regretter…* :

> *Je souhaite / crains / doute qu'il réussisse.*

– Dans des propositions subordonnées circonstancielles introduites par que (hypothèse en tête de phrase), *avant que, jusqu'à ce que, en attendant que* (temps), *à condition que* (condition), *non que* (cause), *bien que, quoique* (opposition), *afin que, pour que* (but), *sans que*.

> *Que ce projet aboutisse, et je serai satisfait.* (= Si ce projet aboutit, je serai satisfait.)

> *Après que* est suivi de l'indicatif et non du subjonctif.
> *Avant qu'il vienne… Après qu'il est venu…*

– Après un superlatif :

> *C'est le meilleur article qu'on puisse lire sur le sujet.*

On peut employer l'indicatif ou le subjonctif selon le degré de certitude éprouvé à propos du fait évoqué :
– après certains verbes comme *affirmer, croire, dire, penser…* à la forme négative :

> *Je crois qu'elle a réussi → Je ne crois pas qu'elle a/ait réussi.*

– dans des propositions subordonnées relatives :

> *Je cherche un article qui est publié dans cette revue.* (= Je suis sûr(e) qu'il est publié dans cette revue.)
> *Je cherche quelqu'un qui puisse m'aider à résoudre ce problème.*
> (= Je ne suis pas sûr(e) de trouver cette personne.)

2 Les terminaisons verbales « homophones »

Les terminaisons homophones sont celles qui se prononcent de la même façon. Voici un tableau des terminaisons qui présentent des risques de confusions.

Graphies et nature	Exemples
-rai : 1ʳᵉ pers. sing., futur simple (faits, actions à venir)	Demain, je partirai.
-rais : 1ʳᵉ pers. sing., conditionnel présent (hypothèse ou futur dans le passé)	Si je pouvais, je partirais demain. J'avais dit que je viendrais mardi.
-ai : 1ᵉʳ groupe, 1ʳᵉ pers. sing., passé simple (fait, action achevés dans le passé)	Soudain je m'en allai (= je partis).
-ais : 1ʳᵉ pers. sing. de l'imparfait (fait, action non achevés ou habituels dans le passé)	Je travaillais quand il arriva. J'écrivais tous les matins.
-é, -ée, -és, -ées : 1ᵉʳ groupe, participe passé	J'ai parlé ; je suis arrivé(e).*
-er : 1ᵉʳ groupe, infinitif	Je veux écouter.**
-ez : 2ᵉ pers. du pluriel	Vous écoutez.
-ie, -ies, -ie : 1ᵉʳ groupe en **-ier**, présent de l'indicatif	Je l'envie.
-is, -is, -it : 2ᵉ et 3ᵉ groupe, présent de l'indicatif ; 2ᵉ et 3ᵉ groupe, passé simple	Il finit son exposé. Cette année-là, il partit à New York.
-i/-is/-it : part. passé, 2ᵉ et 3ᵉ groupes	fini / permis / conduit
-ue, -ues, -ue : 1ᵉʳ gr. en **-uer**, présent de l'indicatif ;	Je continue.
-us, -us, -ut : 3ᵉ gr. en **-ure**, présent de l'indicatif ; 3ᵉ groupe, passé simple	Il conclut. Je crus. (croire)
-u, -ue, -us, -ues : part. passé, 2ᵉ et 3ᵉ groupes	J'ai cru que tu étais perdue.
-ant : part. présent (invariable), gérondif (invariable)	Me précédant, il arriva tôt. Il toussa en suffoquant.***
-ant : adjectif verbal (f. : **-ante**)	Un air chaud, suffocant.***
-ent : adjectif verbal (f. **-ente**)	Je l'ai vu le mois précédent.

*Après les auxiliaires *être* et *avoir*, on trouve toujours un participe passé et non un infinitif :

    J'ai terminé. – Je suis parti(e).

**En dehors des auxiliaires, si deux verbes se suivent, le second est à l'infinitif :

    Veuillez m'écouter.

***Attention au participe présent et à l'adjectif verbal des verbes en `-guer` et `-quer` : part. présent : *naviguant* ; adjectif verbal : *le personnel navigant*. L'adjectif verbal est variable et équivaut à un adjectif qualificatif ; le participe présent est invariable et équivaut à une proposition subordonnée circonstancielle :

    Un air suffocant, une atmosphère suffocante.
    Suffoquant d'émotion, il dut quitter la salle. (= Comme il suffoquait...)

Formes verbales : les confusions

Conseils

Conjugaison : les pièges du subjonctif à éviter

• N'oubliez pas le *-i* des 1re et 2e personnes du pluriel du subjonctif présent :
– des verbes en *-éer, -ier, -iller, -yer, -ouer, -uer,*
– des verbes dont le radical peut se terminer par *-y*,
– des verbes *rire* et *sourire* :
   trier → *que nous triions* ; *fuir* → *que nous fuyions* ; *rire* → *que vous riiez.*

• Inversement, n'ajoutez pas de *-i* dans la conjugaison du subjonctif présent des verbes *avoir* et *être* :
Que nous soyons, que vous ayez.

Participes passés en *(i)* et en *(u)* au masculin singulier

Si vous avez un doute sur la lettre finale *(-i/-is/-it ; -u/-us)*, mettez le participe passé au féminin. Vous « entendrez » la consonne finale si elle existe :
finie → *fini* ; *permise* → *permis* ; *dite* → *dit* ; *lue* → *lu* ; *incluse* → *inclus.*

Entraînement

1) Complétez ces phrases avec le verbe donné entre parenthèses au mode et au temps qui conviennent.

1. (avoir) Il importe qu'il … le temps de terminer ce travail.
2. (réussir) Je crois qu'elle … tout ce qu'elle entreprend.
3. (ne pas pouvoir) Supposons que je … arriver à temps.
4. (téléphoner) Je te … dans deux heures.
5. (décider) Quand la nouvelle me parvint, je … d'intervenir immédiatement.
6. (être) Ne pensez-vous pas qu'elle … capable de résoudre ce problème ?
7. (partir) Je … immédiatement si je le pouvais.
8. (regarder) Je … un film quand il m'a appelée.
9. (plaire) Que cette éventualité vous … ou non, il faut l'envisager.
10. (réparer) Vous pourrez utiliser cette machine après que je l' …

2) Donnez le participe passé masculin singulier de ces verbes.

déduire ; servir ; mouvoir ; prévoir ; clore ;
extraire ; dépeindre ; taire ; joindre ; paraître ;
correspondre ; suffire ; interrompre ; asseoir ; prévaloir ;
devoir ; soumettre ; prédire ; valoir ; exclure.

3) Remplacez les infinitifs entre parenthèses par des participes passés quand il le faut, et accordez correctement ces participes passés.

3

Cause ou corrélation : dans l'univers (troubler) de la décennie 80, une réelle stabilité monétaire a (régner) au sein de la CEE. Sur tous les fronts le bilan du SME semble avoir été positif : la volatilité des changes entre les pays membres s'est progressivement (atténuer) malgré les mouvements (amplifier) du dollar, les différentiels d'inflation ont progressivement (disparaître), les taux d'intérêt ont moins (varier). Conséquence logique : les changements de parités se sont (faire) plus rares, alors même que le mécanisme de change s'élargissait à l'Espagne et à l'Angleterre. Pendant ce temps, cause ou conséquence (?), les politiques économiques des pays membres ont (converger) de façon croissante à partir de 1983.

Ces progrès ont (conduire) les pays membres à (renforcer) leurs accords de coopération à partir de septembre 1987. Les accords de Bâle/Nyborg ont (accroître) les mécanismes de crédit entre banques centrales. La lire italienne est (rentrer) dans la bande étroite (± 2,25 %) de fluctuation des monnaies européennes. De 1987 à 1992, aucun réajustement des parités n'a été nécessaire au sein du SME, alors qu'il en avait (falloir) onze entre 1979 et 1987.

Michel Bernard, mars 1995,
cité dans Sciences économiques et sociales, Terminales ES, Éd. Nathan, p. 181.

Corrigés

1
1. ait (subjonctif présent)
2. réussit (indicatif présent)
3. puisse (subjonctif présent)
4. téléphonerai (indicatif futur)
5. décidai (indicatif passé simple)
6. est/soit (indicatif ou subjonctif présent)
7. partirais (conditionnel présent)
8. regardais (indicatif imparfait)
9. plaise (subjonctif présent)
10. aurai réparée (indicatif futur antérieur)

•••

2 déduit ; servi ; mû ; prévu ; clos ; extrait ; dépeint ; tu ; joint ; paru ; correspondu ; suffi ; interrompu ; assis ; prévalu ; dû ; soumis ; prédit ; valu ; exclu.

•••

3 Cause ou corrélation : dans l'univers **troublé** de la décennie 80, une réelle stabilité monétaire a **régné** au sein de la CEE. Sur tous les fronts le bilan du SME semble avoir été positif : la volatilité des changes entre les pays membres s'est progressivement **atténuée** malgré les mouvements **amplifiés** du dollar, les différentiels d'inflation ont progressivement **disparu**, les taux d'intérêt ont moins **varié**. Conséquence logique : les changements de parités se sont **faits** plus rares, alors même que le mécanisme de change s'élargissait à l'Espagne et à l'Angleterre. Pendant ce temps, cause ou conséquence (?), les politiques économiques des pays membres ont **convergé** de façon croissante à partir de 1983.

Ces progrès ont **conduit** les pays membres à **renforcer** leurs accords de coopération à partir de septembre 1987. Les accords de Bâle/Nyborg ont **accru** les mécanismes de crédit entre banques centrales. La lire italienne est **rentrée** dans la bande étroite (± 2,25 %) de fluctuation des monnaies européennes. De 1987 à 1992, aucun réajustement des parités n'a été nécessaire au sein du SME, alors qu'il en avait **fallu** onze entre 1979 et 1987.

L'emploi des pronoms

Objectifs : Connaître les formes des pronoms personnels, adverbiaux, relatifs et démonstratifs.
Maîtriser leurs emplois pour éviter les incorrections et les confusions.

1 Les pronoms

La plupart du temps, le pronom représente un nom ou un groupe nominal (GN).
Mon voisin (GN) → *il ; celui-ci ; qui ; le mien…*

On distingue différentes catégories de pronoms :
– les pronoms personnels *(je, tu, il/elle, nous, me, moi, lui…)* ;
– les pronoms démonstratifs *(celui, celle-ci…)* ;
– les pronoms relatifs *(qui, laquelle, dont, où…)* ;
– les pronoms interrogatifs *(qui ?, laquelle ?...)* ;
– les pronoms possessifs *(le mien, la nôtre, les leurs…)* ;
– les pronoms indéfinis *(aucun, chacun, quelqu'un…).*

Comme le nom ou le groupe nominal, le pronom a une fonction dans la proposition. Mais à la différence du nom, il peut changer de forme selon sa fonction :
Je connais cet homme (COD). → *Je le connais* (COD).
Je parle à cet homme (COI). → *Je lui parle* (COI).

Il importe donc de bien connaître les différentes formes des pronoms et de pouvoir déterminer leur fonction.

Enfin, il importe de savoir quel nom (quel groupe nominal) le pronom représente. Dans de nombreux cas, des confusions sont possibles.

Les difficultés majeures portent sur les pronoms personnels compléments, les pronoms *en* et *y*, les pronoms relatifs et les pronoms démonstratifs.

2 Les pronoms personnels compléments : formes et place

Les pronoms personnels remplacent un nom ou un groupe nominal :
Antoine (1) a pris ces livres (2). Il (1) les (2) lit.

Ils ont les mêmes fonctions que le nom : sujet, complément, attribut.

Les pronoms personnels compléments ont des formes et des emplois précis. Leur ordre dans la phrase suit certaines règles.

FORMES

	1re personne	2e personne	3e personne
Singulier	me, moi	te, toi	le, la ; lui, elle, se, soi ; en, y
Pluriel	nous	vous	les ; leur, eux, elles, se ; en, y

– Le pronom complément d'objet direct (COD) précède le verbe :
> Ils ont lu ces notes. → Il les ont lues.

– Le pronom complément d'objet indirect (COI) précède le COD s'il s'agit de *me, te, nous, vous* ; il suit le COD s'il s'agit de *lui, leur* :
> J'écris une lettre (COD) / à Marc (COI).
> → Je la (COD) / lui (COI) écris.
> → Je vous (COI) l' (COD) écris.

– Le pronom complément d'objet d'un verbe pronominal se place entre le pronom réfléchi et le verbe :
> Ils se sont infligé cette punition. → Ils se la sont infligée.

– À l'impératif, l'ordre des pronoms compléments est COD + COI :
> Donnez votre avis (COD) à Jean (COI). → Donnez-le (COD)-lui (COI).
> Exception : *nous* (COI + COD) → Donnez-nous-le.

3 Les pronoms en et y

Ces deux pronoms sont dits « adverbiaux ».

– **Y** remplace un groupe nominal non animé précédé de la préposition *à*, dans les fonctions suivantes :
> Je me consacre à ce travail (COI). → Je m'y consacre.
> Je vais à Londres (C. de lieu). → J'y vais.

Attention ! Y ne représente pas une personne. On ne doit donc pas dire :
> Je pense à cette femme. → *J'y pense*, mais : *Je pense à elle*.

– **En** remplace un groupe nominal précédé de la préposition *de*, dans les fonctions suivantes :
> Elle a pris des notes (COD). → Elle en a pris.
> Il est le directeur du service (C. du nom). → Il en est le directeur.
> Il est victime de sa curiosité (C. de l'adjectif). → Il en est victime.
> Il veut parler de cette information (COI). → Il veut en parler.

Attention ! En fonction de COI, *en* ne peut représenter une personne. On ne doit donc pas dire :
> Je parle de cet homme. → *J'en parle*, mais : *Je parle de lui*.

4 Les pronoms relatifs

Les pronoms relatifs introduisent une proposition subordonnée relative. Ils remplacent un nom ou un groupe nominal (l'antécédent) qui fait partie de la proposition dont dépend la relative.

> Antoine lit le livre (antécédent)/qui (pronom relatif) était sur la table.

Ils ont une fonction dans la proposition relative, souvent différente de celle de l'antécédent dans sa proposition.

L'emploi des pronoms

FORMES

	Sujet	COD	C. du nom	COI, C. circonstanciel
Formes simples	qui	que	dont	– animé : *dont* (= « de qui »), préposition + *qui* (*à qui, chez qui…*) – non animé : *dont* (= « de quoi »), préposition + *quoi* (*à quoi, dans quoi…*)
Formes composées	lequel/laquelle lesquels/lesquelles		duquel/de laquelle desquels/desquelles	auquel/à laquelle, duquel/ de laquelle, par lequel/ par laquelle… auxquels/auxquelles, desquels/desquelles, par lesquels/par lesquelles…

– Pour choisir le bon pronom relatif, il faut repérer :
1) la fonction qu'il occupe dans la proposition relative ;
2) la construction du verbe de la relative.
Pour cela, il suffit de reconstruire la proposition relative comme une indépendante.

Je vous rends les dossiers/dont j'ai lu le contenu.
→ *J'ai lu le contenu des dossiers* : *des dossiers* est c. du nom *contenu* ; le pronom relatif *dont*, qui remplace *dossiers*, est complément du nom *contenu*.

Voici le dossier / dont je vous ai parlé. → *Je vous ai parlé du dossier* : *du dossier* est complément d'objet indirect de *je vous ai parlé* (*parler* de) ; *dont* est pronom relatif COI.

– Après une préposition autre que *de*, le relatif qui remplace un animal, un objet ou un groupe doit être un relatif composé :

Voici le dossier / auquel je faisais référence. (et non : * à quoi)
Voici la liste des personnalités / auxquelles nous avons écrit.
(et non * à qui)

5 Les pronoms démonstratifs

Les pronoms démonstratifs remplacent un nom ou un groupe nominal déjà évoqués.
FORMES
– Simples : *celui, celle, ce/c'* : *ceux, celles*.
– Composées : *celui-ci, celle-ci, ceci* ; *celui-là, celle-là, cela* ; *ceux-ci, celles-ci* ; *ceux-là, celles-là*.

EMPLOIS
– Dans l'espace et le temps, la forme composée en *-ci* marque la proximité, la forme en *-là* marque l'éloignement :

Je voudrais emprunter deux livres : celui-ci (plus proche) *et celui-là* (plus éloigné)*.*

– **Dans un écrit**, *ceci* désigne ce dont on va parler, *cela* désigne ce dont on a déjà parlé :
> *Notez ceci : rendez-vous demain à 8 heures.*
> *Avez-vous noté cela ?*

Conseils

• Le pronom relatif

– Ne redoublez pas le pronom relatif par un pronom personnel ni par un adjectif possessif :
Il écrit un texte dont le sujet est intéressant. Et non : * *dont le sujet en est intéressant.*
Ce candidat, dont nous avons noté les capacités… Et non : * *dont nous avons noté ses capacités.*

– Employez le relatif composé pour éviter certaines ambiguïtés :
L'auteur de cette notice, qui précisait… : *qui* peut représenter la notice ou l'auteur. → *L'auteur de la notice, laquelle précisait* ou *lequel précisait…*, selon le cas.

– N'abusez pas des propositions relatives : plusieurs relatives dépendant d'antécédents différents alourdissent la phrase. Cherchez à trouver des noms, des adjectifs, des périphrases équivalents, ou coupez vos phrases :
* *J'ai rencontré celui qui a écrit l'article qui traitait des espèces animales qui vivent dans l'eau.* → *J'ai rencontré l'auteur de l'article sur les espèces animales aquatiques.*

• Le pronom démonstratif

– *cela* ne prend pas d'accent grave ! (* *celà*)

– *ça* est d'un registre familier : on ne l'emploie pas à l'écrit en registre soutenu.

– L'emploi du pronom démonstratif évite des confusions :
Marc a invité Antoine. Il est ravi.

Dans cette phrase, *il* ne peut désigner que le sujet de la phrase précédente. Si c'est Antoine qui est ravi, vous devez employer *celui-ci* :
Marc a invité Antoine. Celui-ci (Antoine) *est ravi.*

Entraînement

1) Remplacez les mots soulignés par des pronoms personnels.

1. J'adresse <u>cette lettre</u> <u>à toutes les personnes concernées</u>.
2. Il faut réfléchir <u>à ce problème</u>.
3. Nous avons commandé <u>le buffet</u> <u>au traiteur</u>.
4. J'ai demandé <u>à Stéphane</u> de chercher ces informations.
5. Pourrez-vous remettre <u>ses clés</u> <u>au voisin</u> ?
6. Transmettez <u>mes amitiés</u> <u>à votre associé</u>.
7. J'ai rêvé <u>de cette personne</u>.

L'emploi des pronoms

2) À partir de deux ou trois phrases, construisez une phrase.

2 La phrase obtenue contiendra une ou deux propositions relatives.
1. J'ai enregistré ce concert magnifique. Je vous avais parlé de ce concert.
2. J'ai lu un article sur le cinéma italien. Tu avais fait référence à cet article.
3. J'ai remercié les collaborateurs. J'ai pu accomplir ce travail grâce à eux.
4. J'ai rencontré votre cousine. Vous lui ressemblez.
5. Ils ont déjà décoré l'appartement. Ils ont acheté cet appartement. Ils ont emménagé dans cet appartement la semaine dernière.

3) Complétez ces phrases par des pronoms relatifs ou des pronoms personnels.

3
1. Notre petit groupe de jeunes filles de Balbec a toujours été la cellule sociale … a exercé sur moi le plus grand prestige, … j'ai été le plus heureux d'être un jour agrégé. (Marcel Proust)
2. C'était un homme … la vie n'avait pas habitué à l'enfer de la vie quotidienne. (Marguerite Duras)
3. Le premier diamantaire … elle proposa le diamant … … offrit dix mille francs. (Marguerite Duras)
4. J'ai du moins le recours de ces menus bruits … fêlent plutôt qu'ils ne rompent le silence et grâce … on peut rester à l'écoute de soi-même. (Michel Leiris)
5. Cet engagement pouvait figurer sur une lettre … il leur adresserait, et … lui ne garderait même pas la copie. (Jules Romains)

4) Même exercice.

4
1. S'il avait mal à la tête, on … donnait de l'antipyrine, et ses petites maladies même … il était coupable […] … paraissaient comme des pensums un peu longs … son père aurait pu … éviter. (Marcel Proust)
2. Nous nous apparentons ainsi à des sociétés … ne nous sont plus contemporaines, à des formes de culture … l'Europe nordique estime … être étrangères, mais … une secrète sympathie nous relie. (André Siegfried)
3. Ces discussions … Tiffauges assistait sans … prendre part, … ancraient dans l'idée que la guerre n'était qu'un affrontement de chiffres et de signes. (Michel Tournier)
4. Quand l'autorité […] attente aux propriétés pour la protection … elle fut instituée, quand elle rompt le contrat … … assura des droits et … limita, la résistance est le devoir et ne peut s'appeler révolte. (Mirabeau)
5. Dans la complète solitude … je vécus, je pus chauffer à blanc ma ferveur et … maintenir dans cet état de transport lyrique hors … j'estimais malséant d'écrire. (André Gide)
6. Tout fait quelconque de l'homme, … cause à autrui un dommage, oblige celui par la faute … il est arrivé à … réparer. (*Code civil*, art. 1382)

Corrigés

1
1. Je la leur adresse.
2. Il faut y réfléchir.
3. Nous le lui avons commandé.
4. Je le lui ai demandé.

5. Pourrez-vous les lui remettre ?
6. Transmettez-les-lui. (Attention aux traits d'union, obligatoires après l'impératif.)
7. J'ai rêvé d'elle.

• • •

2 1. J'ai enregistré ce concert magnifique **dont** je vous avais parlé.
2. J'ai lu l'article sur le cinéma italien **auquel** tu avais fait référence.
3. J'ai remercié les collaborateurs grâce **auxquels** j'ai pu accomplir ce travail.
4. J'ai rencontré votre cousine, **à qui** vous ressemblez.
5. Ils ont déjà décoré l'appartement **qu**'ils ont acheté et **dans lequel** ils ont emménagé la semaine dernière.

• • •

3 1. Notre petit groupe de jeunes filles de Balbec a toujours été la cellule sociale **qui** a exercé sur moi le plus grand prestige, **auquel** j'ai été le plus heureux d'être un jour agrégé.
2. C'était un homme **que** la vie n'avait pas habitué à l'enfer de la vie quotidienne.
3. Le premier diamantaire **auquel** elle proposa le diamant **lui en** offrit dix mille francs.
4. J'ai du moins le recours de ces menus bruits **qui** fêlent plutôt qu'ils ne rompent le silence et grâce **auxquels** on peut rester à l'écoute de soi-même.

5. Cet engagement pouvait figurer sur une lettre **qu**'il leur adresserait, et **dont** lui ne garderait même pas la copie.

• • •

4 1. S'il avait mal à la tête, on **lui** donnait de l'antipyrine, et ses petites maladies même **dont** il était coupable [...] **lui** paraissaient comme des pensums un peu longs **que** son père aurait pu **lui** éviter.
2. Nous nous apparentons ainsi à des sociétés **qui** ne nous sont plus contemporaines, à des formes de culture **que** l'Europe nordique estime **lui** être étrangères, mais **auxquelles** une secrète sympathie nous relie.
3. Ces discussions **auxquelles** Tiffauges assistait sans **y** prendre part, l'ancraient dans l'idée que la guerre n'était qu'un affrontement de chiffres et de signes.
4. Quand l'autorité [...] attente aux propriétés pour la protection **desquelles** elle fut instituée, quand elle rompt le contrat **qui lui** assura des droits et **la** limita, la résistance est le devoir et ne peut s'appeler révolte.
5. Dans la complète solitude **où** je vécus, je pus chauffer à blanc ma ferveur et **me** maintenir dans cet état de transport lyrique hors **duquel** j'estimais malséant d'écrire.
6. Tout fait quelconque de l'homme, **qui** cause à autrui un dommage, oblige celui par la faute **duquel** il est arrivé à **le** réparer.

Erreurs de constructions

 Maîtriser les constructions au sein de la phrase : construction des verbes, des interrogations directe et indirecte, des compléments à l'infinitif, au participe.

1 La syntaxe

Les éléments du discours sont liés entre eux : relations entre les mots, les propositions, les phrases, les paragraphes. C'est ce qu'on appelle la syntaxe.

Certaines erreurs de construction sont d'autant plus graves qu'elles nuisent à la compréhension du message émis.

Les principales difficultés sont les suivantes :
– à l'intérieur de la proposition : veiller à la construction des verbes, à l'emploi des pronoms (*cf.* p. 174 et suivantes) ;
– dans la phrase complexe (comprenant plusieurs propositions) : effectuer correctement le passage de l'interrogation directe à l'interrogation indirecte, éviter les ruptures de construction.

2 La construction des verbes

On distingue trois catégories de verbes, selon leur construction :
– Les verbes intransitifs n'ont pas de complément d'objet (direct ou indirect) :
> *Il part. Il dort. Il ment.*

– Les verbes transitifs directs se construisent avec un complément d'objet direct :
> *Il écrit une lettre.*

– Les verbes transitifs indirects se construisent avec un complément d'objet indirect, au moyen d'une préposition (*à, de, pour...*) :
> *Elle parle de ce film.*

– Certains verbes peuvent admettre plusieurs constructions :
> *Écrire → Elle écrit une lettre* (COD). *Elle écrit à l'agence* (COI).
> *Elle écrit* (employé intransitivement).

■ Erreurs de construction à éviter

– Deux verbes, l'un transitif direct et l'autre transitif indirect, qui ont un complément d'objet commun (COD de l'un et COI de l'autre) ne peuvent se construire selon le schéma : 2 verbes coordonnés + complément d'objet.
> **Nous refusons et nous nous opposons à cette décision.*

Construction obligatoire : v. trans. direct + COD *et* v. trans. indirect + COI.
> *Nous refusons cette décision* (COD) *et nous nous y* (COI) *opposons.*

– **Un même verbe** ne peut admettre deux compléments coordonnés différents (COD et COI) ou introduits par des prépositions différentes (2 COI). Il faut employer deux verbes synonymes coordonnés accompagnés chacun d'un complément :

> * *Il a écrit ce livre et à Carole.* → *Il a rédigé ce livre et (a) écrit à Carole.*
> * *Il a parlé de ce livre, puis à Carole.* → *Il a parlé de ce livre puis s'est adressé à Carole.*

– **Un même verbe** ne peut admettre plusieurs compléments coordonnés de nature différente (nom, infinitif, complément à l'infinitif) :

> * *Il adore voir des films policiers et le théâtre.* → *Il adore les films policiers et le théâtre.* Ou : *Il adore voir des films policiers et aller au théâtre.*

3 Interrogation directe, interrogation indirecte

Au discours direct, on distingue deux types d'interrogation :
– L'interrogation totale, qui porte sur la totalité de la phrase (réponse : *oui* ou *non*) :
> *Viendrez-vous ?*

– L'interrogation partielle, qui porte sur un élément de la phrase :
> *Qui vient ? Pourquoi ne venez-vous pas ?*

■ Erreurs à éviter

La construction correcte à l'écrit exige la simplicité. Évitez les tournures suivantes :

- *Est-ce que... ?* Préférez l'inversion du sujet :
Pouvez-vous me répondre ? et non : *Est-ce que vous pouvez me répondre ?*
Pourquoi voulez-vous... ? et non : * *Pourquoi est-ce que vous voulez... ?*
Ce candidat est-il retenu ? et non : *Est-ce que ce candidat est retenu ?*

Dans ce dernier cas, le sujet est un groupe nominal *(ce candidat)* repris par un pronom inversé.
La tournure qui combine *est-ce que* et le pronom inversé est incorrecte :
> * *Est-ce que ce candidat est-il retenu ?*

- *Qu'est-ce que... ? Qui est-ce que... ?* Préférez *Qui... ?* et *Que... ?*
Qui viendra ? et non : *Qui est-ce qui viendra ?*
Que constatons-nous ? (inversion du sujet) et non : *Qu'est-ce que nous constatons ?*

■ De l'interrogation directe à l'interrogation indirecte

La proposition subordonnée interrogative indirecte dépend d'un verbe principal exprimant une interrogation. Elle est introduite par un mot interrogatif : *se demander, chercher à savoir si, où, comment, pourquoi...*
Dans l'interrogation indirecte :
– le point d'interrogation est remplacé par un point ;
– le pronom sujet n'est plus inversé.

> *Vient-il ?* → *Je me demande s'il vient.*

Erreurs de constructions

– L'interrogation directe (sans mot interrogatif) devient une subordonnée introduite par si :

> Avez-vous lu mon rapport ? → Je vous demande si vous avez lu mon rapport.

– Le pronom *que* devient ce que :

> Que veut cet homme ? → Je ne sais pas ce que veut cet homme.

– Les autres mots interrogatifs ne changent pas :

> Qui viendra ? → J'ignore qui viendra.
>
> Pourquoi ne venez-vous pas ? → Je me demande pourquoi vous ne venez pas.

4 Les compléments à l'infinitif et au participe

Quand des compléments circonstanciels comprennent un verbe à l'infinitif ou au participe, celui-ci doit avoir le même sujet que le verbe principal.

■ Groupe à l'infinitif

– Phrase fautive : ** Pour rendre la vie des élèves plus agréable* (c. de but), *l'intérieur de l'établissement possède des équipements modernes.*

Raisonnement : qui veut rendre la vie des élèves plus agréable ? Les responsables de l'établissement, et non « l'intérieur de l'établissement ».

Correction : *Pour rendre la vie des élèves plus agréable, on* (ou : le directeur, les responsables…) *a doté l'établissement d'équipements modernes.*

– Dans la phrase suivante :

> *Le responsable doit contacter l'intéressé avant de partir.* (c. de temps),

c'est « le responsable » qui va partir. Si c'était « l'intéressé », on devrait écrire :

> *Le responsable doit contacter l'intéressé avant qu'il parte.*

■ Groupe au participe

– Phrase fautive : ** Arrivées à l'agence* (c. de temps), *le directeur nous annonce que nos billets sont prêts.*

Raisonnement : « Arrivées » est un participe au féminin pluriel. Il ne représente pas le sujet de la principale, « le directeur ».

Correction : *Arrivées à l'agence, nous apprenons par le directeur que nos billets sont prêts.*

– Phrase fautive : ** Ayant emprunté l'autoroute, un encombrement m'a empêché d'arriver à temps.*

Raisonnement : qui a emprunté l'autoroute ? « Je », sujet de 1re personne du singulier (*cf.* « m' » dans la proposition principale).

Correction : *Ayant emprunté l'autoroute qui était encombré, je n'ai pu arriver à temps.*

Conseils

• Interrogation directe

Quand le sujet inversé est un pronom personnel, n'oubliez pas : le trait d'union entre le verbe et le pronom ; le -t- « euphonique » après un verbe terminé par -e ou -a et un pronom de 3e personne :
Vient-il ? Viendra-t-il ?

• Interrogation indirecte

– N'employez pas les tournures *est-ce que, quand/où est-ce que*, incorrectes : *Je ne sais pas s'il part, quand il part.* Et non : * *Je ne sais pas est-ce qu'il part, quand est-ce qu'il part.*

– L'inversion du sujet est possible dans le type de phrase suivant :
Comment finit ce roman ? → Je ne sais pas comment ce roman finit. Ou : *Je ne sais pas comment finit ce roman.*

• En général

Évitez les phrases trop longues, comportant divers types de propositions. Vous risquez de « perdre le sujet ». Écrivez d'abord des propositions ou des phrases simples, que vous relierez ensuite entre elles.

Notez les liens logiques entre les propositions et les phrases : conséquence *(donc, c'est pourquoi)*, concession *(bien que, quoique)*, condition *(si, à condition que)*…

Entraînement

1

1) Pour chacun de ces verbes, suivez les consignes a, b, c.

a. Donnez la catégorie de chaque verbe (intransitif, transitif direct, transitif indirect).
b. Employez-le dans une courte phrase de votre invention.
c. Quand un verbe peut admettre plusieurs types de constructions, donnez un exemple de chaque construction.

pallier ; débuter ; suppléer ; se rappeler ; acquiescer ; renchérir ; se souvenir ; remédier ; souscrire ; discuter.

2

2) Construisez des interrogations directes portant sur le ou les mot(s) souligné(s) de ces phrases.

Considérez que vous êtes l'interlocuteur de l'émetteur de ces phrases et que vous n'avez pas entendu les éléments soulignés. Vous demandez donc des précisions.

1. Monsieur Dupré a rencontré notre directeur hier.
2. Il nous parlera demain de son projet.
3. Nous nous réunissons au palais des Congrès.
4. L'entreprise a engagé deux ingénieurs.
5. Nous voyagerons par avion.
6. Pierre a acheté ce livre il y a trois mois.
7. M. Dupont a rencontré le plus ancien de nos partenaires.
8. Nous répondrons à votre courrier d'ici une semaine.
9. Il a fait breveter deux nouveaux modèles.
10. J'agirai avec tact.

Erreurs de constructions

3) Reprenez les interrogations directes que vous avez construites dans l'exercice précédent et transformez-les en interrogations indirectes.

3 Vos phrases commenceront par :

« Je me demande… »,

« Je voudrais savoir… »,

« J'ignore »,

« Je ne comprends pas… », etc.

4) Corrigez ces phrases équivoques ou fautives.

4
1. Nous espérons bien de vous rencontrer lors du prochain congrès.
2. Je voudrais savoir quand cette revue va-t-elle paraître.
3. Ayant soumis son projet à l'agence, le succès d'Émile a été immédiat.
4. Le dernier film de Stephen Frears a plu et même enthousiasmé le jury.
5. L'association nous demande la discrétion et que nous agissions vite.

Corrigés

1 *Pallier* : transitif direct. *J'ai pallié ces inconvénients.*

Débuter : intransitif. *La conférence débute à dix heures* (« à dix heures » est complément circonstanciel de temps, et non complément d'objet indirect).

Suppléer : transitif direct ou indirect. (Direct = remplacer, combler un manque) *Il faut suppléer cette lacune. Nous avons dû suppléer cet enseignant, qui était souffrant.* (Indirect = remédier à) *La qualité supplée à la quantité.*

Se rappeler : transitif direct. *Nous nous rappelons cet événement.*

Acquiescer : intransitif ou transitif indirect. (Intransitif) *Elle donna son avis. Il acquiesça.* (Transitif indirect) *J'ai acquiescé à toutes vos demandes.*

Renchérir : intransitif ou transitif indirect. (Intransitif = devenir plus cher) *Les biens immobiliers renchérissent.* (Transitif indirect = dire ou faire plus que…) *Il renchérit sur tous mes arguments.*

Se souvenir : transitif indirect. *Je me souviens de ce texte.*

Remédier : transitif indirect. *La municipalité a promis de remédier aux problèmes de circulation.*

Souscrire : intransitif, transitif direct ou indirect. (Intransitif = s'engager à contribuer financièrement à une opération) *J'ai souscrit pour la restauration de ce tableau* (c. circonstanciel de but). (Transitif direct = verser une somme en contrepartie de quelque chose) *Nous avons souscrit un abonnement à cette revue.* (Transitif indirect = approuver) *Toute l'équipe a souscrit à sa décision.*

Discuter : transitif direct ou indirect. (Direct = débattre, examiner avec soin un point) *Je ne discute pas la pertinence de ces propos.* (Indirect = échanger des idées) *Il faudra que nous discutions de votre projet.*

2
1. Qui a rencontré notre (votre) directeur hier ?
2. De quoi nous (vous) parlera-t-il demain ?
3. Où nous réunissons-nous (vous réunissez-vous) ?
4. Qui l'entreprise a-t-elle engagé ?
5. Comment voyagerez-vous ?
6. Quand Pierre a-t-il acheté ce livre ?
7. Lequel de nos partenaires M. Dupont a-t-il rencontré ?
8. Sous quel délai (dans combien de temps) répondrez-vous à ma lettre ?
9. Combien de nouveaux modèles a-t-il fait breveter ?
10. Agirez-vous avec tact ? (Seule interrogation totale)

• • •

3
1. J'ignore qui notre directeur a rencontré hier. (Ou : Pouvez-vous me dire qui notre directeur a rencontré hier ? Dans ce cas, la phrase se termine par un point d'interrogation, car la proposition principale – « Pouvez-vous me dire » – est une interrogation directe).
2. Je me demande de quoi il nous parlera demain.
3. J'aimerais savoir où nous nous réunissons.
4. Je ne sais pas qui l'entreprise a engagé.
5. Je voudrais savoir comment vous voyagerez.
6. Je ne sais pas quand Pierre a acheté ce livre.
7. J'ignore lequel de nos partenaires M. Dupont a rencontré hier.
8. J'aimerais savoir sous quel délai vous répondrez à ma lettre.
9. Je me demande combien de nouveaux modèles il a fait breveter.
10. Je me demande si vous agirez avec tact.

• • •

4
1. Nous espérons bien vous rencontrer lors du prochain congrès. (Suppression de la préposition *de* : *espérer* est transitif direct.)
2. Je voudrais savoir quand cette revue va paraître. (Suppression du sujet inversé – *elle* –, absent de l'interrogation indirecte.)
3. Ayant soumis son projet à l'agence, Émile a rencontré un succès immédiat. (Émile doit être le sujet du participe « Ayant soumis », puisqu'il est le sujet de la proposition principale.)
4. Le dernier film de Stephen Frears a plu au jury ; (on peut même dire qu') il l'a enthousiasmé. (*Plaire* est transitif indirect : *plaire à quelqu'un* ; *enthousiasmer* est transitif direct : *enthousiasmer quelqu'un*. Ces deux verbes ne peuvent donc être coordonnés et avoir un complément d'objet commun.)
5. L'association nous recommande (*mieux que* demande) la discrétion et la rapidité (*ou* la diligence), *ou* : d'être discrets et d'agir vite. (Les deux compléments coordonnés d'un même verbe – *demander* – doivent être de même nature – ici, deux noms au lieu d'un nom et d'une proposition subordonnée complétive.)

Éviter les confusions lexicales

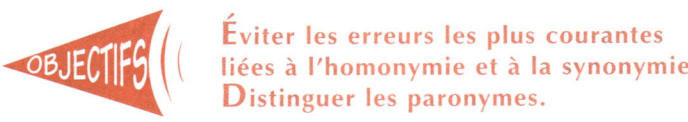

OBJECTIFS : Éviter les erreurs les plus courantes liées à l'homonymie et à la synonymie. Distinguer les paronymes.

1 Définition générale

Le choix des mots peut donner lieu à des confusions. On peut être amené à employer un mot pour un autre pour trois types de raisons :
– parce que certains mots se prononcent de la même manière tout en s'orthographiant différemment. Ce sont les homonymes.

> *voie, voix ; ver, verre ...*

– parce que certains mots se ressemblent. Ce sont les paronymes.

> *conjoncture, conjecture ; acception, acceptation ...*

– parce que certains mots ont eu le même sens à une époque donnée. Ils ont été synonymes.

> *adhésion, adhérence ...*

Parfois aussi, on croit des mots synonymes alors qu'ils ne le sont pas.

> *s'avérer, se révéler ...*

L'homonymie et la paronymie sont source du plus grand nombre de confusions.

2 Confusions dues à l'homonymie

Voici une liste de confusions dues à l'homonymie. Nous nous limitons aux termes qui peuvent se rencontrer le plus couramment dans un contexte professionnel.

Pour éviter les confusions, servez-vous d'un dictionnaire, le correcteur d'orthographe de votre ordinateur ne sera d'aucune aide.

acquis – acquit
Le premier terme peut être un nom ou un adjectif (ou le participe passé du verbe *acquérir*). En tant que nom, il désigne les connaissances déjà maîtrisées ; en tant qu'adjectif, ce qui est obtenu ou démontré *(avoir de solides acquis, les résultats acquis)*.
Le second terme désigne une reconnaissance de paiement ou l'action de s'acquitter d'un devoir (dans les expressions *pour acquit de*, en fin de document, et *par acquit de conscience*).

air – aire
Le premier terme désigne l'élément gazeux qui nous entoure ou l'allure d'une personne.
Le second désigne une surface, un secteur ou le nid d'un rapace.

amande – amende
Le premier terme désigne le fruit, le second une condamnation.

auspice – hospice
Le premier terme s'emploie surtout aujourd'hui dans deux expressions figées : *sous d'heureux auspices* et *sous les auspices de quelqu'un*. Le second désigne un lieu d'accueil pour malades et personnes âgées.

bailler – bâiller – bayer
Le premier terme désigne l'action de donner, de louer (peu usité contrairement au nom *bail*).
Le deuxième désigne l'action d'ouvrir la bouche (par ennui, faim, fatigue) ou signifie *être entrouvert*.
Le troisième signifie *rester la bouche ouverte* (cf. bayer aux corneilles : perdre son temps, rêvasser).

censé – sensé
Le premier terme signifie *supposé*, le second *raisonnable* (il est censé nous répondre – c'est une réponse sensée).

cession – session
Le premier terme désigne l'action de transmettre une chose ou un droit *(la cession d'un terrain)*, le second la période pendant laquelle se tiennent des réunions.

compte – comte – conte
Le premier terme désigne une facture, un calcul ou un rapport, le deuxième un titre de noblesse, le troisième un récit.

cote – côte – cotte
Le premier terme désigne une part, une dimension, les coordonnées d'un point, une estimation *(la cote de l'impôt, les cotes d'un plan, s'orienter grâce aux cotes, la cote d'une action boursière)*.
Le deuxième : un os, un littoral, une pente.
Le troisième : une combinaison de travail.

cour – cours – court
Le premier terme désigne un espace limité par des bâtiments ou l'entourage d'un monarque *(la cour de récréation, la cour de Louis XIV)*.
Le deuxième désigne une leçon, un mouvement, un trajet ou une cote *(un cours de maths, suivre son cours, le cours de l'or)*.
Le troisième : un terrain de tennis ; s'il est adjectif, il s'oppose à *long*.

différend – différent
Le premier terme désigne un litige *(un différend les oppose)*, le second est un adjectif qui signifie *dissemblable (ils proposent différentes solutions)*.

empreint – emprunt
Le premier terme signifie *ce qui est marqué*, le second désigne une dette *(empreint de sagesse, souscrire un emprunt)*.

fond – fonds – fonts
Le premier terme désigne la partie la plus basse d'une chose ou d'un lieu.
Le deuxième un ensemble de biens, de l'argent disponible, des valeurs, un capital *(réunir des fonds, un fonds commun de placement)*.
Le troisième désigne, dans la religion chrétienne, les *fonts baptismaux* (du latin *fons*, fontaine).

magister – magistère
Le premier terme désigne un pédant, le second un diplôme de haut niveau.

Éviter les confusions lexicales

pair – paire
Le premier terme désigne un égal *(être reconnu de ses pairs)*, le second un ensemble de deux choses identiques *(une paire de gants)*.

palier – pallier
Le premier terme désigne une plate-forme ménagée dans un escalier, une étape *(le palier du premier étage, progresser par paliers)*.
Le second signifie *remédier (pallier des difficultés)*.

voir – voire
Le premier terme signifie *percevoir par les yeux*, le second (qui est un adverbe) signifie *et aussi, et même (ils apportent du capital, voire des clients)*.

3 Confusions dues à la paronymie

Des mots qui se ressemblent peuvent donner lieu à des impropriétés.
Nous donnons ici une liste de confusions dues à la paronymie, en nous limitant aux termes qui peuvent se rencontrer le plus couramment dans un contexte professionnel.

abréger – abroger
Le premier terme signifie *rendre plus court*, le second *supprimer, abolir (abréger un discours, abroger un décret)*.

adhérence – adhésion
Le premier terme désigne l'état d'une chose attachée à une autre, le second l'action de souscrire à une idée ou de s'inscrire *(l'adhérence de deux solides, l'adhésion des militants)*.

allocation – allocution
Le premier terme désigne une somme allouée, une prestation ; le second un discours *(l'allocation vieillesse, prononcer une allocution)*.

alternance – alternative
Le premier terme désigne un changement, une succession ; le second le choix entre deux possibilités *(travailler en alternance, être confronté à une alternative)*.

attention – intention
Le sens de ces mots est connu mais on les confond parfois. Lorsque dans une lettre ou sur une enveloppe, on veut mentionner le destinataire, il faut écrire : *à l'attention de*.

collègue – confrère
Des *collègues* sont des personnes qui travaillent dans le même établissement, la même entreprise.
Des *confrères* exercent la même profession.

collision – collusion
Le premier terme désigne un antagonisme ou un choc, le second une entente secrète *(entrer en collision, la collusion des partis minoritaires)*.

conjecture – conjoncture
Le premier terme désigne une supposition, le second une situation ou les données déterminant une situation économique ou politique *(se perdre en conjectures ; la conjoncture économique est mauvaise)*.

continuation – continuité
Le premier terme signifie *prolongement, suite*, le second désigne le caractère de ce qui est continu, stable *(il m'a souhaité une bonne continuation ; le changement se fera dans la continuité)*.

découpler – décupler
Le premier terme signifie *séparer*, le second *accroître fortement (découpler les lignes, décupler ses efforts)*.

élucider – éluder
Le premier terme signifie *expliquer*, le second *éviter (élucider l'affaire, éluder des explications)*.

éminent – imminent – immanent
Le premier terme signifie *supérieur, élevé (notre éminent confrère)* ; le deuxième désigne ce qui est sur le point de se produire *(un désastre imminent)* ; le troisième désigne ce qui est dans la nature d'un être.

étalage – étalement
Le premier terme désigne une exposition, le second l'action d'échelonner dans le temps *(faire l'étalage de ses difficultés, l'étalement de la dette)*.

évoquer – invoquer
Le premier terme signifie *aborder un problème, une question*, le second *faire appel à ou prétexter (évoquer les causes, invoquer le droit)*.

mandant – mandataire
Le premier terme désigne une personne qui donne pouvoir à une autre de la représenter, le second désigne la personne qui en représente une autre *(le mandant est représenté par son mandataire)*.

partial – partiel
Le premier terme signifie *qui fait preuve de parti pris*, le second désigne ce qui est incomplet *(un arbitre partial, un règlement partiel)*.

prééminence – proéminence
Le premier terme désigne une supériorité hiérarchique, le second une saillie, un lieu dépassant le reste du relief *(la prééminence des anciens, juché sur une proéminence)*.

prescription – proscription
Le premier terme désigne un ordre, le second un interdit, une éviction *(la prescription médicale, une proscription injuste)*.

prolifique – prolixe
Le premier terme signifie *fécond, qui se multiplie rapidement* ; le second *trop long, bavard (une descendance prolifique, un discours prolixe)*.

prolonger – proroger
Le premier terme signifie *faire durer*, le second *reporter à une date ultérieure (prolonger l'attente, proroger une décision)*.

recouvrer – recouvrir
Le premier terme signifie *rentrer en possession, percevoir*, le second *refaire à neuf, couvrir entièrement (recouvrer la vue, recouvrir de fleurs)*.

résigner – résilier
Le premier terme signifie *abandonner (résigner une fonction)*, le second signifie *mettre fin (résilier un bail)*.

Éviter les confusions lexicales

Entraînement

1) Lisez ces phrases. Des confusions dues à l'homonymie ont entraîné des erreurs que vous rectifierez.

1. Lors de notre dernière cession, nous avions abordé la question des fonts communs de placement.
2. Monsieur Dupin a bayé un appartement pour lequel il a reçu un dépôt de garantie. Cette somme devrait figurer sur son comte.
3. Vous voudrez bien m'indiquer quels sont la cotte de l'or et le cour du dollar aujourd'hui.
4. Il était sensé avoir intégralement remboursé son empreint dans le courant du mois d'octobre.
5. Il a dû s'acquitter d'une amande forfaitaire.
6. Il vient de terminer un magister de commerce international à l'université de Lille.
7. Je verrai ce que nous pouvons faire pour palier les conséquences de cette baisse des courts.
8. Un différent les oppose depuis plusieurs semaines, voire, dit-on, depuis plusieurs mois.

2) Dans ces phrases, des confusions dues à la paronymie ont entraîné des erreurs que vous rectifierez.

1. Nous voilà confrontés à une alternance difficile : ou bien nous choisissons la fermeture partielle de nos usines, ou bien nous décidons l'étalage du remboursement de la dette.
2. Le président commença son élocution ainsi : « Dans une période où la conjecture est mauvaise, il est navrant de voir des services rivaux se disputer la prooéminence à l'intérieur de l'entreprise. Nous devons au contraire nous efforcer de travailler ensemble à découpler la production. »
3. Le délégué du personnel déclare que l'abrogation du temps de travail permettra de sauver des emplois.
4. Sa réponse est immanente et nous sommes sûrs de son adhérence.
5. Le mandant de Madame Charles l'a représentée à la réunion.
6. Madame Leblanc a résigné nos contrats avant de résilier ses fonctions.
7. Dans un souci de continuation, nous avons reconduit vos confrères aux postes qu'ils occupaient dans le service.
8. Il faudra bien éluder cette affaire.
9. À la prochaine réunion, vous voudrez bien être moins prolifique : les derniers orateurs n'ont pas eu le temps de s'exprimer.

Corrigés

 Les confusions dues à l'homonymie

1. Lors de notre dernière **session**, nous avions abordé la question des **fonds** communs de placement.
2. Monsieur Dupin a **baillé** un appartement pour lequel il a reçu un dépôt de garantie. Cette somme devrait figurer sur son **compte**.
3. Vous voudrez bien m'indiquer quels sont la **cote** de l'or et le **cours** du dollar aujourd'hui.

4. Il était **censé** avoir intégralement remboursé son **emprunt** dans le courant du mois d'octobre.
5. Il a dû s'acquitter d'une **amende** forfaitaire.
6. Il vient de terminer un **magistère** de commerce international à l'université de Lille.
7. Je verrai ce que nous pouvons faire pour **pallier** les conséquences de cette baisse des **cours**.
8. Un **différend** les oppose depuis plusieurs semaines, **voire**, dit-on, depuis plusieurs mois.

• • •

2 Les confusions dues à la paronymie

1. Nous voilà confrontés à une **alternative** difficile : ou bien nous choisissons la fermeture **partielle** de nos usines, ou bien nous décidons **l'étalement** du remboursement de la dette.
2. Le président commença son **allocution** ainsi : « Dans une période où la **conjoncture** est mauvaise, il est navrant de voir des services rivaux se disputer la **prééminence** à l'intérieur de l'entreprise. Nous devons au contraire nous efforcer de travailler ensemble à **décupler** la production. »
3. Le délégué du personnel déclare que l'**abrègement** du temps de travail permettra de sauver des emplois.
4. Sa réponse est **imminente** et nous sommes sûrs de son **adhésion**.
5. Le **mandataire** de Madame Charles l'a représentée à la réunion.
6. Madame Leblanc a **résilié** nos contrats avant de **résigner** ses fonctions.
7. Dans un souci de **continuité**, nous avons reconduit vos **collègues** aux postes qu'ils occupaient dans le service.
8. Il faudra bien **élucider** cette affaire.
9. À la prochaine réunion, vous voudrez bien être moins **prolixe** : les derniers orateurs n'ont pas eu le temps de s'exprimer.

Enrichir son vocabulaire

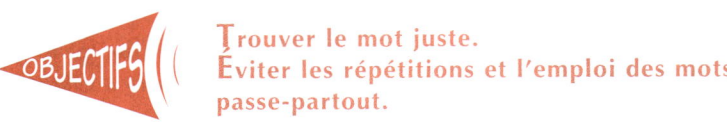

Trouver le mot juste.
Éviter les répétitions et l'emploi des mots passe-partout.

1 Chercher le mot juste

Chercher le mot juste permet de donner plus de force et de précision à l'expression. Il s'agit d'éviter les impropriétés et les approximations qui nuisent à la compréhension du texte mais aussi d'éviter l'emploi systématique de mots passe-partout comme *faire, voir, dire*, etc. qui rendent le style terne et monotone.

Par ailleurs, connaître les synonymes d'un mot et les choisir judicieusement en fonction du contexte permettent d'éviter les répétitions.

2 Éviter l'emploi des mots passe-partout

• Les mots passe-partout sont des termes adaptés à des contextes très variés. Sans être impropres, ils manquent de précision. Il ne s'agit pas de les éliminer systématiquement, par principe, mais de s'exercer à les remplacer, car ils peuvent entraîner des répétitions et un appauvrissement du style.

• En raison même de la variété des situations d'emploi des mots passe-partout, un grand nombre d'autres termes peuvent, selon le contexte, les remplacer.

être	Les livres sont sur la table. → se trouvent
	Les journalistes sont en Belgique. → enquêtent
	Le président était à la tribune. → se tenait
	Il est à Londres tous les deux mois. → se rend, séjourne
	Les informaticiens sont au sous-sol. → travaillent
avoir	Ces ouvrages ont huit ans. → datent. (d'il y a huit ans)
	Les ouvriers ont beaucoup d'énergie. → montrent
	Cet ordinateur a un puissant microprocesseur. → dispose de
	Monsieur Legrand a trois salariés. → emploie
	Les prisonniers ont régulièrement des colis. → reçoivent
faire	Ce modèle ne se fait plus. → fabrique
	Jérôme a fait sa lettre de candidature. → a rédigé
	Les étudiants viennent de faire leur rapport. → terminer
	Elle a fait un exposé de dix minutes devant toute l'équipe. → présenté
	Vous ferez l'enquête. → mènerez
voir	Je l'ai vu ce matin, en allant au marché. → aperçu
	Elles ont vu comment il fallait procéder. → compris
	Je verrai sur place. → j'aviserai

	Le technicien <u>a vu</u> trois causes de panne. → <u>repéré</u> Les ingénieurs ne <u>voient</u> pas la solution pour le moment. → <u>trouvent</u>
dire	Monsieur Lesage <u>dit</u> que vous avez raison. → <u>soutient</u> Ils <u>disent</u> que vous vous seriez trompé. → <u>prétendent</u> L'expert nous <u>a dit</u> qu'il était certain de son évaluation. → <u>affirmé</u> Vous feriez mieux de <u>dire</u> que vous êtes en tort. → <u>reconnaître</u> Lors de la réunion, les participants <u>ont dit</u> qu'ils pouvaient se mettre d'accord. → <u>déclaré</u>
mettre	Ils ont <u>mis</u> l'argent sur votre compte. → <u>déposé</u> Nous avons <u>mis</u> les documents dans l'armoire. → <u>rangé</u> Vous pouvez <u>mettre</u> notre documentation dans les agences. → <u>distribuer</u> Beaucoup d'entreprises <u>mettent</u> leur catalogue sur Internet. → <u>diffusent</u> Vous devrez <u>mettre</u> vos coordonnées sur ce formulaire. → <u>inscrire</u>

3 Utiliser des synonymes pour éviter les répétitions

Dans un contexte donné, il peut être utile d'avoir recours aux synonymes d'un mot pour éviter des répétitions.
Il faut toutefois choisir judicieusement les mots de remplacement.

> Dans le texte ci-dessous, extrait d'un éditorial de Jean Belot dans *Télérama* (27 décembre 1997), trois phrases évoquent la programmation des chaînes publiques et trois termes différents sont employés.
>
> *Une télévision citoyenne : le mot est à la mode, il signifie que le petit écran doit, lui aussi, tenir son rôle en reflétant l'évolution de la société, ses dérapages, ses blocages, ses évolutions. Et c'est prioritairement le rôle de la télévision publique. Elle l'assume plus souvent qu'on a tendance à le croire. Quand France 3 <u>diffuse</u> « Maryflo », la rébellion du personnel féminin d'une entreprise bretonne de prêt-à-porter (...) . Quand France 2 <u>programme</u> « La Conquête de Clichy » (...) . Quand la même chaîne <u>propose</u> « De l'autre côté du périph », la vaste enquête des Tavernier sur la vie quotidienne d'une cité de Montreuil.*

Conseils

- Pour trouver des <u>synonymes</u> vous pouvez vous aider d'un <u>dictionnaire</u> de langue ou d'un dictionnaire des synonymes. Certains <u>traitements de textes</u> offrent même une fonction « dictionnaire des synonymes » qu'on trouve dans les « outils ».

- Soyez toutefois vigilants, car les listes de synonymes peuvent conduire à des erreurs. Un mot n'est substituable à un autre que dans un <u>contexte</u> donné.

Enrichir son vocabulaire

Entraînement

1) Remplacez *faire* par un synonyme.

1. Pouvez-vous *faire* cette étude pour la semaine prochaine ? – 2. Nos clients *font* des commandes par téléphone. – 3. Elle *a fait* une déclaration très émouvante. – 4. Vous pouvez *faire* des tests sur cette première version. – 5. Les informaticiens *ont fait* un programme très convivial.

2) Remplacez *mettre* par un synonyme.

1. Vous pouvez *mettre* cet appareil sur notre stand. – 2. *Mettez* toutes les affiches avant samedi. – 3. Il *a mis* un rendez-vous samedi matin. – 4. Les employés *mettent* la baisse des nuisances sonores en tête de leurs priorités. – 5. Vous pouvez *mettre* une annonce dans le journal.

3) Remplacez *avoir* par un synonyme.

1. Nous *aurons* les premières réponses dans huit jours. – 2. Le directeur de cette entreprise *a* une grande influence dans la région. – 3. J'*ai* un matériel suffisant pour réaliser ce travail. – 4. Elle ne nous a pas caché qu'elle *avait* des difficultés. – 5. Cette personne *a* une grande persévérance.

4) Remplacez *dire* par un synonyme.

Madame Février *a dit* qu'elle ne serait pas présente à la prochaine réunion. Elle *a dit* qu'elle se rendait au Danemark pour mener les négociations. Monsieur Martin *a dit* qu'il préparait un rapport qui lui serait utile. Madame Février *a dit* qu'elle le consulterait volontiers. Monsieur Martin *a dit* qu'il ne serait pas présent, lui non plus, à la prochaine réunion. Les autres participants *ont dit* qu'il était alors préférable de la reporter.

5) Remplacez *être* par un synonyme.

1. Vous *êtes* sur nos listes. – 2. *Serez-vous* à la réunion, vendredi prochain ? – 3. Elles *sont* en tête à l'issue de la première journée. – 4. Les photocopieuses *sont* au sous-sol. – 5. Tout l'intérêt de notre stratégie *est* dans le caractère inattendu de nos interventions.

6) Remplacez *voir* par un synonyme.

1. Comme vous le *voyez*, nous respectons les délais que nous vous avions fixés. – 2. Vous *verrez* les modalités avec notre assistant. – 3. Si vous ne *voyez* pas une solution rapidement, nous devrons faire appel à une autre entreprise. – 4. Nous avons rapidement *vu* l'ensemble des ateliers. – 5. Je *vois* de quel type de programme vous pourriez avoir besoin.

7) Remplacez les mots en italique par un synonyme.

7 La réunion *commencera* à treize heures. La *réunion* commencera par une allocution du président. Puis le directeur fera une brève *allocution*. Les délégués exposeront ensuite la situation, région par région. Les correspondants locaux invités *exposeront* leurs résultats. Après la pause, à quinze heures, un expert *exposera* les *résultats* de l'étude qui lui a été confiée. La réunion se terminera à 17 heures.

Corrigés

1 1. Pouvez-vous **terminer** cette étude pour la semaine prochaine ? – 2. Nos clients **prennent** des commandes par téléphone. – 3. Elle **a prononcé** une déclaration très émouvante. – 4. Vous pouvez **réaliser** des tests sur cette première version. – 5. Les informaticiens **ont conçu** un programme très convivial.

• • •

2 1. Vous pouvez **installer** cet appareil sur notre stand. – 2. **Placardez** toutes les affiches avant samedi. – 3. Il **a prévu** un rendez-vous samedi matin. – 4. Les employés **placent** la baisse des nuisances sonores en tête de leurs priorités. – 5. Vous pouvez **passer** une annonce dans le journal.

• • •

3 1. Nous **recevrons** les premières réponses dans huit jours. – 2. Le directeur de cette entreprise **exerce** une grande influence dans la région. – 3. Je **dispose** d'un matériel suffisant pour réaliser ce travail. – 4. Elle ne nous a pas caché qu'elle **rencontrait** des difficultés. – 5. Cette personne **manifeste** une grande persévérance.

• • •

4 Madame Février **a déclaré** qu'elle ne serait pas présente à la prochaine réunion. Elle **a expliqué** qu'elle se rendait au Danemark pour mener les négociations. Monsieur Martin **a indiqué** qu'il préparait un rapport qui lui serait utile. Madame Février **a répondu** qu'elle le consulterait volontiers. Monsieur Martin **a ajouté** qu'il ne serait pas présent, lui non plus, à la prochaine réunion. Les autres participants **ont conclu** qu'il était alors préférable de la reporter.

• • •

5 1. Vous **figurez** sur nos listes. – 2. **Assisterez-vous** à la réunion, vendredi prochain ? – 3. Elles **terminent** en tête à l'issue de la première journée. – 4. Les photocopieuses **se trouvent** au sous-sol. – 5. Tout l'intérêt de notre stratégie **réside** dans le caractère inattendu de nos interventions.

• • •

6 1. Comme vous le **constatez**, nous respectons les délais que nous vous avions fixés. – 2. Vous **examinerez** les modalités avec notre assistant. – 3. Si vous ne **trouvez** pas une solution rapidement, nous devrons faire appel à une autre entreprise. – 4. Nous avons rapidement **visité** l'ensemble des ateliers. – 5. Je **comprends** de quel type de programme vous pourriez avoir besoin.

• • •

7 La réunion **débutera** à treize heures. La **séance** commencera par une allocution du président. Puis le directeur fera une brève **déclaration**. Les délégués exposeront ensuite la situation, région par région. Les correspondants locaux invités **présenteront** leurs résultats. Après la pause, à quinze heures, un expert **analysera** les **conclusions** de l'étude qui lui a été confiée. La réunion se terminera à 17 heures.

Choisir le bon registre de langue

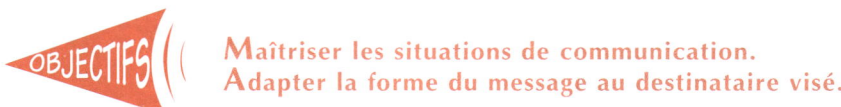

OBJECTIFS : Maîtriser les situations de communication.
Adapter la forme du message au destinataire visé.

1 Les différents niveaux de langue

La maîtrise de la communication écrite suppose que l'on adapte la forme de son message au destinataire que l'on vise et au but que l'on se donne. On ne s'adresse pas de la même manière à un adolescent, à un ami, à un collègue, ou à une assemblée d'érudits. On n'écrit pas de façon identique pour une revue scientifique ou pour un journal populaire. Chaque situation de communication demande de choisir un registre de langue particulier et d'employer les formes lexicales et syntaxiques qui y répondent.

On distingue ordinairement trois registres de langue principaux : familier, courant et soutenu, auxquels on peut ajouter un quatrième registre, plus spécifique, le registre technique.

2 Le registre familier

Il est utilisé pour produire un effet de proximité, créer une complicité, reproduire le langage de la conversation orale ou encore pour manifester une certaine impertinence. Il est aussi employé dans un but didactique, par exemple pour faire de la vulgarisation scientifique à destination des enfants et des adolescents.

> Bon, d'accord, pas de quoi être fier, un demi-siècle, je ferais mieux de me faire oublier, eh bien non, nous avons décidé de faire la fête, alors rendez-vous le 15 novembre à partir de 20 h.

> On n'a pas souvent l'occasion de s'enthousiasmer comme ça, alors là, on va pas se gêner de crier bravo. Depuis que Happy Monday a mis les clés sous le paillasson après avoir essuyé ses pieds bien boueux dessus, on n'a plus souvent eu l'occasion de se déhancher en se dilatant la rate. Mais avec ce CD, cool, on va pouvoir s'éclater à nouveau et faire des fêtes d'enfer. Même qu'à notre avis, avec l'été qui arrive, ça va faire plus que chauffer, ça va exploser de partout.

Caractéristiques

Vocabulaire restreint, populaire, voire argotique, et imagé. Les abréviations y sont souvent employées (la *télé*, le *foot*, le *prof*…), de même que les anglicismes à la mode (*cool* et *speed*, les *news*, *surfer*…).

Tournures grammaticales simplifiées, voire incorrectes par rapport aux normes *(on va pas se gêner)*.

Interjections et interpellations fréquentes.

3 Le registre courant

C'est le registre le plus « neutre ». Il se démarque du langage oral, mais évite la complexité. Il est largement utilisé dans la communication écrite courante, dans la correspondance administrative ou professionnelle régulière, dans les articles de journaux, dans les dossiers de presse.

> Se protéger contre le vol consiste donc, d'abord, à vérifier la solidité des fermetures existantes. À commencer par celle des portes puisque, près de 9 fois sur 10, c'est tout simplement par là que passent les cambrioleurs... Mais l'expérience prouve que ces précautions élémentaires sont souvent insuffisantes. Or, en matière de protection de nos habitations, nous, Français, sommes à la traîne. (MAIF infos, septembre 1997.)

Caractéristiques

– Emploi d'un vocabulaire usuel.
– Utilisation de formes grammaticales simples et correctes.
– Pas d'effets de style particuliers.

4 Le registre soutenu

Il s'emploie pour manifester une distinction sociale ou culturelle, pour approfondir une réflexion intellectuelle ou pour marquer de la déférence vis-à-vis du destinataire. Il exige une parfaite maîtrise de l'expression et une adéquation avec la situation de communication concernée. Il se voit utilisé, par exemple, dans un article universitaire ou dans une lettre très officielle.

> Monsieur Durand, Directeur de l'Institut du commerce international, vous prie de lui faire l'honneur d'assister à la réunion des parents d'élèves de première année.

> Longtemps, jusqu'à la naissance de la conception moderne de la science, la morale, inhibant la recherche, a servi de rempart contre le désir exacerbé de vérité. L'affaire du cadavre d'Yves Montand exprime, sur un registre sinistre, le conflit aussi déchirant qu'interminable, propre aux temps modernes, entre l'exigence de vérité (livrée à une insatiable frénésie grâce aux procédés de la science) et les exigences (toujours identiques à elles-mêmes, stables, closes) de la morale humaniste. (Robert Redecker, « Exhumer Montand, c'est assassiner Antigone », Le Monde du 15 novembre 1997.)

Caractéristiques

– Emploi de mots riches, rares et souvent abstraits.
– Utilisation de tournures syntaxiques sophistiquées et de phrases complexes.
– Recherche d'effets de style.

5 Le registre technique

Il est utilisé pour des échanges professionnels entre spécialistes d'un même métier ou d'une même discipline scientifique. Il permet à la fois de s'exprimer avec une grande précision dans le domaine concerné et de manifester une appartenance commune.

Choisir le bon registre de langue

> *De nombreuses données expérimentales, à la fois chez l'animal et chez l'homme, confirment que l'exposition au tabagisme passif entraîne des modifications hémodynamiques, biologiques et des structures artérielles (fonction endothéliale et modification des parois artérielles) qualitativement et parfois quantitativement équivalentes à celles du tabagisme actif. Ces données sont en faveur du caractère plausible d'un risque cardio-vasculaire du tabagisme passif.* (Rapport de l'Académie nationale de médecine sur le tabagisme passif, 1997.)

■ Caractéristiques

– Emploi d'un lexique très spécialisé.
– Utilisation de structures syntaxiques courantes.
– Recherche de la précision.

Remarque : La cohabitation de différents registres de langue peut permettre de produire des **effets de style** et de capter l'attention du lecteur, lorsqu'elle est **voulue et maîtrisée**. C'est pourquoi elle est souvent utilisée dans le langage journalistique (*cf. Entraînement,* 4).

Dans le cas contraire, elle apparaîtra le plus souvent comme maladroite.

Entraînement

1) Quel est le registre de langue employé dans ces phrases ?

1. C'est pour moi un grand plaisir et un grand honneur que d'exposer devant vous brièvement les grandes lignes de la politique française en matière de langue française et de francophonie.

2. Le mouvement des prix nominaux, expression synthétique de la régulation d'ensemble du système économique, trouve son origine dans les mécanismes réglant la mobilité subie de la force de travail et les exigences de valorisation du capital.

3. Alors là, on aimerait voir ça, une scène de chasse à Roissy. Et les lapins, ils se laissent faire la peau ?

4. Tout n'est pas rose dans l'univers du court métrage et de nombreux jeunes réalisateurs ne voient pas leur projet aboutir.

5. À l'American Dream, vous allez prendre le risque d'un repas underground et en plus les prix sont ridiculement bas : c'est notre nouveau plan démentiel.

6. L'auteur d'une œuvre de l'esprit jouit sur cette œuvre, du seul fait de sa création, d'un droit de propriété incorporelle exclusif et opposable à tous.

7. Mais, à l'inverse, cette résorption du politique dans le quotidien et du public dans le privé sous l'effet de la télévision conduit à encourager les mobilisations sectorielles et ponctuelles – voire les corporatismes comme sensibilité au même –, qui, cherchant le relais médiatique, visent à bouleverser l'agenda politique et font émerger des leaders occasionnels, dont l'authenticité est le gage de leur qualité de porte-parole de la société civile.

2) Ces lignes sont tirées d'un « point de vue » de Georges Charpak, prix Nobel de physique en 1992, sur le nucléaire. Transposez-les en langage courant, à destination, par exemple, d'un journal très grand public.

À la confiance candide dans les bienfaits de la science succède, chez certains, son rejet irraisonné ou une méfiance profonde. Cela conduit à l'éclosion d'une pensée critique qui peut, si elle reste rationnelle, aboutir à brider les débordements d'industries économiquement et politiquement puissantes qui tendent parfois à faire accepter des nuisances évitables simplement en raison de la recherche égoïste de leur développement optimal.

Mais cela a aussi conduit à l'éclosion de groupes sectaires, dont l'arme est une propagande sans vergogne exploitant la peur et l'ignorance. Ils finissent par n'avoir comme but que la recherche des conditions permettant de hisser leurs dirigeants à un niveau d'influence politique satisfaisant, en assurant le flot nécessaire d'adhérents et de financement.

« L'énergie nucléaire sans mythes », *Le Monde*, 4 décembre 1992.

3) Cet article est tiré de *L'Hebdo des juniors*. Transformez-le en un article au registre de langue soutenu. Les sous-titres didactiques pourront être supprimés.

La Terre, un dossier chaud

Pourquoi la planète se réchauffe-t-elle ?

L'année 1997 a battu le record de chaleur moyenne (un record battu cinq fois déjà depuis 1990). Pour les scientifiques, pas de doute : notre planète se réchauffe.

Et cela à cause de la production croissante de gaz carbonique dans l'air. Le pétrole et le charbon que nous utilisons pour faire marcher nos usines, nos voitures, le chauffage de nos maisons, sont la cause de cette production de gaz carbonique.

Comment concilier développement et écologie ?

C'est tout l'enjeu des discussions du Sommet de Kyoto. L'Europe est d'accord pour réduire ses émissions de gaz de 15 % ; le Japon de 5 %. Les États-Unis envisagent au mieux pour l'an 2010 de ramener leurs émissions de gaz au niveau de 1990. Reste enfin le cas des petits pays du Sud, dont il ne faut pas pénaliser le développement.

Car si rien n'est fait, c'est l'équilibre de notre planète qui sera en danger au siècle prochain : la sécheresse s'étendra en Afrique, les glaciers fondront, provoquant des inondations, les îles les plus basses seront englouties. Un scénario catastrophe que tout le monde veut éviter. À Kyoto, il faudra trouver comment. À suivre.

L'Hebdo des juniors, n° 223, 6-12 décembre 1997.

4) Distinguez ici les mots et tournures appartenant aux registres familier et soutenu.

[...] Le cinéma britannique est un des rares à être resté proche de ses racines populaires. Évidemment, ça n'est pas toujours du meilleur goût. Exemple : *The Full Monty*, petite comédie sur six chômeurs de Sheffield, las de leur marasme insondable, qui décident de se faire du fric en montant un show de strip-tease masculin, type Chippendales. Rien de transcendant. On pourrait taxer ça de pochade grossière et puis on passerait à autre chose : à la politique, aux droits de l'homme, blablabla… C'est d'ailleurs ce que fait Eric Rochant avec *Vive la République !* (sortie le 9 novembre), qui présente un point de départ similaire : des chômeurs s'associent pour sortir de leur déprime. Mais

Choisir le bon registre de langue

eux s'assignent une tâche responsable : fonder un parti politique. De la science-fiction par rapport au film de Cattaneo, qui ne sort jamais de la réalité la plus prosaïque avec son affaire de Chippendales. Non seulement le film est profondément ancré socialement et géographiquement, mais chaque péripétie, chaque gag, est une conséquence du délitement du tissu industriel britannique. Ainsi, une des premières scènes comiques tourne autour du vol de poutrelles métalliques dans une usine désaffectée. Une autre saynète traduit la déchéance que représente pour un ex-sidérurgiste de faire le vigile de supermarché… D'accord, le scénario et la psychologie des personnages ne brillent pas par leur subtilité et le film est tout au plus un pastiche brinquebalant du propret *The Commitments* d'Alan Parker – pastiche vulgaire aussi, puisqu'il y est question de strip-tease [...].

Vincent Ostria, *The Full Monty*, in *Les Inrockuptibles*, n° 123, 22 octobre 1997.

Corrigés

1 1. soutenu ; 2. technique ; 3. familier ; 4. courant ; 5. familier ; 6. technique ; 7. soutenu.

• • •

2 On a cru longtemps, sans se poser de questions, que la science était bénéfique. Pourtant aujourd'hui, certaines personnes la rejettent sans raisonner ou s'en méfient profondément. Lorsqu'il reste rationnel, un discours critique sur la science est utile. Il permet d'empêcher que des entreprises en position de force économique et politique imposent des nuisances uniquement pour servir leurs intérêts personnels.

Dans d'autres cas, cependant, ce discours ne sert qu'à faire naître des groupes de pression intolérants. Ils utilisent sans se gêner la peur et l'ignorance. Leurs dirigeants n'ont vite qu'un seul but : avoir une grande influence politique, ce qui leur permet d'augmenter le nombre de leurs adhérents et d'obtenir des financements.

3 **La Terre, un dossier chaud**

Alors que le record de chaleur moyenne a été battu une nouvelle fois en 1997, la cinquième depuis 1990, il est indubitable pour les scientifiques que la planète se réchauffe. Il faut en chercher l'origine dans l'accroissement de notre production de gaz carbonique, due à l'utilisation du pétrole et du charbon comme sources d'énergie pour les usines, les voitures et le chauffage domestique.

L'enjeu du Sommet de Kyoto est de parvenir à concilier développement et écologie. Toutefois, alors que l'Europe se propose de réduire ses émissions de gaz de 15 % et le Japon de 5 %, les États-Unis envisagent de ramener leurs émissions au niveau de 1990 en 2010 seulement. Il faut d'autre part trouver le moyen de ne pas pénaliser le développement des petits pays du Sud.

Quoi qu'il en soit, il importe d'agir pour éviter un processus catastrophique qui menacerait l'équilibre de la planète et provoquerait sécheresse en Afrique, fonte des glaciers et submersion des îles les plus basses. À suivre.

4 The Full Monty

• Registre de langue **familier** : ça n'est pas du meilleur goût ; se faire du fric en montant un show ; type Chippendales ; rien de transcendant ; on pourrait taxer ça ; blablabla ; leur déprime ; son affaire de Chippendales ; faire le vigile ; d'accord ; bringuebalant ; propret.

• Registre de langue **soutenu** : las de leur marasme ; pochade ; similaire ; s'assignent une tâche respectable ; profondément ancré ; une conséquence du délitement du tissu industriel britannique ; saynète ; pastiche.

Autrement dit, et de manière très volontaire, l'article se place à un niveau de langue familier lorsqu'il restitue l'atmosphère populaire de *The Full Monty*, et utilise un registre de langue soutenu lorsqu'il produit une analyse intellectuelle du film.

Principes de lisibilité rédactionnelle

 Apprendre à rédiger textes et documents de façon à faciliter la lecture et la prise d'information.

1 Définition générale

Améliorer la lisibilité rédactionnelle, c'est s'efforcer d'écrire le plus simplement et le plus clairement possible pour que la lecture soit naturelle et aisée. Un texte, un document, mis en page de façon agréable et aérée ne seront pas lisibles pour autant si la syntaxe est obscure, les phrases trop longues ou le vocabulaire incompréhensible.

Pour s'assurer d'une bonne lisibilité rédactionnelle, il faut :
– privilégier les phrases courtes et les énoncés concis,
– adopter les constructions les plus simples et les plus claires,
– préférer les tournures les plus courantes : l'actif, l'affirmatif, le personnel,
– limiter l'emploi de la subordination,
– employer les bonnes prépositions,
– éviter les tournures lourdes.

2 Brièveté et concision

La compréhension et la mémorisation d'un énoncé sont conditionnées par sa longueur. Pour être lisible, il faut donc privilégier les phrases courtes (entre 12 et 20 mots) et ne pas abuser des mots de plus de deux ou trois syllabes.

La brièveté des phrases doit s'accompagner d'un effort de concision à l'échelle du texte. Dans un contexte professionnel, l'écrit est presque toujours calibré. Il faut s'exercer à respecter les longueurs imposées. Pour gagner en concision, il ne suffit pas d'éliminer les redondances, il faut aussi remplacer les périphrases par le mot juste et préférer les constructions simples et dynamiques.

Cette phrase, extraite d'un rapport, est trop longue et peu concise. Fractionnée en plusieurs phrases courtes construites de façon plus dynamique, elle sera plus lisible :

> Internet, le réseau des réseaux, peut être comparé au réseau local d'une entreprise (soit plusieurs ordinateurs connectés entre eux), à ceci près que le réseau mondial connecte des réseaux d'ordinateurs (plusieurs centaines de milliers, voire des millions de réseaux de toutes tailles), cette interconnexion permettant de rassembler un nombre de données incalculable, qui augmente de plusieurs gigaoctets tous les jours.

Récriture :

> Internet est le réseau des réseaux. Alors qu'un réseau local d'entreprise connecte plusieurs ordinateurs entre eux, le réseau mondial lui, relie

plusieurs centaines de milliers, voire des millions de réseaux de toutes tailles. Cette interconnexion permet de rassembler un nombre de données incalculable, qui augmente de plusieurs gigaoctets tous les jours.

3 Simplicité et clarté

- La simplicité des constructions est un important facteur de lisibilité. Dans l'organisation de la phrase, on respectera l'ordre normal des groupes fonctionnels : sujet – verbe – complément. On n'aura recours qu'exceptionnellement aux inversions. Toute construction modifiant l'ordre normal des groupes ralentit, en effet, la lecture.
  On évitera par ailleurs de construire plusieurs subordonnées à la suite ou de multiplier les incises : ces constructions rompent l'ordre naturel de la lecture.
- La clarté de la construction dépend de la logique de la démarche. L'idée directrice doit précéder le développement, les énumérations, les exemples. L'introduction de passages entre parenthèses ou entre tirets est à éviter.
  L'énoncé sera d'autant plus clair que des articulations logiques en jalonneront le développement (cf. La logique du discours, p. 20)
- D'autre part, un usage maîtrisé de la ponctuation permet de gagner en simplicité et en clarté : la phrase est rythmée par la virgule, structurée par le point-virgule et le deux-points (cf. Les signes de ponctuation, p. 232).

Ce passage est mal construit. Il faut rétablir l'ordre normal des groupes fonctionnels et la logique de la construction :

> Les sites des entreprises, des administrations, des associations constituent le web, auquel on pense immédiatement lorsqu'on parle d'Internet. Pour accéder à toutes ces informations, on utilise un logiciel appelé navigateur.

Récriture :

> Quand on parle d'Internet, on pense immédiatement au web, qui regroupe les sites des entreprises, des administrations et des associations. Un logiciel, appelé navigateur, permet d'accéder à toutes ces informations.

4 Privilégier l'actif, l'affirmatif, le personnel

Certaines tournures se prêtent mieux à une lecture rapide parce qu'elles sont plus habituelles.

On privilégiera la voix active, qui met l'accent sur l'auteur de l'action. La voix passive est à éviter pour plusieurs raisons :
- elle entraîne une construction indirecte (le complément d'agent étant introduit par une préposition), souvent maladroite ;
- elle allonge l'énoncé (en raison de la forme composée du verbe) ;
  - elle fait porter l'accent sur celui qui subit l'action.

On préférera, chaque fois que possible, la tournure affirmative à la tournure négative, parce que :
- la formulation en sera plus brève,
- le recours à la négation et surtout à la double négation complique l'énoncé, au risque d'un éventuel contresens de la part du lecteur.

Principes de lisibilité rédactionnelle

Il est d'ailleurs presque toujours possible d'exprimer par l'affirmative ce qui l'était par la négative, quitte à modifier légèrement l'énoncé.

On privilégiera enfin les tournures personnelles, plus concrètes, qui donnent lieu à des constructions plus simples.

Cet énoncé est inutilement compliqué par le recours à la négation et à la voix passive. On peut le rendre plus clair et plus lisible en privilégiant l'actif et l'affirmatif :

> *Construire des sites web n'est pas, d'un point de vue technique, chose compliquée. Mais pour rendre encore plus simple ces développements, de nouveaux outils dédiés à la création web ont été conçus par des éditeurs de logiciels.*

Récriture :

> *La construction de sites web est techniquement aisée. Des éditeurs de logiciels ont d'ailleurs conçu de nouveaux outils dédiés à la création web qui rendront ces développements encore plus simples.*

5 Limiter l'emploi de la subordination

– Bien souvent, la subordination n'est pas nécessaire pour exprimer un rapport logique entre deux faits ou deux idées : la juxtaposition y suffit, et elle permet de rendre votre phrase plus lisible (cf. *L'expression des relations logiques*, pp. 216 et 224).

> *Nous sommes au regret de ne pas vous avoir répondu plus tôt parce que le service a été désorganisé par l'épidémie de grippe qui vient de sévir.*
>
> → *Nous sommes au regret de ne pas vous avoir répondu plus tôt : le service a été désorganisé par l'épidémie de grippe qui vient de sévir.*

– Dans d'autres cas, une tournure nominale suffit à remplacer une proposition subordonnée et à alléger la phrase.

> *Comme il n'avait pas le moindre garant, il n'a pu obtenir de prêt bancaire.*
>
> → *Sans garant, il n'a pu obtenir de prêt bancaire.*

6 Employer les bonnes prépositions

– Certains verbes se construisent sans prépositions, d'autres sont suivis d'une préposition précise. Il faut donc veiller à utiliser les prépositions à bon escient. En cas de doute, il suffit de vérifier dans un dictionnaire.

> *On se souvient de quelque chose, mais on se rappelle quelque chose.*
>
> N'écrivez pas : *Il ne doutait pas sur sa capacité à réussir.*
>
> mais : *Il ne doutait pas de sa capacité...*

– Lorsqu'un verbe peut se construire avec deux prépositions, en général chaque usage renvoie à une nuance particulière.

> On écrira : *Je crois en Dieu.*
>
> mais : *Veuillez croire, Monsieur, à l'expression de mes salutations distinguées.*

Voir aussi le chapitre *Erreurs de constructions*, p. 180.

7 Éviter les tournures lourdes

Pour alléger son style, il suffit bien souvent :
– d'employer de préférence des mots simples et courts,
– de se méfier des jargons et des sigles,
– d'éviter la multiplication des formes en -ant : participes présents, gérondifs et nominalisations :

> Le reste du livre relate des faits permettant au lecteur de se forger une opinion personnelle sur le sujet.
> → Le reste du livre relate des faits qui permettent au lecteur...

– d'éviter les nominalisations et les néologismes douteux :

> Il est réputé pour son infaillibilité dans ce domaine (= il est réputé être infaillible).
>
> L'employabilité n'a pas augmenté autant que le laissait espérer la conjoncture économique. (= l'emploi)
>
> Nous n'avons pas réussi à solutionner le problème que vous nous avez soumis. (= résoudre)

Entraînement

1) Ces phrases proviennent de « courriers de lecteurs » de différents organes de presse. Transformez-les de manière à les rendre plus claires et plus légères.

1. On stigmatise les éleveurs alors que la responsabilité de l'épidémie est surtout imputable aux industriels qui fabriquent des aliments pour bétail et imposent par matraquage publicitaire leurs produits à des paysans trop peu informés pour réagir sainement, le tout couvert par certains organismes ou gouvernements plus ou moins corrompus.
2. Concernant votre article sur les bouquets satellites, j'ai relevé deux erreurs laissant croire qu'il faut changer de matériel pour les recevoir.
3. Il faudra faire sérieusement et honnêtement l'analyse de cette période historique.
4. Cette blessure narcissique est d'une ampleur telle qu'elle a pu favoriser une explosibilité de son comportement.
5. Cependant, le matériel étant coûteux, seulement une minorité de personnes est équipée pour l'instant d'un ordinateur multimédia.

2) Supprimez la subordination dans ces phrases.

1. Nous n'avions pas voulu lui demander de nous aider à déménager parce qu'il était de santé fragile.
2. S'il ne m'avait pas convaincu de son innocence, je n'aurais sûrement pas accepté de le défendre.
3. La société a fait appel à elle afin qu'elle redresse son département export qui était en perte de vitesse.

Principes de lisibilité rédactionnelle

4. Le Sommet international sur l'Environnement n'a pas donné les résultats escomptés, parce que certains États se sont opposés à ce que soient prises des décisions contraignantes pour leur industrie.

5. Les trains étaient bloqués par les intempéries dont la violence était inhabituelle, de sorte qu'il n'a pas pu se rendre à Marseille.

3

3) Dans ces phrases, certaines prépositions sont fautives, d'autres sont inutiles ou manquantes. Retrouvez les bonnes tournures.

1. Mon choix pour cette formation a été conforté à la suite d'un stage de six semaines en agence de communication.

2. Il nous a déclaré éprouver la honte car il se sentait responsable de la défaite stupide de son équipe.

3. Une vérification paraît nécessaire sur l'état du marché et son évolution.

4. Paris se souvient un des jours les plus tragiques de son histoire.

5. Je vais essayer à poursuivre cette tâche le plus tôt possible.

6. La copropriété n'a pris aucune décision sur les moyens pour pallier à ces nuisances sonores.

7. Votre société n'a pas su tirer de leçon sur les déficiences techniques que nous vous avons signalées depuis déjà longtemps.

8. Le réalisateur s'attarde longuement à propos de l'usage de la lumière chez Vermeer.

9. Cette campagne de presse participe à une tentative pour déstabiliser le gouvernement.

10. Aucun d'eux n'a voulu se préoccuper sur cette affaire de laquelle ils ne comprenaient pas grand-chose.

11. Il pensait avoir suffisamment de la confiance en soi pour ne pas se laisser décourager avec de telles insinuations.

12. La conférencière a centré son analyse autour de la notion de responsabilité.

Corrigés

1

1. On stigmatise les éleveurs alors que la responsabilité de l'épidémie est surtout imputable aux industriels. Ce sont eux qui fabriquent des aliments pour bétail et qui imposent par matraquage publicitaire leurs produits à des paysans trop peu informés pour réagir sainement. Le tout est couvert par certains organismes ou gouvernements plus ou moins corrompus.

2. Dans votre article sur les bouquets satellites, j'ai relevé deux erreurs laissant croire qu'il faut changer de matériel pour les recevoir.

3. Il faudra faire une analyse sérieuse et honnête de cette période historique.

4. Cette blessure narcissique est si profonde qu'elle a pu favoriser une explosion dans son comportement.

5. Cependant, vu le coût du matériel, seule une minorité de personnes est équipée pour l'instant d'un ordinateur multimédia.

• • •

2

1. Le sachant de santé fragile, nous n'avions pas voulu lui demander de nous aider à déménager.

2. Il ne m'aurait pas convaincu de son innocence, j'aurais certainement refusé de le défendre.

3. La société a fait appel à elle pour redresser son département export en perte de vitesse.

4. Le Sommet international sur l'Environnement n'a pas donné les résultats escomptés : certains États se sont opposés à la prise de décisions contraignantes pour leur industrie.

5. Les trains étaient bloqués par des intempéries d'une violence inhabituelle : il n'a donc pas pu se rendre à Marseille.

• • •

3 1. Mon choix **de** cette formation a été conforté **par** un stage de six semaines **dans une** agence de communication.

2. Il nous a déclaré éprouver **de** la honte car il se sentait responsable de la défaite stupide de son équipe.

3. Une vérification **de** l'état du marché et **de** son évolution paraît nécessaire.

4. Paris se souvient **d'**un des jours les plus tragiques de son histoire.

5. Je vais essayer **de** poursuivre cette tâche le plus tôt possible.

6. La copropriété n'a pris aucune décision sur les moyens **de** pallier ces nuisances sonores.

7. Votre société n'a pas su tirer de leçon **des** déficiences techniques que nous vous avons signalées depuis déjà longtemps.

8. Le réalisateur s'attarde longuement **sur** l'usage de la lumière chez Vermeer.

9. Cette campagne de presse participe **d'**une tentative pour déstabiliser le gouvernement.

10. Aucun d'eux n'a voulu se préoccuper **de** cette affaire **à** laquelle ils ne comprenaient pas grand-chose.

11. Il pensait avoir suffisamment confiance en soi pour ne pas se laisser décourager **par** de telles insinuations.

12. La conférencière a centré son analyse **sur** la notion de responsabilité.

Discours rapporté et discours transposé

OBJECTIFS

Rapporter ou transposer des paroles (ou des pensées) à l'écrit.
Rendre compte de propos.
Insérer des propos dans un écrit professionnel.

1 Définitions

Il existe trois manières de rendre compte par écrit des propos tenus :

Le discours direct est censé rapporter les paroles telles qu'elles ont été énoncées. C'est le cas dans un dialogue écrit, par exemple, ou dans un entretien comportant questions et réponses.

Le discours indirect transpose les propos tenus en les insérant dans un récit, un commentaire, un portrait journalistique, un procès-verbal ou un compte rendu. Les paroles rapportées dépendent alors, syntaxiquement, d'un terme introducteur qui signale le passage du récit au discours.

Le discours indirect libre est une variante du discours indirect : il lui emprunte l'essentiel de sa forme, mais n'est pas signalé par un terme introducteur. Il est surtout utilisé comme procédé de fiction, dans un roman par exemple, mais on l'emploie également dans les plaidoyers, les écrits journalistiques ou les procès-verbaux.

2 Le discours direct

À cette époque, l'acteur nous déclarait : « Je suis pleinement satisfait de mon métier ! J'ai terminé un film le mois dernier. Je recommencerai à tourner dès la semaine prochaine. »

■ Le discours direct prétend rapporter avec fidélité les propos tenus et en attribue la responsabilité au locuteur cité. C'est pourquoi il est séparé nettement du récit, du portrait ou du commentaire qui l'entoure par la ponctuation :
– deux points indiquant le moment où le discours commence ;
– des guillemets encadrant les paroles citées ;
– des tirets et/ou la mention des initiales de l'interlocuteur concerné, dans le cas d'un entretien sous forme de dialogue.

Remarque Rien ne permet cependant de garantir l'objectivité du rapporteur des propos, ni que ces propos sont effectivement rapportés avec exactitude. Seul un tiers témoin ou un enregistrement seraient à même de confirmer ou d'infirmer les propos rapportés.

■ Le discours direct est souvent introduit par un verbe qui annnonce ou qui suit les propos tenus, ou qui se place dans une proposition incise. Ce n'est pas une règle impérative, à condition que guillemets ou tirets permettent de renvoyer clairement au locuteur cité.

■ Le discours direct cherche à rendre la forme même des propos rapportés. Il restitue, au moyen de points d'interrogation et de points d'exclamation, les tournures interrogatives et exclamatives utilisées par le locuteur cité.

■ La personne grammaticale de référence, dans le discours direct, est le *je* du locuteur cité, par rapport auquel se définissent les autres personnes grammaticales utilisées.

■ Le temps de référence est le présent du locuteur cité. Les compléments de temps se définissent par rapport à ce présent, ainsi que les autres temps utilisés.

■ De même enfin, les compléments de lieu se définissent par rapport à la situation du locuteur cité.

3 Le discours indirect

> À cette époque, l'acteur nous déclarait qu'il était pleinement satisfait de son métier, qu'il avait terminé un film le mois précédent et qu'il recommencerait à tourner dès la semaine suivante.

■ Le discours indirect ne rapporte pas les propos tenus sous la forme exacte dans laquelle ils ont été énoncés. Il les transpose, de manière à les subordonner au récit ou au commentaire qui les englobe.

■ Des propos de formes différentes peuvent donc être transposés de la même manière :

> Quelle maladresse ce fut.
> J'ai été maladroit.   } Il admit avoir été maladroit.
> Ce fut une maladresse de ma part.

À l'inverse, le même propos peut être transposé de différentes manières :

> J'ai été maladroit.   Il admit ⟵ qu'il avait été maladroit.
>   sa maladresse.
>   avoir été maladroit.

■ Une subordonnée complétive, un substantif ou une proposition infinitive peuvent ainsi compléter le verbe introducteur.

■ Le discours indirect présente les propos cités sous la forme d'une proposition subordonnée introduite par un verbe de locution qu'elle complète. Le verbe introducteur de base est le verbe *dire*, et tous les verbes de locution qui annoncent le discours indirect peuvent être remplacés par lui. Cependant, la plupart des verbes utilisés caractérisent aussi l'énonciation qui suit : ils apportent une information de nature soit essentiellement descriptive, soit essentiellement évaluative.

Information descriptive		Information évaluative			
		portée par l'énonciateur		portée par le rapporteur	
annoncer	préciser	croire	recommander	affirmer	nier
déclarer	demander	penser	désapprouver	assurer	démentir
communiquer	interroger	juger	déplorer	avancer	contester
signaler	murmurer	proposer	condamner	certifier	protester
répondre	chuchoter	souhaiter	objecter	prétendre	vociférer
rappeler	crier	préférer	critiquer	soutenir	clamer
répéter		approuver		reconnaître	

Discours rapporté et discours transposé

 Cette liste n'est pas exhaustive.
Le discours indirect peut aussi être introduit par certains substantifs : *l'idée, l'espoir, le souhait, la crainte…*
Il exprimait l'espoir qu'elle vienne le voir.

Il peut également être introduit par des verbes de pensée, par exemple dans un récit de fiction ou dans un mémoire d'avocat, où celui-ci se met dans la peau de son client.

Transformations temporelles

Si le verbe introducteur est au présent, les temps des verbes utilisés dans le discours indirect ne subissent pas de modifications par rapport à ceux utilisés dans le discours direct correspondant.

Si le verbe introducteur est au passé, les temps des verbes du discours indirect sont transposés selon la règle de **concordance** suivante :

Discours direct	Discours indirect
présent	imparfait
imparfait	imparfait ou plus-que-parfait
passé simple	passé simple
passé composé, plus-que-parfait	plus-que-parfait
futur simple	conditionnel présent
futur antérieur	conditionnel passé
conditionnel (présent et passé)	conditionnel (présent et passé)

Il leur promit : « Nous passerons vous voir le mois prochain. »
→ **Il leur promit qu'ils passeraient les voir le mois suivant.**

 Une proposition exprimant une vérité générale, une remarque de caractère permanent ou un proverbe, reste bien évidemment au présent, même si le verbe introducteur est au passé :
Il ne cessait de répéter que la fin ne justifie pas les moyens.

Transformation modale

L'impératif est traduit selon les cas par le mode subjonctif ou l'infinitif. On peut aussi employer les auxiliaires modaux *avoir à, devoir* ou *falloir*, ou un substantif. Le verbe introducteur contribue à traduire l'ordre, la prière, l'invitation ou l'hypothèse transmis par l'impératif :

Obéissez.
- **Il a intimé d'obéir.**
- **Il a déclaré qu'il fallait obéir.**
- **Il a demandé qu'on obéisse.**
- **Il a exigé (de) l'obéissance.**

Transformation des pronoms personnels et des adjectifs possessifs

Ils sont modifiés selon deux cas de figure :
– Le rapporteur n'est pas impliqué dans le discours transposé : pronoms et adjectifs, quelle que soit leur personne au discours direct, passent à la 3ᵉ personne.

Il lui a dit : « Je viendrai te voir demain pour discuter de notre projet. »
→ *Il lui a dit qu'il viendrait le voir le lendemain pour discuter de leur projet.*

– Le rapporteur est impliqué dans le discours transposé : pronoms et adjectifs varient en fonction du rapporteur, mais aussi du récepteur visé par les propos transposés.

Il m'a dit : « Je viendrai te voir demain pour discuter de notre projet. »
→ *Il m'a dit qu'il viendrait me voir le lendemain pour discuter de notre projet.*

Transformation des démonstratifs et des adverbes de lieu et de temps

Ils dépendent de l'*ici* et *maintenant* du rapporteur des propos transposés, et non de ceux de leur énonciateur. Ils doivent être modifiés en conséquence. En pratique, ils sont surtout modifiés lorsque le verbe introducteur est au passé.

Discours direct	Discours indirect
Ce (livre)	Ce (livre)-là
ceci	cela
ici	là
aujourd'hui	ce jour-là
maintenant, en ce moment	à ce moment-là, alors
demain	le lendemain
après-demain	le surlendemain
dans quatre jours	quatre jours plus tard
la semaine prochaine	la semaine suivante
hier	la veille
avant-hier	l'avant-veille
il y a trois jours	trois jours plus tôt
la semaine dernière	la semaine précédente

Transformation des phrases interrogatives

– La formule interrogative est-ce que est traduite par la conjonction *si*.
– Les adverbes et locutions adverbiales restent identiques, mais le sujet, qui est en ordre inversé par rapport au verbe dans le discours direct, reprend sa place usuelle devant le verbe.
– Les marques de ponctuation de l'interrogation disparaissent. C'est le verbe introducteur qui les prend en charge, à travers les informations descriptives et évaluatives qu'il véhicule.

Avez-vous du ressentiment vis-à-vis de votre accusateur ?
Il lui demanda s'il avait du ressentiment vis-à-vis de son accusateur.

Remarque De même disparaissent les marques de l'exclamation.

4 Le discours indirect libre

À cette époque, nous nous étions entretenus avec l'acteur. Il était pleinement heureux, il avait terminé un film le mois précédent, il recommencerait à tourner dès la semaine suivante.

Discours rapporté et discours transposé

Le discours indirect libre transpose les propos tenus selon les modalités du discours indirect, sauf dans le cas de phrases interrogatives et exclamatives, qui conservent les marques du discours direct :

> *Il leur demanda s'ils ne trouvaient pas étrange la réponse de l'administration.* → *Ne trouvaient-ils pas étrange la réponse de l'administration ?*

En revanche, les propositions ne sont pas subordonnées grammaticalement à un terme introducteur (verbe ou substantif), donc ne sont pas annoncées.

Le discours indirect libre cherche à rendre la vivacité des propos transposés. C'est pourquoi il est particulièrement employé dans les plaidoiries ou dans les écrits journalistiques.

Conseil

Le terme introducteur du discours rapporté ou du discours transposé doit être pesé avec soin. Il rend souvent compte de la pensée du locuteur et/ou du rapporteur. Il traduit la situation du locuteur de l'énoncé et de son interlocuteur, comme celle du rapporteur de cet énoncé et de son destinataire.

Entraînement

1) Corrigez ces phrases.

1. Lorsque je lui ai demandé à quel public ces échantillons étaient-ils destinés, elle n'a pas voulu me répondre.
2. Il s'interrogeait est-ce leur aspect spectaculaire qui rend ces livres-objets irrésistibles.
3. Est-ce là un dilemme que l'on rencontre uniquement dans ce milieu, posa-t-il comme question.
4. C'est à se demander jusqu'à quel point cette activité ne se substitue-t-elle pas à d'autres.
5. Il nous jura qu'il reviendrait ici demain, mais nous ne l'avons plus jamais revu.

2) Dans ces phrases, précisez le type d'information portée par le verbe introductif du discours indirect.

1. L'accusé a prétendu qu'il se trouvait au cinéma à l'heure du crime.
2. François Pinault s'est engagé à signer la charte du *Point*, élaborée en 1992, lors de la vente à Alcatel (*Le Monde*, 18 octobre 1997).
3. À ce moment-là, elle a répliqué qu'il n'y avait pas d'autre solution.
4. La foule se mit à vociférer qu'il fallait le condamner.
5. Les syndicats ont déploré que le ministre n'ait pas daigné se déplacer.
6. Sa femme s'exclama que jamais, au grand jamais, elle n'avait entendu une telle promesse.
7. Elle a demandé la parole pour rappeler que de nombreux efforts avaient déjà été faits en ce sens.
8. Le directeur de la Banque de France objecta que cette mesure était de nature à inquiéter les marchés financiers.

3) Quel type de discours est ici utilisé ? Retrouvez le discours direct correspondant.

3 Voici le chapeau d'un article de presse qui trace le portrait d'une dirigeante d'entreprise, Anne-Claire Taittinger (*L'Express*, n° 2409, 4 septembre 1997).

Elle ne voulait ni d'un mariage bourgeois, ni d'un poste dans le groupe familial. Alors, elle a fait des études pour devenir urbaniste. Mais, pressée d'obtenir des résultats, elle fut ravie quand son père l'appela à ses côtés. Aujourd'hui, la patronne, c'est elle.

4) Transformez cet extrait d'entretien en utilisant le discours indirect et le discours indirect libre. Les verbes introducteurs seront au passé.

4

PASSAGE DE LA MAIN-D'OR
par Sylvie Caster

Francis Apesteguy, paparazzo repenti

(…)

Est-ce que vous vous souvenez de la première personne que vous avez « paparazziée » ?

C'était Catherine Deneuve. Je lui ai fait beaucoup de mal parce que je l'ai beaucoup harcelée. Elle ne peut pas imaginer combien je le regrette. Je ne la lâchais pas. Je la suivais tout le temps. Je la photographiais. Je photographiais ses enfants. Avec ces courses-poursuites.

Que ressent le paparazzo dans ce rapport ?

Il ressent la proie et la chasse. La chasse comme une excitation. C'est une excitation comme de la drogue. On rentre sur une autre planète. On est dans l'irréalité. Cette excitation a quelque chose de pervers. Quand on fait ce job, on aime ça.

Que vous a inspiré la mort de Lady Di et des autres passagers dans l'accident du pont de l'Alma ?

Je m'étonne qu'il n'y ait pas eu d'accident plus tôt. Que ce genre d'accident, dans la folie complète de la chasse, ne soit pas plus fréquent. J'ai vécu des poursuites où on perd le contrôle. Des deux côtés.

Et du procès qu'on fait aux paparazzi, dans cet accident, qu'en pensez-vous ?

On le fait un peu pour camoufler ce consensus financé, organisé, pour ne traiter que de la futilité. Le paparazzo est en bas. Il est commandité. Il ne fait pas tout ça par hasard. Il n'est pas tout seul. Sa responsabilité n'est pas isolée. Parce que, au-dessus du paparazzo, il y a des agences, leurs dirigeants, leurs actionnaires. Puis, au-dessus, il y a les magazines qui ont mis les agences en état de dépendance. Et, encore au-dessus, ce sont les groupes de presse très puissants. Donc, là, on juge en bas. On juge les paparazzi. On met sur la sellette sept mercenaires. Mais on ne touchera pas aux gros bonnets.

Que faites-vous maintenant en tant qu'ex-paparazzo ?

Je fais du magazine. Je veux montrer des choses vraies. Je suis parti six semaines en Inde. J'ai voulu montrer l'exil malheureux des Tibétains. Faire un travail de fond. J'ai mis tout le reste dans la case oubli.

Marianne, 8 au 14 septembre 1997.

Francis Apesteguy est aujourd'hui photographe à Gamma.

Discours rapporté et discours transposé

5

1) Insérez dans ce texte les deux citations de Marco Ferreri qui suivent.

Il ressemblait à un ogre. Mais la dérive suicidaire qui couve dans pratiquement tous ses films cachait un idéalisme intransigeant. Parce que le présent lui paraissait invivable et le monde déshumanisé, il a tenté tout au long de sa carrière d'imaginer un futur apaisé, où l'homme vivrait réconcilié avec lui-même. Et en premier lieu avec son corps.

Marco Ferreri, cinéaste « physiologique », comme il aimait à se définir, vient de disparaître, à 69 ans. Son œuvre, grinçante et souvent bouleversante, est celle d'un moraliste frondeur qui n'a jamais cessé de déranger. D'appuyer là où ça faisait mal. Il a réalisé près de quarante films. Nous avons choisi de revenir sur huit d'entre eux, ceux qui, un jour, ont été présentés à Cannes, et fait, pour la plupart, des vagues mémorables.

1re citation : « *Je fais sauter la capsule de la pudeur*, disait-il, *et je montre sans chichis la fin provisoire de notre société délirante. Je choque ? Sans doute. Mais pas plus que l'Ecclésiaste.* »

2e citation : « *L'âme*, grognait-il, *on parle toujours de l'âme ! Comme si l'homme crevait dans un décor très beau, très clair, avec une jolie musique en fond sonore. Nous mourons dans des hôpitaux. Au milieu de la peur, de la sueur et de la pisse.* »

Philippe Piazzo, « Très chair moraliste », *Télérama* du 21 mai 1997.

Corrigés

1
1. Lorsque je lui ai demandé à quel public ces échantillons étaient destinés, elle n'a pas voulu me répondre.
2. Il se demandait si c'était leur aspect spectaculaire qui rendait ces livres-objets irrésistibles. (*ou bien*) Il s'interrogeait : « Est-ce leur aspect spectaculaire qui rend ces livres-objets irrésistibles ? » (*ou indirect libre*) Il s'interrogeait : était-ce leur aspect spectaculaire qui rendait ces livres-objets irrésistibles ?
3. « Est-ce là un dilemme que l'on rencontre uniquement dans ce milieu ? », demanda-t-il.
4. C'est à se demander jusqu'à quel point cette activité ne se substitue pas à d'autres.
5. Il nous jura qu'il reviendrait là le lendemain, mais nous ne l'avons plus jamais revu.

...

2
1. **prétendre** : jugement de valeur porté par le rapporteur des propos, lequel prend ses distances vis-à-vis d'eux et met en doute leur véracité.

2. **engager** : jugement de valeur attribué à l'énonciateur, qui souligne avec force la véracité de ses propos.
3. **répliquer** : information descriptive (une réplique est une réponse à quelque chose qui a été dit précédemment), mais aussi évaluative, portée par le rapporteur (répliquer, c'est répondre vivement, en s'opposant, en déniant la pertinence du propos précédent).
4. **vociférer** : jugement de valeur porté par le rapporteur des propos, qui porte un regard négatif sur la réaction de la foule.
5. **déplorer** : jugement de valeur attribué à l'énonciateur des propos, lequel porte un regard critique sur ce qui est l'objet du propos transposé.
6. **s'exclamer** : jugement de valeur du rapporteur des propos, qui souligne la manière spontanée, brusque (le « cri du cœur »), de la déclaration de l'énonciateur.
7. **rappeler** : information descriptive, qui a pour fonction de signifier que le propos a déjà été tenu une première fois, ou est censé

être déjà connu, dans le contexte de l'énonciation.

8. **objecter** : jugement de valeur porté par l'énonciateur des propos, qui s'oppose à une affirmation précédente et cherche à la réfuter (= *vous ne vous rendez pas compte, cette mesure…*).

3 Le discours indirect libre.

Discours direct correspondant : Je ne voulais ni d'un mariage bourgeois, ni d'un poste dans le groupe familial. Alors, j'ai fait des études pour devenir urbaniste. Mais, pressée d'obtenir des résultats, je fus (j'ai été) ravie quand mon père m'appela (m'a appelée) à ses côtés. Aujourd'hui, la patronne, c'est moi.

4

Il a répondu qu'il se souvenait de la première personne qu'il avait « paparazziée », que c'était Catherine Deneuve et qu'il lui avait fait beaucoup de mal, car il l'avait beaucoup harcelée. Elle ne pouvait imaginer combien il le regrettait. À l'époque, il ne la lâchait pas. Il la suivait tout le temps. Il la photographiait avec ses enfants, au terme de courses-poursuites. Il a ajouté que la chasse produisait alors en lui une excitation comparable à de la drogue. Dans ces cas-là, a-t-il souligné, on rentre dans une autre planète, on est dans l'irréalité : cette excitation a quelque chose de pervers, mais quand on fait ce job, on aime ça. Et lorsqu'on lui a demandé ce que lui avait inspiré la mort de Lady Di, il s'est étonné qu'il n'y ait pas eu d'accident plus tôt, que ce genre d'accident, dans la folie complète de la chasse, ne soit pas plus fréquent. Il avait vécu, a-t-il ajouté, des poursuites où on perdait le contrôle, des deux côtés. Quant au procès fait aux paparazzi après l'accident, il a estimé que c'était un faux procès, car le paparazzo est en bas et sa responsabilité ne peut être isolée. (*Notez que le discours écrit condense un langage parlé parfois redondant.*) Au-dessus de lui, a-t-il rappelé, il y a des agences, leurs dirigeants et leurs actionnaires, puis les magazines et, encore au-dessus les grands groupes de presse : il a expliqué que l'on mettait sur la sellette sept mercenaires, mais que l'on ne toucherait pas aux gros bonnets. Il a ajouté qu'en ce qui le concernait, il faisait à présent du magazine, qu'il voulait montrer des choses vraies, qu'il était parti six semaines en Inde pour mettre en évidence l'exil malheureux des Tibétains, autrement dit qu'il désirait faire un travail de fond, en oubliant le reste. (*Notez que les questions de la journaliste sont intégrées aux réponses, de manière à éviter des répétitions fastidieuses.*)

5

Il ressemblait à un ogre. Mais la dérive suicidaire qui couve dans pratiquement tous ses films cachait un idéalisme intransigeant. Parce que le présent lui paraissait invivable et le monde déshumanisé, il a tenté tout au long de sa carrière d'imaginer un futur apaisé, où l'homme vivrait réconcilié avec lui-même. Et en premier lieu avec son corps. « *L'âme*, grognait-il, *on parle toujours de l'âme ! Comme si l'homme crevait dans un décor très beau, très clair, avec une jolie musique en fond sonore. Nous mourons dans des hôpitaux. Au milieu de la peur, de la sueur et de la pisse.* »
Marco Ferreri, cinéaste « physiologique », comme il aimait à se définir, vient de disparaître, à 69 ans. Son œuvre, grinçante et souvent bouleversante, est celle d'un moraliste frondeur qui n'a jamais cessé de déranger. D'appuyer là où ça faisait mal. « *Je fais sauter la capsule de la pudeur*, disait-il, *et je montre sans chichis la fin provisoire de notre société délirante. Je choque ? Sans doute. Mais pas plus que l'Ecclésiaste.* » Il a réalisé près de quarante films. Nous avons choisi de revenir sur huit d'entre eux, ceux qui, un jour, ont été présentés à Cannes, et fait, pour la plupart, des vagues mémorables.

L'expression des relations logiques (1)

Temps, cause, conséquence et but

Objectifs : Enrichir sa pensée et son expression.
Préciser et nuancer l'exposé d'un fait, d'une situation, d'un raisonnement.
Varier les constructions de phrases.

1 Définition générale

La maîtrise des relations logiques permet de rapprocher par la pensée différents états ou actions, de mettre en rapport différents événements : elle est donc indispensable au raisonnement et à son expression claire et nuancée (*cf. La logique du discours*, p. 20).

Un certain nombre de ces rapports logiques précisent les « circonstances » de l'action ou de l'état indiqué par un verbe principal : le temps, la cause, la conséquence, le but, l'opposition (la concession, la restriction), la comparaison, l'hypothèse, l'addition, enfin l'exception.

Ces relations logiques s'expriment sous la forme de compléments d'un verbe principal (mot, groupe de mots ou proposition subordonnée), ou par la ponctuation et la coordination.

2 L'expression du temps

■ On peut exprimer un rapport temporel de multiples manières :
– par un adverbe :
> *Maintenant, nous allons nous mettre au travail.*

– par un groupe nominal :
> *À l'issue de la réunion, nous tiendrons une conférence de presse.*

– par un participe présent ou passé, ou par un gérondif :
> *La réunion terminée, ils convoquèrent les journalistes.*
> *En arrivant, j'ai reçu un appel urgent de notre fournisseur.*

– par un infinitif précédé d'une préposition :
> *Avant même de comprendre sa proposition, ils se mirent à le huer.*

– par la ponctuation :
> *Il n'avait pas fini de parler : ils applaudissaient déjà.*

– par le biais d'une conjonction de coordination :
> *Le président le remercia et leva la séance.*

– par le biais d'une conjonction de subordination.

■ L'emploi de la proposition subordonnée circonstancielle de temps demande de bien situer chronologiquement les actions ou les phénomènes évoqués.

• Si les actions exprimées par la subordonnée et par la principale sont concomitantes, le verbe de la subordonnée est à l'indicatif :
> *Il est arrivé au moment où je m'en allais.*

Conjonctions ou locutions conjonctives exprimant :			
un moment précis	une durée		une répétition
quand	alors que	tandis que	chaque fois que
lorsque	pendant que	cependant que	toutes les fois que
au moment où	en même temps que	tant que	si
comme	aussi longtemps que	à mesure que	

Remarques   Au rapport temporel peut s'adjoindre une nuance d'opposition :
Tu t'échines à travailler tandis qu'il se promène.

Si peut signifier « chaque fois que » :
Si je regarde en arrière, je distingue plusieurs étapes.

- Si l'action exprimée par la subordonnée est antérieure à celle exprimée par la principale, le verbe de la subordonnée est à l'indicatif :
Depuis qu'elles ont discuté, elles sont devenues amies.

Conjonctions ou locutions conjonctives exprimant :			
une antériorité immédiate		un point de départ	
après que	aussitôt que	depuis que	
dès que	sitôt que	depuis le temps que	
une fois que		maintenant que	

Remarque   *Après que* se construit donc avec l'indicatif et non, malgré un usage fautif, avec le subjonctif :

Après qu'il est arrivé, nous avons retrouvé notre calme.

- Si l'action exprimée par la subordonnée est postérieure à celle exprimée par la principale, le verbe de la subordonnée est au subjonctif, sauf si l'on veut insister sur la nécessité du fait à venir :
Il voulait la voir avant qu'elle n'ait mis son projet à exécution.

Conjonctions ou locutions conjonctives suivies :		
du subjonctif		de l'indicatif
avant que	en attendant que	avant le moment où
jusqu'à ce que	d'ici à ce que	jusqu'au moment où

- La succession rapide se marque par les tournures :
  à peine ...   ne ... pas encore ...
  ne ... pas ... } que   ne ... pas même ... } que
                        ne ... pas plutôt ...

À peine eut-il prononcé ce nom que l'hémicycle s'agita.
Nous n'étions pas plutôt arrivés qu'il nous mettait au travail.

L'expression des relations logiques (1)

3 L'expression de la cause

■ La notion de cause est inséparable de la notion de conséquence. Cause et conséquence sont en effet les deux faces complémentaires d'une seule et unique relation logique entre deux faits. En revanche, l'expression syntaxique permet, selon les cas, de mettre en avant soit le fait causal, soit le fait qui en découle, donc de souligner l'information majeure que l'on veut communiquer :

> Il a hésité à les recevoir parce qu'il n'avait rien de nouveau à leur annoncer. (Accent mis sur la cause : *il n'avait rien de nouveau...*)
> Il n'avait rien de nouveau à leur annoncer, de sorte qu'il a hésité à les recevoir. (Accent mis sur la conséquence : *il a hésité...*)

■ **On peut exprimer un rapport causal par les moyens suivants :**

– une préposition (*à, de, par, pour*) ou une locution prépositive, suivie d'un nom ou d'un infinitif :
> Il a dû démissionner à cause de cette affaire.
> Grâce à son sérieux, elle a été promue.

– un participe, présent ou passé, ou un gérondif :
> En se précipitant, il a pu la rattraper.

– une proposition relative ou un adjectif :
> Le cambrioleur, qui n'avait plus rien à perdre, s'est alors emparé d'un otage.
> Satisfait de leur travail, il les invita au restaurant.

– la ponctuation :
> Elle s'arrêta de courir : elle était épuisée.

– un coordonnant (*car, en effet, tant, tellement*) :
> Il a embrassé tout le monde, tellement il était heureux.

– une conjonction de subordination :
> Comme elle ne pouvait en dire plus, elle se tut.

■ Les locutions prépositives

à cause de, du fait de	formules les plus neutres pour expliciter la cause
à force de	souligne la durée, la répétition ou l'intensité de la cause
grâce à	met en avant le caractère bénéfique, positif, de la cause
faute de (à défaut de, par manque de)	souligne un manque, une privation
sous l'effet de (sous l'influence de)	met l'accent sur la cause agissante
sous prétexte de	la cause exprimée est mise en doute, ce n'est qu'une cause apparente
en raison de	formule informative, souvent employée dans la communication publique

La conjonction de coordination *car*

Elle introduit une preuve ou une explication :
> *Il ne pourra pas vous recevoir aujourd'hui car il est attendu à la chambre de commerce.*

La locution adverbiale *en effet*

Comme *car*, elle cherche à justifier ce qui a été dit auparavant, mais insiste davantage sur l'effet de preuve :
> *J'ai été dans l'impossibilité de vous joindre hier ; en effet, j'ai été retenu par une réunion avec mon directeur.*

Les adverbes *tant* et *tellement*

Ils introduisent une proposition juxtaposée qui souligne l'intensité de la cause :
> *Elle avait mal à la gorge, tant elle avait parlé.*

Les conjonctions de subordination

(*vu que, en raison de, étant donné que, comme, parce que, puisque*…)
– Elles introduisent en général une proposition à l'indicatif, sauf *que*, suivi du subjonctif.
– *De ce que* est suivi de l'indicatif, pour exprimer un simple constat, et du subjonctif si la cause est l'objet d'une interprétation :
> *Le président s'est étonné de ce que vous n'avez pas téléphoné*
> (= il en a simplement fait le constat).
> *Le président s'est étonné de ce que vous n'ayez pas téléphoné*
> (= il s'est vraiment posé des questions).

Parce que et puisque

Parce que insiste sur la cause, *puisque* insiste sur le résultat.
En effet, *parce que* introduit une information nouvelle.
En revanche, *puisque* rappelle simplement une information déjà connue du couple émetteur/récepteur, et c'est la proposition principale qui porte l'information nouvelle :
> *Puisque vous voulez intégrer notre firme, donnez-nous des raisons de vous choisir.*

Cause supposée ou déniée

Lorsque la cause est présentée sous la forme d'une alternative (*soit que… soit que…*) ou qu'une cause se voit déniée au profit d'une autre (*non que… mais parce que, non pas que… mais parce que*), le verbe se met au subjonctif :
> *Elle ne viendra pas, non qu'elle vous en veuille, mais parce qu'elle est retenue par un rendez-vous de travail.*

– Lorsque la cause est présentée comme une hypothèse, le verbe se met au conditionnel :
> *Son avocat l'a calmé, parce qu'il aurait aggravé son cas.*

L'expression d'une cause particulière (le renforcement)

Pour souligner une cause particulière par rapport à d'autres causes ou faits, on emploie les termes de renforcement *d'autant plus que…, d'autant moins que…, d'autant que…* :

L'expression des relations logiques (1)

> *Il est inquiet pour l'avenir de son entreprise, d'autant plus que la conjoncture économique lui est défavorable.*

Mise en valeur de la subordonnée causale

Pour donner une importance toute particulière à la cause, voire la dramatiser, on emploie le présentatif *c'est que* :

> *Elle a peur que son livre ne soit pas un succès : c'est que les grèves de fin d'année ont perturbé les ventes.*

 Lorsque plusieurs subordonnées causales se suivent dans une même phrase et appellent la même conjonction, on évite la répétition en utilisant *que* dans la seconde proposition et, éventuellement, dans les suivantes.

4 L'expression de la conséquence

On peut exprimer un rapport de conséquence par les moyens suivants :

– la préposition *sans* suivie d'un infinitif, ou une locution prépositive (*assez pour, trop pour, trop peu pour, de façon à, de manière à*) :

> *Il est trop peu expérimenté pour faire face à des situations imprévisibles.*

– la ponctuation :

> *Vous nous avez convaincus, nous allons signer.*

– une relative au subjonctif :

> *Il est à la recherche d'un employé qui veuille bien s'expatrier en Afrique.*

– un coordonnant ;
– une conjonction de subordination.

 Avec *de façon à* et *de manière à*, l'expression du but se mêle à celle de la conséquence.

Les coordonnants

donc, ainsi, aussi	insistent sur une démonstration
c'est pourquoi	introduit une nuance explicative
en conséquence (par conséquent)	sert souvent de formule officielle
dès lors, de là, d'où	met l'accent sur le point de départ (fait daté ou argument particulier)
alors	a le sens de *dans ce cas*

 *Aussi* et *ainsi* appellent le plus souvent l'inversion du sujet :
> *Cette question est complexe, aussi faut-il prendre le temps d'y réfléchir.*

Les conjonctions de subordination

si bien que	de (telle) sorte que	de (telle) manière que
de (telle) façon que	au point que	à tel point que
sans que	pour que	tel… que
tellement … que	si… que	tant… que
trop… pour que	assez… pour que	

Mode du verbe de la subordonnée de conséquence

– L'indicatif exprime une conséquence réalisée :
> Le gouvernement n'a pas tenu ses promesses, si bien que sa majorité a perdu les élections partielles de dimanche dernier.

– Le subjonctif exprime une conséquence souhaitée :
> Le gouvernement veut avancer vite sur ce projet de loi, de sorte que l'Assemblée puisse le voter à la session d'automne.

Remarque : Sans que et pour que sont toujours suivis du subjonctif.

L'expression de l'intensité

– La conséquence est souvent la résultante d'un degré d'intensité exprimé dans la principale par *si, assez, tellement* ou *trop*.
– Le verbe de la subordonnée est à l'indicatif pour indiquer une conséquence constatée, au subjonctif ou au conditionnel pour indiquer une éventualité :
> Cette réparation provoque un tel vacarme que je ne peux plus rassembler mes idées.
> Il y a trop de travail à faire pour que je puisse vous accorder un congé.
> Il est si brillant qu'on le croirait sur parole.

5 L'expression du but

Le but, bien que proche de la conséquence, s'en distingue en ce qu'il envisage une intention ou un résultat (la fin que l'on se propose).

On peut exprimer le but en utilisant :
– la préposition *pour* ou une locution prépositive, suivie d'un groupe nominal ou d'un infinitif :
> Il a combattu *pour* la victoire de ses idées.

– une proposition relative au subjonctif :
> Il voulait une victoire *qui soit totale*.

– une locution conjonctive (suivie du subjonctif) :
> Il les a provoqués *pour qu'ils réagissent*.

Remarque : Pour que l'infinitif puisse exprimer le but, il faut qu'il renvoie au sujet du verbe principal :
> Il a retiré sa candidature de peur d'être battu.

L'expression des relations logiques (1)

■ Les locutions prépositives et conjonctives

positives		négatives
afin de, afin que	en sorte de, de sorte que	de peur de, de peur que
de façon à, de façon que	en vue de	de crainte de, de crainte que
dans le but, dans le dessein,	de manière à, de manière que	
dans l'intention de	pour que	

Remarques — La conjonction *que* (suivie du subjonctif) est utilisée si le verbe principal est à l'impératif :
Exprimez vos critiques, que je puisse me défendre.

Les formes *de manière à ce que, de façon à ce que* (suivies du subjonctif) se développent dans le français contemporain.

Entraînement

1) Quelles sont les relations circonstancielles exprimées dans ces phrases ? Quels termes les expriment ? Pouvez-vous les remplacer par d'autres termes ?

1. Les jeunes, disent certains, ont tellement l'habitude d'associer le mot livre au monde scolaire qu'ils assimilent parfois la lecture à une contrainte.
2. L'ordinateur est un instrument d'écriture, mais aussi de lecture, puisque l'on trouve de plus en plus d'encyclopédies sur cédérom.
3. Il était naturel que les écrivains, qui leur devaient tant, consacrent quelques pages aux cafés.
4. L'inculpé s'est vu notifier l'interdiction de quitter le territoire de crainte qu'il ne cherche à se dérober à son procès.
5. Pour avoir contesté la décision de l'arbitre, il a reçu un carton jaune.
6. Le retard pris dans le traitement du courrier du fait de la maladie de la secrétaire n'est pas si important qu'on ne puisse le résorber d'ici à trois ou quatre jours.
7. Ils ont économisé durant plusieurs années, de façon à ce que leurs enfants puissent poursuivre leurs études à l'université.
8. Elle voudrait acheter une maison qui soit située en bord de mer et qui ait un jardin.

2) Transformez chaque couple de phrases en une seule phrase de manière à souligner le rapport circonstanciel qui les réunit.

1. Le gouvernement propose une profonde réforme de la justice. Il veut en assurer l'indépendance.
2. Il a refusé le poste qu'on lui proposait à Abidjan. Il n'a pas eu peur de s'expatrier, il voulait rester auprès de sa mère malade.
3. Ce film pousse l'humour noir très loin. Il fait souvent grincer les dents.
4. Vous n'avez pas répondu à ma lettre du 25 octobre et vous ne m'avez pas restitué la somme que vous me devez. J'intente une action en justice.
5. Ou elle n'avait pas préparé son entretien, ou elle a paniqué. Toujours est-il qu'elle n'a pas su répondre à cette question délicate.
6. Ils n'ont pas suffisamment de ressources financières. Ils ne pourront pas placer leur père dans une maison de retraite.

3) Remplacez les points de suspension [...] par les termes qui conviennent.

3

1. Dans le cas des maladies humaines, on a souvent l'impression que la maladie est [...] grave qu'elle est nouvelle.
2. Le ministre, [...] ne voulait pas se faire chahuter davantage, décida alors de rebrousser chemin.
3. Les Québécois défendent ardemment leur spécificité culturelle : [...]'ils ne veulent pas être assimilés par les Américains.
4. Dans la société actuelle, les problèmes des plus démunis et des exclus sont devenus [...] urgents [...] nous devons consacrer tous nos efforts à tenter de les résoudre.
5. Lorsqu'il est en présence d'une famille à forte probabilité de cancer du sein, il est du devoir du médecin de proposer une observation génétique [...], à tout prendre, le savoir est meilleur que l'angoisse.
6. [...]'il n'eut pas retrouvé sa vivacité coutumière, tout le monde pensait qu'il allait perdre la partie.

Corrigés

1
1. *Tellement... que* : conséquence (= *de sorte que*).
2. *Puisque* : cause, mais qui met l'accent sur l'information exprimée par la principale. Si l'on veut remplacer *puisque* par un autre terme, l'on doit mettre en évidence un rapport de conséquence (*l'on trouve de plus en plus d'encyclopédies sur cédérom, de sorte que l'ordinateur...*).
3. *Qui* : cause (= *parce qu'ils leur devaient tant*).
4. *De crainte que* : but (= *pour qu'il ne se dérobe pas*).
5. *Pour* : cause (*parce que*).
6. *Du fait* : cause (*en raison de*).
Si... que : conséquence (*de sorte qu'on pourra...*).
7. *De façon à* : but (*afin que*).
8. *Qui* : conséquence (*telle que*).

2
1. Le gouvernement propose une profonde réforme de la justice pour en assurer l'indépendance.
2. Il a refusé le poste qu'on lui proposait à Abidjan non pas qu'il ait eu peur de s'expatrier, mais parce qu'il voulait rester auprès de sa mère malade.
3. Ce film pousse l'humour noir si loin qu'il fait souvent grincer les dents.
4. Puisque vous n'avez pas répondu à ma lettre du 25 octobre et que vous ne m'avez pas restitué la somme que vous me devez, j'intente une action en justice.
5. Qu'elle n'ait pas préparé son entretien ou qu'elle ait paniqué, toujours est-il qu'elle n'a pas su répondre à cette question délicate.
6. Ils n'ont pas suffisamment de ressources financières pour placer leur père dans une maison de retraite.

3
1. D'autant plus (renforcement).
2. Qui (cause).
3. C'est que (cause).
4. Si... que (conséquence).
5. Car (explication).
6. Tant qu(e) (durée).

L'expression des relations logiques (2)

Opposition, concession, atténuation, comparaison, hypothèse, addition et exception

1 L'expression de l'opposition, de la concession et de l'atténuation

L'**opposition** simple met en rapport deux faits perçus comme totalement antagonistes :

> *C'est l'été dans l'hémisphère Sud, tandis que l'hémisphère Nord est plongé dans l'hiver.*

La **concession** met en relation deux faits dont on suggère que l'un aurait dû ou devrait empêcher la réalisation de l'autre, mais qu'il n'y parvient pas :

> *Quoiqu'elle m'ait largement aidé dans ma préparation, je n'ai pas obtenu mon examen.*

L'**atténuation** (ou **restriction**) cherche à tempérer la portée d'un propos, à modérer une affirmation forte par l'expression de limites qui la contiennent. Elle s'exprime avant tout au moyen de la locution conjonctive *encore que* :

> *Cet homme politique a fait jusqu'à présent un parcours sans fautes, encore qu'il n'ait pas toujours été sans détours.*

L'opposition simple

On peut exprimer l'opposition simple en utilisant :
- un **coordonnant** : *mais, par contre, en revanche, au contraire* :
  > *Il fera soleil demain, en revanche la fin de semaine sera pluvieuse.*
- une **conjonction de subordination** (suivie de l'indicatif) : *quand, lorsque, alors que, tandis que, pendant que, lors même que*.
  > *Certains gardaient leur calme, alors que d'autres s'impatientaient.*
- la **conjonction de subordination** *si*, suivie de l'indicatif :
  > *S'il savait d'habitude rester calme face aux attaques, il a vitupéré aujourd'hui contre ses adversaires.*

La concession

On peut exprimer la concession en utilisant :
- une **préposition** suivie d'un nom (*malgré, en dépit de*) ou d'un infinitif (*sans*) :
  > *En dépit de ses efforts il a échoué.*
- un **coordonnant** : *pourtant, cependant, néanmoins, toutefois*.
  > *Elle a étudié, pourtant elle a échoué.*
- l'expression *avoir beau* (+ infinitif) :
  > *Il a beau avoir étudié, il a échoué.*
- une **proposition juxtaposée au subjonctif** :
  > *Dût-elle échouer, elle n'en continuerait pas moins à travailler.*

- un renversement de la phrase avec le conditionnel suivi de *que* (opposition nuancée d'hypothèse) :
  > *Il échouerait qu'il resterait aussi arrogant.* **(Même s'il échouait, il resterait aussi arrogant.)**
- un pronom relatif à valeur indéfinie : *qui que, qui que ce soit qui/que, quoi que, quoi que ce soit qui/que* (dans tous les cas, avec le subjonctif) :
  > *Quoi que ce soit que vous ayez à me dire, je vous écoute.*
- tournures du type : *il n'en reste pas moins que, cela n'empêche pas que.*
- un subordonnant.

Les subordonnants		
à l'indicatif	au subjonctif	
quand	bien que	quelque (+ *adj. ou nom*) que
quand même	quoique	si (+ *adj. ou nom*) que
même si	pour (+ *adj.*) que	tout (+ *adj. ou nom*) que
tout (+ *adj. ou nom*) que		

2 L'expression de la comparaison

■ On exprime par la comparaison des rapports d'égalité ou d'équivalence, mais aussi de différence (de qualité, de quantité ou d'intensité) que l'on étudie traditionnellement sous les notions de supériorité ou d'infériorité. On peut aussi marquer par la comparaison une préférence ou une correction.

L'égalité (l'équivalence)

On peut utiliser pour l'exprimer :
- deux propositions juxtaposées, introduites par *autant... autant...* :
  > *Autant tu t'inquiètes, autant tu perds ton énergie.*
- une proposition subordonnée dont le verbe est ou non exprimé, introduite par une conjonction ou une locution conjonctive : *comme, comme si, ainsi que, de même que, autant que, tant que* :
  > *Il s'implique dans cette tâche ainsi que je l'avais espéré.*
  > *Elle est impétueuse comme son frère (= comme l'est son frère).*
- un adjectif ou un adverbe, suivi d'une proposition subordonnée introduite par *que*, dont le verbe est ou non exprimé : *aussi... que, autant de... que, le même... que, tel... que.*
  > *Nous avons autant d'énergie l'un que l'autre.*

La supériorité

On peut exprimer la supériorité en utilisant :
- l'adverbe *plus*, ou les locutions adverbiales *plus de* et *d'autant plus*, suivis d'une subordonnée, dont le verbe est ou non exprimé, introduite par la conjonction *que*.
  > *Elle a réussi plus facilement qu'elle ne l'espérait.*

L'expression des relations logiques (2)

Remarques : Quatre adjectifs ont des comparatifs de supériorité irréguliers :
bon : meilleur.
mauvais : pire.
bien : mieux.
petit : moindre.
Il est meilleur basketteur que son frère.

D'autant plus exprime une proportion et introduit une nuance de cause.
Il viendra d'autant plus à cette réception qu'il espère y nouer des contacts profitables.

– *plus… plus…*
Plus le temps passe, plus elle se décourage.

– l'adverbe *davantage*.
Il se fatigue davantage.

L'infériorité

On peut exprimer l'infériorité en utilisant :
– l'adverbe *moins*, ou les locutions adverbiales *moins de* et *d'autant moins*, suivis d'une subordonnée, dont le verbe est ou non exprimé, introduite par la conjonction *que* :
Il aura eu moins de chance que toi.

Remarque : *D'autant moins*, comme *d'autant plus*, rassemble proportion et cause.

– *moins… moins…*
Moins on l'encourage, moins il travaille.

La préférence ou la correction

Plutôt que permet d'exprimer une préférence ou de nuancer sa pensée en apportant une correction à ce qui est dit ou vient d'être dit :
Il préférerait un livre plutôt qu'un disque.
Il a manifesté de la témérité plutôt que du courage.

3 L'expression de l'hypothèse

On entend par hypothèse aussi bien l'éventualité que la supposition ou la condition.
Il existe de nombreuses manières d'exprimer l'hypothèse définie de cette manière. On peut le faire en utilisant :
– une préposition ou une locution prépositive suivie d'un nom ou d'un infinitif.

préposition + nom	avec	sans	sauf	en cas de
préposition + infinitif	à à condition de	de quitte à	sans	à moins de

Sans nouvelles de vous, je devrai prévenir les autorités.
À l'écouter, il aurait réussi un exploit !

– un adjectif, un participe ou un gérondif se rapportant au sujet du verbe qui suit :
> *Convié plus tôt à cette réunion, j'aurais été heureux de répondre positivement.*

– un adverbe (*sinon, autrement*) :
> *Ce document doit leur parvenir demain à la première heure, sinon nous perdons un marché.*

– une proposition relative au conditionnel :
> *Quelqu'un qui viendrait à l'improviste vous trouverait bien turbulents.*

– deux propositions juxtaposées.
– une proposition subordonnée.

La juxtaposition

On peut utiliser :
– une proposition avec sujet inversé ou pronom de rappel :
> *Le téléphone sonne-t-il pendant que je rédige, je perds le fil de mes pensées.*

– deux propositions au conditionnel :
> *Voudrait-il se présenter, il ne serait pas élu.*
> (Variante) *Voudrait-il se présenter qu'il ne serait pas élu.*

– une proposition au subjonctif introduite par *que* :
> *Que le beau temps revienne, toutes les rues s'animent immédiatement.*

– les constructions suivantes :

> soit que… soit que… (+ *subj.*), que… ou que… (+ *subj.*)
> fût-il, dût-il, eût-il, ne fût-ce que, n'était

> *N'était son air arrogant, je l'aurais engagé.*

La subordination au moyen de si

Pour indiquer la possibilité :

Subordonnée	Principale
si + *indicatif présent* si + *indicatif passé composé*	*indicatif présent, indicatif futur, impératif, conditionnel*

> *Si tu viens demain, tu pourras rencontrer notre directeur commercial.*
> *Si tu as terminé plus tôt que prévu, rejoins-nous à la fête.*
> *Si je retourne au Québec, j'aimerais aller jusqu'en Gaspésie.*

Pour indiquer l'éventualité :

Subordonnée	Principale
si + *indicatif imparfait*	*conditionnel présent, conditionnel passé*

> *Si tu venais ces jours-ci, tu rencontrerais notre directeur commercial.*
> *S'il était raisonnable, il se serait excusé.*

L'expression des relations logiques (2)

– Pour indiquer l' irréel du passé :

Subordonnée	Principale
si + *indicatif plus-que-parfait*	*conditionnel présent, conditionnel passé, indicatif imparfait*

S'il n'avait pas raté son train, il serait avec nous.
Si tu étais venu la semaine dernière, tu aurais rencontré notre directeur commercial.
Si elle n'était pas intervenue, le débat dégénérait.

 Si n'est jamais suivi de l'indicatif futur, ni du conditionnel.
S'il est vrai que est suivi de l'indicatif.

■ Les subordonnants qui expriment l'éventualité

Quand, quand (bien) même + conditionnel dans la subordonnée et dans la principale :
Quand bien même ils viendraient, je ne les recevrais pas.

■ Les subordonnants qui expriment la supposition

suivis du conditionnel	suivis du subjonctif	
au cas où	à supposer que	supposé que
dans le cas où	en supposant que	en admettant que
pour le cas où	à moins que	
dans l'hypothèse où	soit que... soit que	que... ou que
	suivant que... ou que	selon que... ou que

Au cas où tu viendrais, tu le rencontrerais.
À supposer que tu viennes, tu le rencontrerais.

■ Les subordonnants qui expriment la condition

suivis de l'indicatif	suivis du subjonctif		
suivant que	à (la) condition que	sous (la) condition que	
selon que	moyennant que	pourvu que	
	pour peu que	pour autant que	si tant est que

Selon que tu viendras ou non, tu pourras le rencontrer.
Pour peu que tu viennes, tu le rencontreras.

4 L'expression de l'addition

■ Pour ajouter un fait, une remarque ou une observation au propos central d'une phrase, on utilise les subordonnants *outre que* et *sans compter que* suivis de l'indicatif et *non sans que* suivi du subjonctif :

Je ne pourrai pas venir ce soir : outre que je dois passer tout à l'heure au congrès de cardiologie, j'ai un article à terminer pour demain après-midi.

5 L'expression de l'exception

■ On peut exprimer l'exception au moyen de :
– prépositions ou locutions prépositives : *sauf, sinon, hormis, à l'exception de, à part*.
– subordonnées conjonctives et hypothétiques.

■ **Les subordonnants**

Subordonnées conjonctives		Surbordonnées hypothétiques	
sauf que	excepté que	sauf si	excepté si
sinon que		si ce n'est	à moins que

Cette voiture n'est guère différente des autres voitures de la gamme, sauf que les sièges sont chauffants.

Remarque : Le mode utilisé est l'indicatif, sauf avec *à moins que*, suivi du subjonctif.
Nous ne prendrons pas en considération les demandes par courrier, à moins que vous n'habitiez dans les DOM-TOM.

Entraînement

1) Quelles sont les relations circonstancielles exprimées dans ces phrases ? Quels termes les expriment ? Pouvez-vous les remplacer par d'autres termes ?

1. La Nature, qui autrefois entourait l'homme et le protégeait de ses écarts, est aujourd'hui entourée et étouffée par l'homme.
2. Si nombre de fumeurs commencent à prendre conscience des méfaits du tabac, peu d'entre eux parviennent par eux-mêmes à cesser de fumer.
3. Qu'un journaliste l'interroge de façon pressante sur cette affaire, il risque de s'attirer une réponse cinglante.
4. La Fédération française de football a réagi avec la fermeté que l'on était en droit d'attendre, encore qu'elle ait pris son temps pour le faire.
5. Il présente toutes les qualités pour réussir un excellent parcours professionnel, sinon qu'il est trop impulsif et que cela risque de lui jouer des tours.
6. La circulation risque d'être difficile toute la fin de semaine, pour peu que les intempéries s'en mêlent.
7. Outre que la télévision rend les gens passifs, elle empêche la communication familiale.

2) Transformez chaque couple de phrases en une seule phrase de manière à souligner le rapport circonstanciel qui les réunit.

1. Votre demande nous arrive bien tardivement. Nous allons cependant tenter d'y répondre positivement.
2. Profitez de cette offre exceptionnelle. Nous joindrons en plus à votre colis un cadeau de bienvenue.
3. On ne peut exclure qu'il n'accepte pas de vous recevoir. Vous lui ferez alors porter ce pli.
4. Le cambrioleur a réussi à s'échapper. Les policiers ont pourtant quadrillé tout le quartier.
5. Le chèque-vacances vous permet de régler vos dépenses de transport, d'hébergement et de restauration. Il vous permet aussi de régler vos entrées dans les musées, les théâtres, l'opéra.

6. Le voisin n'a rien remarqué de particulier ce matin-là. Il a seulement signalé avoir vu passer une voiture rouge sur le chemin de halage.

7. Le phénomène reste marginal. Il souligne à quel point l'éducation à une responsabilité reste essentielle.

3) Retrouvez dans ce texte les termes qui permettent d'exprimer des relations circonstancielles. Ils ont été remplacés par des points de suspension [...]. Précisez la nature du rapport. L'exercice porte sur les deux chapitres consacrés aux relations logiques.

LA CUISINE, UNE PASSION NATIONALE
par Périco Légasse

[...] il fallait d'aventure expédier une ambassade représentative de la planète Terre vers un autre monde, chaque pays étant chargé de sélectionner le meilleur de lui-même, c'est assurément sa table qui serait, et de très loin, le fleuron symbolique de la France. Ce n'est pas vraiment une découverte, [...] les Français s'obstinent [...] à vouloir briller dans d'autres secteurs [...] ils en oublient que cette suprématie est non seulement essentielle à la pérennité de l'exception française, mais aussi le rempart le plus solide de son identité. Anthony Rowley, érudit des saveurs et historien du goût, résume magistralement cette réalité à travers l'ouvrage qu'il vient de publier chez Hachette, *Les Français à table*, dans lequel il parcourt toute l'histoire culinaire française en insistant sur l'ampleur de ce phénomène socioculturel. Jamais une nation ne se sera [...] identifiée à son art alimentaire [...] la France. Jamais on ne sera parvenu, avec une telle précision, à définir les caractéristiques d'une spécificité nationale.

Une question se pose toutefois : qu'en est-il aujourd'hui de ce fabuleux patrimoine ? On constate avec une certaine perplexité que, la plupart du temps, les étrangers font preuve d'une plus grande expérience et, [...], d'une plus vive admiration pour la gastronomie française. Que ce soit dans le domaine du vin ou celui de la cuisine, les Anglo-Saxons affichent une exigence et une érudition qui, trop souvent, font cruellement défaut aux Français. Pourquoi ?

[...] l'identité française a perdu ses racines régionales, foyers exclusifs des particularismes culinaires du pays. L'analyse prêterait à sourire [...] son apparente dérision. Mais [...] l'on voit la dérive qui emporte doucement la cuisine française, d'une part, vers une uniformisation de la restauration (qui se contente la plupart du temps de singer les modes parisiennes) et, d'autre part, vers une « mondialisation » qui contamine petit à petit trop de grands noms du fourneau, on est en droit de se demander si notre conscience gastronomique n'est pas en voie d'extinction. En ce sens, le livre d'Anthony Rowley est exemplaire de clarté. [...] il dénonce une quelconque régression de notre art de manger – [...], il ne fait qu'en souligner l'excellence –, mais bien [...] il révèle à quel point il existe, dans sa diversité, une expression spécifique de la table française.

Marianne, 13 au 19 octobre 1997.

Corrigés

1
1. *Qui* : opposition (= *alors qu'autrefois elle entourait l'homme…*).
2. *Si* : concession (= *bien que*).
3. *Qu'* : hypothèse *(à supposer que)*
4. *Encore que* : atténuation (= *toutefois elle a pris son temps*, ou : *même si elle a pris son temps*).
5. *Sinon que* : exception *(sauf que, excepté que)*.
6. *Pour peu que* : hypothèse *(si)*.
7. *Outre que* : addition *(sans compter que la télévision rend les gens passifs, elle empêche…)*.

• • •

2
1. Bien que votre demande nous arrive tardivement, nous allons tenter d'y répondre positivement.
2. Profitez d'autant plus de cette offre exceptionnelle que nous joindrons à votre colis un cadeau de bienvenue.
3. Au cas où il n'accepterait pas de vous recevoir, vous lui feriez porter ce pli.
4. Les policiers ont eu beau quadriller tout le quartier, le cambrioleur a réussi à s'échapper.
5. Le chèque-vacances vous permet de régler aussi bien vos dépenses de transport, d'hébergement et de restauration, que vos entrées dans les musées, les théâtres, l'opéra.
6. Le voisin n'a rien remarqué de particulier ce matin-là, hormis une voiture rouge qui passait sur le chemin de halage.
7. Même si le phénomène reste marginal, il souligne à quel point l'éducation à une responsabilité reste essentielle.

• • •

3
Si (s'il) : hypothèse (éventualité).
Mais : opposition.
Tellement… que : conséquence.
Autant… que : comparaison (équivalence).
Par conséquent : conséquence.
Parce que (ou : *c'est que*) : cause.
Par : cause.
Lorsque : temps.
Non pas que (*non pas qu'il*) : cause.
Au contraire : opposition.
Parce que : cause.

Les signes de ponctuation

 **D**étacher correctement les éléments d'un texte à l'aide des signes de ponctuation.
Rythmer son texte et le clarifier.

1 Définition générale

La ponctuation est un ensemble de signes non alphabétiques indispensables à la cohérence d'un texte écrit. Elle joue plusieurs rôles :
– elle indique les divisions d'un texte (phrases, propositions) ;
– elle marque certains rapports syntaxiques (cause, conséquence…) ;
– elle consigne les intonations et les nuances affectives d'un discours ;
– elle rythme le texte.
Mal maîtrisée, elle nuit à la compréhension du texte et peut conduire à des équivoques et des contresens.

2 La ponctuation en fin de phrase

. Le point marque la fin d'une phrase déclarative. On l'emploie également dans les sigles (où il n'est pas obligatoire) et dans les abréviations :
> *Il viendra.*
> *O.N.U. (Organisation des Nations unies) ; M. (Monsieur)*

! Le point d'exclamation marque la fin d'une phrase exclamative ou impérative. Il se place également après une interjection :
> *Quelle idée ! s'exclama-t-il.*
> *Persévérez !*
> *Oh !*

? Le point d'interrogation marque la fin d'une phrase interrogative :
> *Viendra-t-il ?*

… Les points de suspension marquent l'inachèvement d'un énoncé (interruption ou sous-entendu) :
> *Je voudrais vous dire…*
> *Je sais pourquoi il n'est pas venu…*

3 La ponctuation dans la phrase

; Le point-virgule marque une pause à l'intérieur d'une phrase, moins forte que le point. Il sépare deux propositions juxtaposées :
> *Les élections sont reportées ; elles auront lieu dans un mois.*

Les deux-points introduisent, à l'intérieur d'une phrase :
– une explication (cause = *parce que*) :
> Il n'est pas venu : il a eu un empêchement.

– un développement (conséquence = *donc*) :
> Il a eu un empêchement : il n'est pas venu.

– une énumération :
> Elle a tout prévu : la date du départ, le moyen de transport, l'hébergement.

– une citation :
> Il nous a dit : « Je ne pourrai pas venir. »

La virgule marque une pause de courte durée (la voix ne baisse pas). Elle détache :
– un nom, un pronom ou un groupe nominal en fonction d'apostrophe :
> Madame X, votre demande a été prise en considération.
> Et vous, pouvez-vous traiter ce dossier ?

– une apposition :
> Cette affaire, trop complexe, n'a pu être réglée.

– des compléments circonstanciels :
> Nous avons apprécié, au cours de cet exposé, vos qualités d'orateur.

– une proposition relative :
> Le roman, qui vient de paraître, va être adapté au cinéma.

 Sans la virgule, la phrase aurait un autre sens :
> Le roman qui vient de paraître va être adapté au cinéma.

(Sous-entendu : il y a d'autres romans ; on ne parle ici que de celui qui vient de paraître. Dans le premier exemple, on a déjà évoqué le roman.)

– les éléments d'une énumération :
> Lieu du rendez-vous, date, ordre du jour : tout a été planifié.

– les interventions du locuteur dans les incises :
> « Je ne pourrai pas venir, dit-il, avant le mois prochain. »

4 Parenthèses, crochets, guillemets, tirets

Les parenthèses encadrent une information secondaire, non indispensable au sens : explication, précision, réflexion, référence :
> La compétition a été interrompue (il pleuvait à verse) et reportée.
> La réunion a été brève (quinze minutes) et s'est achevée sur un accord.
> La conférence eut du succès (on le comprend) et un grand retentissement.
> L'auteur de ce roman (Le Clézio) est bien placé pour le Goncourt.

Les crochets encadrent, dans une citation, des mots qui ne figurent pas dans le texte original, mais qui sont nécessaires à la compréhension :
> « Ce fut comme une apparition : elle [Mme Arnout] était assise… »

Crochets et/ou parenthèses, encadrant des points de suspension, signalent un passage supprimé dans une citation :
> « L'appétit vient en mangeant, [...] la soif s'en va en buvant. » (Rabelais)

Les signes de ponctuation

 Les guillemets jouent plusieurs rôles :
– Ils encadrent des paroles rapportées au discours direct :
> *« Je ne voudrais pas vous déranger », m'a-t-il dit.*

– Ils détachent des mots que le rédacteur ne prend pas à son compte (vocabulaire familier, étranger, technique, néologismes…) :
> *J'ai peur que la « techno » passe de mode très rapidement.*

– Dans un dialogue, ils sont utilisés au début de la première réplique et à la fin du texte (dernière réplique) ; les répliques intermédiaires sont introduites par des tirets :
> *« Vous désirez une chambre, Monsieur ?*
> *– Oui, Madame.*
> *– Pour une ou deux personnes ?*
> *– Pour une, c'est pour moi. »* (R. Queneau)

Remarque : Il arrive que les dialogues ne soient pas encadrés par des guillemets : ils commencent alors directement par un tiret.

– On distingue les guillemets français (« ») et les guillemets anglais (" "). On utilise les guillemets anglais à l'intérieur d'une citation déjà entre guillemets français :
> *« La "techno" passera de mode très rapidement », affirme ce journaliste.*

 – Les tirets introduisent des répliques dans un dialogue (voir ci-dessus).
À l'intérieur d'une phrase, ils isolent, pour les mettre en valeur, un ou plusieurs mots :
> *Ce produit – j'insiste sur ce point – est inexportable.*

On utilise un seul tiret pour isoler un mot ou un groupe de mots en fin de phrase :
> *Ce produit est inexportable – j'insiste sur ce point.*

Conseils

- N'abusez pas :
– des points de suspension. Ils marquent l'imprécision et l'inachèvement ;
– des points-virgules, qui ont pour effet d'allonger les phrases ;
– des parenthèses trop longues.
- Point : après *etc.*, on met un point et non des points de suspension.
- Points de suspension : ils ne sont que trois.
- Point d'interrogation : on ne met pas de point d'interrogation, mais un point, après une interrogation indirecte : *Je lui demande ce qu'il en pense.*
- Virgule : elle remplace une conjonction de coordination.
Écrivez : *un ordinateur et une imprimante* ou *un ordinateur, une imprimante*, et non : * *un ordinateur, et une imprimante*.
Ne séparez pas le verbe de ses compléments essentiels (COD, COI) ou attributs par une virgule.
- Tirets : on n'utilise pas guillemets et tirets ensemble.
Ne confondez pas le tiret et le trait d'union, plus petit, qui réunit les éléments d'un mot composé, ou qui est utilisé pour couper un mot en fin de ligne : *un chou-fleur*.
- Traitement de texte : les espaces.
– On ne met pas d'espace avant les signes suivants : , . …
– On met un espace insécable (option + barre d'espace) avant les signes suivants : : ; ! ?

Entraînement

1) Ponctuez la fin de ces phrases.

1. Voulez-vous venir, s'il vous plaît
2. Je lui ai demandé s'il pouvait annuler son rendez-vous
3. Je suis certaine que vous voyez à quoi je veux faire allusion
4. Quelle curieuse façon de considérer la question
5. J'ai voulu savoir quels villages ils traverseraient
6. Je vous prie de bien vouloir entrer

2) Rétablissez les guillemets encadrant les trois citations incluses dans ce texte.

Ce que nous connaissons de Jane Austen provient de maigres commérages, de quelques lettres, et de ses livres. Quant aux commérages, lorsqu'ils ont passé à la postérité, on ne doit jamais les dédaigner ; un léger remaniement, et ils serviront notre propos admirablement ! Par exemple, Jane n'est pas du tout jolie, elle est guindée, elle ne ressemble pas à une fillette de douze ans. (…) Jane est fantasque, affectée, dit la jeune Philadelphia Austen de sa cousine. Puis voilà Mrs. Mitford qui connut les sœurs Austen lorsqu'elles étaient fillettes : c'est le plus joli papillon en quête de mari que j'aie jamais rencontré, le plus stupide, le plus maniéré. Ensuite vient l'amie anonyme de Mrs. Mitford, qui lui rend visite et selon qui elle s'est pétrifiée dans le bonheur du célibat pour devenir le plus bel exemple de raideur perpendiculaire, méticuleuse et taciturne qui ait jamait existé.

Virginia Woolf, *The Common Reader*, The Hogarth press, Londres.
Trad. Omnibus (*Jane Austen*, t. 1).

3) Ponctuez ce texte aux endroits indiqués par des barres obliques.

Trente-cinq ministres / secrétaires d'État ou représentants de gouvernements / ont participé à la conférence des ministres francophones / qui a eu lieu du 19 au 21 mai à Montréal / Canada / / Les pays membres de la famille francophone ont défini un programme qui devait aboutir / mercredi 21 mai / à l'adoption d'une déclaration et d'un plan d'action ambitieux / favoriser l'accès aux autoroutes de l'information / développer une aire francophone d'éducation / de formation et de recherche / notamment par une université virtuelle susceptible d'offrir sur Internet l'ensemble des thèses / recherches et ouvrages éditoriaux en français / / sensibiliser prioritairement la jeunesse et favoriser le développement d'une aire francophone économique /

Facteur nouveau face à l'omniprésence des sites d'origine anglo-saxonne sur le web / les francophones ont décidé de saisir à leur tour leur chance et de combattre le fatalisme qui voudrait que les 150 millions de pratiquants du français soient abandonnés au bord de l'écran / Et ce, en dépit du fait que seulement 6 % des serveurs connectés à Internet le sont en langue française / / La mécanique vient des États-Unis / mais chacun peut y jouer un rôle / / a déclaré Jean-Louis Roy / secrétaire général de l'Agence de la francophonie à Montréal / / Si nous menons une guerre avec les Anglo-Saxons / nous allons la perdre / S'il s'agit d'une stratégie de présence / nous y avons notre place / /

Le Monde, Yves-Marie Labé, jeudi 22 mai 1997.

Les signes de ponctuation

4) Ponctuez ce texte.

Du surréalisme au communisme Aragon et Breton lancent au tournant des années 30 des passerelles qui s'écroulent Il faut choisir son camp Aragon s'enrôle Le Parti se méfie de ce dandy des grands chemins fin jeune homme vif comme une anguille coupable d'avoir défrayé la chronique avec ses amis décadents Lorsqu'on l'admet à *L'Humanité* on l'affecte aux chiens écrasés où il doit subir les foucades et les coups de sang d'un rédac chef grossier Passé le temps de ses premières humiliations Aragon au bras d'Elsa multiplie les voyages en URSS s'entiche de la ferveur de ce peuple en fusion qui bâtit un avenir radieux sans s'attarder sur les horreurs de cette dictature du prolétariat loin si loin du vieux monde bourgeois étouffant et détestable

Télérama, J.-Cl. Raspiengas, 14 mai 1997.

5) Corrigez ce texte qui comporte 15 fautes de ponctuation (ponctuation manquante ou fautive).

Le « thalassotropisme », est une affection [le mot est faible] dont souffrent les hommes, et plus rarement, les femmes. Son principal symptôme est une attirance, irrépressible vers l'eau salée. Ceux qui sont atteints de thalassotropisme vont vers la mer, sur la mer, et parfois sous la mer. Cette maladie affecte en particulier les habitants de certaines régions, Bretagne, Pays basque, rives de la Méditerranée, Angleterre.

Une autre maladie, « l'exomanie », vulgairement appelée bougeotte revêt des formes différentes : telles que mal de montagne, ou robinsonnisme ; Il n'est pas rare que l'âge venant, un thalassotrope se fasse îlien. Les exomaniaques, lorsqu'ils sont doués pour l'écriture, tentent de propager leur mal. On les appelle des écrivains voyageurs.

Hervé Hamon est marin et breton. Tous les Bretons ne sont pas marins, tant s'en faut, et tous les marins ne sont pas bretons, mais lorsque les deux se conjuguent, l'affection peut se muer en cette forme passionnée qu'Hamon exprime dans *Besoin de mer* [Seuil], un livre enchanteur : – Je n'ai pas choisi la mer et elle ne m'a pas choisi. Elle m'a inondé sans que j'aie manifesté talent ni mérite. –

J.-M. Barrault, *Lire*, mai 1997.

Corrigés

1
1. Voulez-vous venir, s'il vous plaît ?
2. Je lui ai demandé s'il pouvait annuler son rendez-vous.
3. Je suis certaine que vous voyez à quoi je veux faire allusion… (ou : .)
4. Quelle curieuse façon de considérer la question !
5. J'ai voulu savoir quels villages ils traverseraient.
6. Je vous prie de bien vouloir entrer.

2 Ce que nous connaissons de Jane Austen provient de maigres commérages, de quelques lettres, et de ses livres. Quant aux commérages, lorsqu'ils ont passé à la postérité, on ne doit jamais les dédaigner ; un léger remaniement, et ils serviront notre propos admirablement ! Par exemple, Jane « n'est pas du tout jolie, elle est guindée, elle ne ressemble pas à une fillette de douze ans. (…) Jane est fantasque, affectée », dit la jeune

Philadelphia Austen de sa cousine. Puis voilà Mrs. Mitford qui connut les sœurs Austen lorsqu'elles étaient fillettes : « c'est le plus joli papillon en quête de mari que j'aie jamais rencontré, le plus stupide, le plus maniéré ». Ensuite vient l'amie anonyme de Mrs. Mitford, qui lui rend visite et selon qui « elle s'est pétrifiée dans le bonheur du célibat pour devenir le plus bel exemple de raideur perpendiculaire, méticuleuse et taciturne qui ait jamait existé ».

• • •

3 Trente-cinq ministres, secrétaires d'État ou représentants de gouvernements, ont participé à la conférence des ministres francophones, qui a eu lieu du 19 au 21 mai à Montréal (Canada). Les pays membres de la famille francophone ont défini un programme qui devait aboutir, mercredi 21 mai, à l'adoption d'une déclaration et d'un plan d'action ambitieux : favoriser l'accès aux autoroutes de l'information, développer une aire francophone d'éducation, de formation et de recherche – notamment par une université virtuelle susceptible d'offrir sur Internet l'ensemble des thèses, recherches et ouvrages éditoriaux en français –, sensibiliser prioritairement la jeunesse et favoriser le développement d'une aire francophone économique.

Facteur nouveau, face à l'omniprésence des sites d'origine anglo-saxonne sur le web, les francophones ont décidé de saisir à leur tour leur chance et de combattre le fatalisme qui voudrait que les 150 millions de pratiquants du français soient abandonnés au bord de l'écran. Et ce, en dépit du fait que seulement 6 % des serveurs connectés à Internet le sont en langue française. « La mécanique vient des États-Unis, mais chacun peut y jouer un rôle », a déclaré Jean-Louis Roy, secrétaire général de l'Agence de la francophonie à Montréal. « Si nous menons une guerre avec les Anglo-Saxons, nous allons la perdre. S'il s'agit d'une stratégie de présence, nous y avons notre place. »

4 Du surréalisme au communisme, Aragon et Breton lancent, au tournant des années 30, des passerelles qui s'écroulent. Il faut choisir son camp. Aragon s'enrôle. Le Parti se méfie de ce dandy des grands chemins, fin jeune homme, vif comme une anguille, coupable d'avoir défrayé la chronique avec ses amis décadents. Lorsqu'on l'admet à *L'Humanité*, on l'affecte aux chiens écrasés, où il doit subir les foucades et les coups de sang d'un rédac chef grossier. Passé le temps de ses premières humiliations, Aragon, au bras d'Elsa, multiplie les voyages en URSS, s'entiche de la ferveur de ce peuple en fusion qui bâtit un avenir radieux, sans s'attarder sur les horreurs de cette dictature du prolétariat, loin, si loin du vieux monde bourgeois, étouffant et détestable.

• • •

5 Le « thalassotropisme » (1) est une affection – le mot est faible – (2) dont souffrent les hommes et, (3) plus rarement, les femmes. Son principal symptôme est une attirance (4) irrépressible vers l'eau salée. Ceux qui sont atteints de thalassotropisme vont vers la mer, sur la mer (5) et parfois sous la mer. Cette maladie affecte en particulier les habitants de certaines régions, Bretagne, Pays basque, rives de la Méditerranée, Angleterre… (6)

Une autre maladie, l'(7) « exomanie », vulgairement appelée bougeotte, (8) revêt des formes différentes, (9) telles que mal de montagne (10) ou robinsonnisme. (11) Il n'est pas rare que, (12) l'âge venant, un thalassotrope se fasse îlien. Les exomaniaques, lorsqu'ils sont doués pour l'écriture, tentent de propager leur mal. On les appelle des écrivains voyageurs.

Hervé Hamon est marin et breton. Tous les Bretons ne sont pas marins, tant s'en faut, et tous les marins ne sont pas bretons, mais lorsque les deux se conjuguent, l'affection peut se muer en cette forme passionnée qu'Hamon exprime dans *Besoin de mer* (Seuil) (13), un livre enchanteur : « (14) Je n'ai pas choisi la mer et elle ne m'a pas choisi. Elle m'a inondé sans que j'aie manifesté talent ni mérite. » (15)

Les accents – Les majuscules

Accentuer correctement les mots pour éviter les confusions lexicales et grammaticales.
Connaître les règles d'emploi des majuscules dans la phrase et en typographie.

1 Les accents

L'accentuation fait partie de l'orthographe. Un écrit non accentué ou mal accentué est source de confusions :
– dans le vocabulaire : *des forets* (outil) ≠ *des forêts* (étendue plantée d'arbres) ;
– dans la syntaxe : Il *a* (verbe *avoir*) fort *à* (préposition) *faire*.
Il existe trois sortes d'accents : grave (*algèbre*), aigu (*écriture*), circonflexe (*âge*).
Le tréma indique qu'il faut séparer dans la prononciation deux sons voyelles qui se suivent : *maïs*.

Les erreurs syntaxiques sont particulièrement importantes. Elles peuvent concerner :
– des mots de nature différente :

résumé ou analyse (*ou* : conjonction de coordination, exprime l'alternative) ≠ *où les classer ?* (pronom interrogatif de lieu) ;

– des formes verbales différentes :

Ce jour-là, il prit (indicatif passé simple) *rendez-vous. / Je souhaitais qu'il prît* (subjonctif imparfait) *rendez-vous.*

(L'indicatif exprime des faits réels et le subjonctif des faits envisagés.)

Ce journal paraît le 15 de chaque mois (verbe *paraître*, présent de l'indicatif). */ Il parait son discours de mots savants* (verbe *parer*, imparfait de l'indicatif).

2 Les majuscules initiales

L'emploi de la majuscule ou capitale obéit à des règles précises relevant de la ponctuation et de la typographie.
– Les règles liées à la ponctuation sont simples et faciles à respecter.
– Les règles typographiques (qui concernent la présentation de l'écrit) ne sont pas forcément les mêmes en français et dans une autre langue. Elles sont nombreuses, complexes et varient même sur certains points dans une même langue. On trouvera ici les principales d'entre elles. Le recours au dictionnaire ou à un code typographique est conseillé pour toute rédaction dans un domaine spécialisé.

Règles liées à la ponctuation

Dans un texte, on met toujours une majuscule :
– au début du texte lui-même et de chaque paragraphe ;
– au début d'une phrase, après les points . ! ? … ;

– au début du discours direct ou d'une citation :
> L'intervenant a pris la parole en ces termes : « Je présenterai d'abord… »

– au début de chaque vers, en poésie classique :
> Demain, dès l'aube, à l'heure où blanchit la campagne,
> Je partirai. Vois-tu, je sais que tu m'attends. (V. Hugo)

Les noms propres

Les noms propres prennent une majuscule initiale.
– Noms de personnes (nom, prénom, surnom, initiales) : *Marie Dupont, M. Twain, Jean de La Fontaine.* (La particule ne prend pas de majuscule.)
– Noms de peuples, d'habitants de régions et de villes : *les Anglais, les Lillois, les Bourguignons.*
– Noms historiques : *l'Antiquité, la République française* (mais *la république*, en tant que régime).
– Noms géographiques : continent *(l'Asie)*, pays, État *(l'Italie, l'Afrique du Sud)*, région *(la Bretagne)*, ville *(Londres)*, fleuve *(le Danube)*, mer *(la Méditerranée, la mer Rouge)*, montagne *(les Alpes)*…
– Noms de monuments : *la tour Eiffel.*
– Noms de voies : *la rue Grande.*

Titres d'œuvres, de journaux et de revues

– Dans les titres d'œuvres littéraires et artistiques, de journaux et de revues, le premier mot prend une majuscule :
> *De l'esprit des lois* (Montesquieu) ; *On ne badine pas avec l'amour* (Musset) ; *À la recherche du temps perdu* (Proust) ; *Une saison en enfer* (Rimbaud) ; *Poésie ininterrompue* (Éluard)

– Quand le titre commence par un article défini, l'article prend une majuscule ainsi que le premier nom, l'adjectif qui le précède et les noms propres :
> *Le Monde* (journal) ; *La Divine Comédie* (Dante) ; *La Comédie humaine* (Balzac) ; *La Chartreuse de Parme* (Stendhal)

– Si le titre est une énumération (noms juxtaposés ou coordonnés), tous les noms de l'énumération prennent une majuscule :
> *Le Rouge et le Noir* (Stendhal)

– Quand le titre d'une œuvre commence par un déterminant autre que l'article défini, seul ce déterminant et les noms propres prennent une majuscule :
> *Un amour de Swann.* (M. Proust) ; *Trois sœurs* (Tchékov)

– Quand le titre d'une œuvre est une phrase, on ne conserve la majuscule qu'au premier mot et aux noms propres :
> *Qui a tué Harry ?* (A. Hitchcock) ; *Il ne faut jurer de rien* (Musset)

Remarque Les titres s'écrivent en italique. En écriture manuscrite, il faut les souligner.

Les noms communs qui deviennent noms propres

– Les administrations, organisations, organismes nationaux et internationaux sont assimilables à des noms propres. En général, ils ne prennent de majuscule qu'au premier mot qui les identifie (le plus souvent un nom) :
> la Chambre des députés ; la Sécurité sociale ; l'Organisation mondiale de la santé.

Les accents – Les majuscules

– Le mot *Église* prend une majuscule quand il désigne l'institution ou l'ensemble des fidèles :

> l'Église catholique ; l'Église anglicane ; l'influence de l'Église. Mais : **une église romane ; des chants d'église.**

– Le mot *État* prend une majuscule quand il désigne le gouvernement, l'administration d'un pays :

> un chef d'État, l'État du Bénin, la raison d'État. Mais : **l'état civil, le tiers état.**

– Les noms allégoriques, les symboles et les personnifications prennent une majuscule :

> Liberté, Égalité, Fraternité ; la Mort (quand elle est représentée avec une faux, par exemple)…

Conseils

• On met désormais les accents sur les majuscules *(les États-Unis)*. La saisie sur micro-ordinateur le permet.

• N'abusez pas des majuscules : une mise en valeur excessive par l'emploi des majuscules perd en efficacité et en justesse.

On ne met pas de majuscule initiale :
– aux noms de jours et de mois : *mercredi 5 juin* ;
– aux noms de langues : *l'anglais, le français* ;
– aux adjectifs issus de noms propres : *les touristes américains* ;
– aux noms de religions et de doctrines : *le catholicisme, l'islam, le marxisme* ;
– aux titres : *professeur, ministre, pape, président…* ;
– aux membres d'un parti ou d'une religion : *les socialistes, les bouddhistes.*

Entraînement

1) Retrouvez les accents et les trémas manquants.

1. La cote du mais a deja du croitre depuis le debut du mois.
2. Etes-vous sur de pouvoir resoudre ce probleme delicat ?
3. Je crois que cette revue sur le theatre parait tous les mois.
4. Cela est apparu a posteriori.
5. Le chapitre s'acheve sur l'enlevement de l'heroine.

2) Justifiez l'emploi des capitales ou des minuscules initiales des mots soulignés.

En <u>décembre</u>, les chefs d'<u>État</u> et de gouvernement devront indiquer comment s'opérera l'élargissement de l'<u>Union</u> aux dix pays candidats d'<u>Europe</u> centrale, ainsi qu'à Chypre et quelles dispositions seront prises sur le plan interne, notamment financières, pour rendre l'opération viable. Dans cette perspective, leurs <u>ministres</u> des <u>Affaires étrangères</u> tenaient, <u>samedi</u> 25 octobre, à <u>Mondorf</u> (<u>Luxembourg</u>), une réunion afin de rapprocher les positions en présence.

Philippe Lemaître, *Le Monde*, 26-27 octobre 1997, p. 26.

3) Mettez les majuscules manquantes à ces titres d'œuvres.

1. notre-dame de paris (V. Hugo).
2. la tentation de saint antoine (G. Flaubert).
3. le patient anglais (A. Minghella).
4. deux anglaises et le continent (H.-P. Roché).
5. le bourgeois gentilhomme (Molière).
6. l'inconnu du nord-express (A. Hitchcock).
7. une femme sous influence (J. Cassavetes).
8. mémoires d'outre-tombe (Chateaubriand).
9. la première gorgée de bière et autres plaisirs minuscules (Ph. Delerm).
10. les vacances de m. hulot (J. Tati).

4) Rétablissez les majuscules manquantes dans ce texte.

on a écrit quelques centaines de thèses pour définir ce qu'est le patrimoine. mais deux exemples parleront à leur place. le premier date des années 1780, quand louis XVI fait raser les châteaux de saint-germain-en-laye, de la muette, des bois de boulogne, de vincennes et de blois (excusez du peu). personne ne proteste. dix ans plus tard, les révolutionnaires éventrent les tombes royales de saint-denis, martèlent les statues de notre-dame, abattent la flèche de la sainte-chapelle. la réaction, cette fois, est immédiate. l'abbé grégoire invente le mot de *vandalisme* – « je créai le mot pour tuer la chose », écrira-t-il. et la convention, dès l'an II, enjoint à ses délégués de cesser les destructions : « vous n'êtes, écrit-elle, que les dépositaires d'un bien dont la grande famille [la nation] a le droit de vous demander compte. » pourquoi ce qui était inoffensif en 1780 devient-il criminel en 1790 ? parce que, entre-temps, l'ordre du monde a changé. il faut des rupture graves pour que la perte du passé nous devienne insupportable. c'est la chute de la royauté qui rend précieux ses châteaux.

François Granon, « La France en conserve », *Télérama* n° 2488, 20-26 septembre 1997.

5) Ce texte comporte dix erreurs concernant l'emploi des majuscules (omises ou employées incorrectement). Retrouvez ces erreurs.

Robby le Robot a beau ressembler à un bonhomme michelin (en métal), il vole sans peine la vedette à tous les autres personnages de *planète interdite*, l'une des rares incursions – plutôt très réussie – de la MGM dans la science-fiction.

Contrairement à beaucoup de ses Alter ego de cinéma (du *Golem* à *Metropolis*), Robby est obéissant et serviable. Il doit beaucoup à l'Écrivain Isaac Asimov, qui a été l'un des premiers à imaginer des récits où les robots ne seraient pas des créatures vicieuses, prêtes à prendre la place de leur créateur, mais d'honnêtes et dociles travailleurs. Dès 1942, il a fixé les « lois de la robotique ». Loi 1 : Un robot ne peut pas faire de mal à un humain. Loi 2 : un robot doit obéir aux humains, sous réserve de ne pas transgresser la loi 1. Loi 3 : un robot doit veiller à sa propre conservation, sous réserve encore de ne pas transgresser la loi. Dans le film, Robby refuse ainsi de tirer au désintégrateur sur le vaillant commandant Adams. La loi fondamentale est plus forte que l'ordre ponctuel : même si, dans la contradiction, Robby grille quelques circuits !

Planète interdite paraît en outre avoir été conçu par des artisans hollywoodiens plutôt cultivés : l'histoire est une transposition assez astucieuse de *La*

Les accents – Les majuscules

> *Tempête* de Shakespeare ! Prospero du futur, le Docteur Morbius, savant omniscient, vit isolé avec sa fille sur une planète lointaine. Jusqu'au jour où des soldats de l'espace ressuscitent involontairement le sanguinaire monstre de l'Id. Le parallèle avec la pièce de Shakespeare se poursuit : le monstre, c'est Caliban, et Robby, c'est Ariel.
>
> Robby aura tellement de succès auprès des spectateurs qu'il réapparaîtra dans un autre film, *Le cerveau infernal*. et inspirera visiblement George Lucas pour les deux robots sympas de *la Guerre des étoiles*.
>
> Aurélien Ferenczi, *Télérama câble* n° 361, 20-26 septembre 1997.

Corrigés

1
1. La cote du maïs a déjà dû croître depuis le début du mois.
2. Êtes-vous sûr de pouvoir résoudre ce problème délicat ?
3. Je crois que cette revue sur le théâtre paraît tous les mois.
4. Cela est apparu a posteriori. *(Pas d'accents)*
5. Le chapitre s'achève sur l'enlèvement de l'héroïne.

• • •

2 Minuscules : *décembre* (nom de mois), *ministres* (titre), *samedi* (nom de jour).
Majuscules : *État* (institution), *Union* (pour *Union européenne*, organisation économique et politique), *Europe* (continent), *Affaires étrangères* (administration d'État), *Mondorf* (ville), *Luxembourg* (État, pays).

• • •

3 1. *Notre-Dame de Paris* – 2. *La Tentation de saint Antoine* – 3. *Le Patient anglais* – 4. *Deux Anglaises et le continent* – 5. *Le Bourgeois gentilhomme* – 6. *L'Inconnu du Nord-Express* – 7. *Une femme sous influence* – 8. *Mémoires d'outre-tombe* – 9. *La Première Gorgée de bière et autres plaisirs minuscules* – 10. *Les Vacances de M. Hulot.*

4 **On** a écrit quelques centaines de thèses pour définir ce qu'est le patrimoine. **Mais** deux exemples parleront à leur place. **Le** premier date des années 1780, quand **Louis** XVI fait raser les châteaux de **Saint-Germain**-en-**Laye**, de la **Muette**, des bois de **Boulogne**, de **Vincennes** et de **Blois** (excusez du peu). **Personne** ne proteste. **Dix** ans plus tard, les révolutionnaires éventrent les tombes royales de **Saint-Denis**, martèlent les statues de **Notre-Dame**, abattent la flèche de la **Sainte-Chapelle**. **La** réaction, cette fois, est immédiate. **L'abbé Grégoire** invente le mot de *vandalisme* – « **Je** créai le mot pour tuer la chose », écrira-t-il. **Et la Convention**, dès l'**An** II, enjoint à ses délégués de cesser les destructions : « **Vous** n'êtes, écrit-elle, que les dépositaires d'un bien dont la grande famille [la **Nation**] a le droit de vous demander compte. » **Pourquoi** ce qui était inoffensif en 1780 devient-il criminel en 1790 ? **Parce** que, entretemps, l'ordre du monde a changé. **Il** faut des ruptures graves pour que la perte du passé nous devienne insupportable. **C'est** la chute de la royauté qui rend précieux ses châteaux.

• • •

5 Robby le **robot** a beau ressembler à un bonhomme **Michelin** (en métal), il vole sans peine la vedette à tous les autres personnages de *Planète* **interdite**, l'une des rares incursions – plutôt très réussie – de la MGM dans la science-fiction.

Contrairement à beaucoup de ses **alter** ego de cinéma (du *Golem* à *Metropolis*), Robby est obéissant et serviable. Il doit beaucoup à l'**écrivain** Isaac Asimov, qui a été l'un des premiers à imaginer des récits où les robots ne seraient pas des créatures vicieuses, prêtes à prendre la place de leur créateur, mais d'honnêtes et dociles travailleurs. Dès 1942, il a fixé les « lois de la robotique ». Loi 1 : **un** robot ne peut pas faire de mal à un humain. Loi 2 : un robot doit obéir aux humains, sous réserve de ne pas transgresser la loi 1. Loi 3 : un robot doit veiller à sa propre conservation, sous réserve encore de ne pas transgresser la loi. Dans le film, Robby refuse ainsi de tirer au désintégrateur sur le vaillant commandant Adams. La loi fondamentale est plus forte que l'ordre ponctuel : même si, dans la contradiction, Robby grille quelques circuits !

Planète interdite paraît en outre avoir été conçu par des artisans hollywoodiens plutôt cultivés : l'histoire est une transposition assez astucieuse de *La Tempête* de Shakespeare ! Prospero du futur, le **docteur** Morbius, savant omniscient, vit isolé avec sa fille sur une planète lointaine. Jusqu'au jour où des soldats de l'espace ressuscitent involontairement le sanguinaire monstre de l'Id. Le parallèle avec la pièce de Shakespeare se poursuit : le monstre, c'est Caliban, et Robby, c'est Ariel.

Robby aura tellement de succès auprès des spectateurs qu'il réapparaîtra dans un autre film, *Le* **Cerveau** *infernal*. **Et** inspirera visiblement George Lucas pour les deux robots sympas de **La** *Guerre des étoiles*.

Abréviations, coupures de mots et sigles

OBJECTIFS : Couper correctement les mots en fin de ligne.
Utiliser à bon escient les abréviations et les sigles.

1 Comment couper les mots ?

Les mots sont divisés en syllabes : *ty-po-gra-phie*.
Dans un texte écrit, en particulier dactylographié ou saisi, il faut éviter de couper les mots. Néanmoins, si le texte est tapé sur une petite justification (longueur de la ligne), les coupures sont inévitables.

▪ Règles de découpage syllabique à respecter en fin de ligne

- Marquer la coupe par un tiret à la fin de la ligne : *baro-/mètre*.
- Préférer le découpage étymologique au découpage proprement syllabique : *inter-/lignage* plutôt que *interli-/gnage*.
- Couper les mots composés avec trait d'union après le trait d'union : *porte-/parole*.
- Couper entre deux consonnes, et non avant ou après deux consonnes : *dos-/sier*.
- Conserver au moins deux lettres à la coupe en fin de ligne : *aper-/cevoir* et non **a-/percevoir*.
- Conserver au moins trois lettres et éviter les syllabes muettes à la coupe en début de ligne : *qua-/lité* et non **quali-/té* ; *illi-/sible* et non **illisi-/ble*.

▪ On ne coupe pas un mot...

- avant ou après une apostrophe : *pres-/qu'île* et non **presqu'-/île* ou **presqu-/'île*.
- entre deux voyelles : *incen-/diaire* et non **incendi-/aire*.
- après le -t- « euphonique » de conjugaison : *demanda-/t-il* et non **demanda-t-/il*.
- avant et après x et y précédés et suivis d'une voyelle : *intoxi-/cation* et non **into-/xication* ou **intox-/ication*.

On ne coupe pas les nombres composés en chiffres : *100 000* et non **100-/000*.
Enfin, on ne coupe pas un nom propre, un prénom, un sigle.

▪ On ne coupe pas non plus...

- après une abréviation (titres de civilité) : *M. Durand* et non **M./Durand*.
- entre les nombres composés en chiffres et le mot ou le symbole qui les précède ou les suit : *Charles V ; 30 ans ; 10 km* et non **Charles/V ; *30/ans ; *10/km*.

2 Comment abréger les mots ?

L'abréviation s'emploie par souci de gain de place, essentiellement dans les notes, les tableaux et les ouvrages « de référence » (dictionnaires, encyclopédies, ouvrages techniques et scientifiques…). Il convient de ne pas en abuser dans un texte courant.

Règle générale

– Un point abréviatif remplace la ou les syllabes retranchées : *M.* pour *Monsieur*.
– Lorsque la dernière lettre du mot abrégé est conservée, on ne met pas de point après l'abréviation : *Mlle* pour *Mademoiselle*.

Unités de mesure

Les abréviations des unités de mesure sont des symboles. Elles ne sont pas suivies d'un point : *m* pour *mètre*.

Attention ! Utilisez les bonnes abréviations pour éviter les confusions. Par exemple, l'abréviation de *minute* est *min* et non *m (mètre)*. Recourez au dictionnaire.

Quelques abréviations courantes

apr.	après	**MM.**	Messieurs	**points cardinaux**	
av.	avant	**Mlle**	Mademoiselle	**E.**	est
bd	boulevard	**Mlles**	Mesdemoiselles	**N.**	nord
c.-à-d.	c'est-à-dire	**Mme**	Madame	**O.**	ouest
cf.	*c*onfer (= comparez)	**Mmes**	Mesdames	**S.**	sud
chap.	chapitre	**n°, n°ˢ**	numéro, numéros		
coll.	collection	**op. cit.**	*opere citato*	**Adjectifs numéraux ordinaux**	
Dr	docteur		(= ouvrage cité)		
env.	environ	**p.**	page, pages	**1ᵉʳ, 1ʳᵉ**	premier, première
etc.	et cetera	**prép.**	préposition	**2ᵉ, 3ᵉ**	deuxième, troisième
ex.	exemple	**P.-S.**	post-scriptum		(et non *2ème,
hab.	habitant	**r°**	recto		*3ème)
ht	hors taxes	**s.**	siècle	**XVᵉ,**	
ibid.	*ibidem* (= au même	**st**	saint	**XVIᵉ**	(pour les siècles)
	endroit du texte)	**ste**	sainte		
id.	idem (= de même)	**Tél.**	téléphone		
M.	Monsieur	**v°**	verso		

3 Les sigles

Le sigle est l'abréviation d'un groupe de mots d'emploi fréquent (organisme, société, pays…). Les lettres qui le composent sont :
– soit les lettres initiales de chacun des mots qu'il représente :
ONU pour *O*rganisation des *N*ations *u*nies ;
– soit les premières lettres des mots qu'il représente :
Benelux pour *Be*lgique – *Ne*derland – *Lux*embourg.
On peut ou non séparer les lettres capitales par un point : *R.A.T.P.* ou *RATP*.

Conseils

• N'employez des abréviations que si vous êtes sûrs d'être compris de votre destinataire : abréviations scientifiques dans un texte scientifique, linguistiques dans un texte sur la linguistique, etc.

• Dans un texte courant, écrivez les nombres et les noms de mesure en toutes lettres (vingt kilomètres et non *20 km).

PONCTUATION, TYPOGRAPHIE, MISE EN PAGE

La mise en page

Parfaire l'aspect matériel du texte.
Adapter la mise en page aux différentes situations de communication écrite.

1 Mise en page et lisibilité

On peut améliorer la lisibilité d'un texte ou d'un document de deux façons :
– en rédigeant de façon simple, claire et dynamique (phrases courtes et bien ponctuées, constructions naturelles, vocabulaire concret, etc.),
– en présentant textes et documents de façon claire et aérée, selon une mise en page logique et aisément compréhensible.

Un texte ne peut se lire agréablement et facilement que si les deux conditions sont réunies : lisibilité rédactionnelle et lisibilité de la mise en page.

Améliorer la mise en page, c'est-à-dire l'aspect matériel des textes et des documents, c'est respecter certaines règles graphiques (pour les textes écrits à la main) et typographiques (pour les textes imprimés).

2 La mise en page du texte manuscrit

La forme de l'écriture influe sur la lisibilité. Les lettres ne doivent être ni trop petites, ni trop grosses. Il faut également éviter de trop serrer les lettres et les mots. Il ne faut pas omettre les jambages, les barres des « t », les points sur les « i » et les accents. L'écriture doit enfin être régulière.

La mise en page du texte manuscrit doit être d'autant plus soignée que ce type de documents offre un moins grand confort de lecture.

On veillera à :
– aérer la page, en espaçant les lignes et en créant des marges suffisantes (en haut, à gauche, à droite, en bas). Les marges doivent représenter de 20 à 30 % de la largeur ou de la hauteur de la page.
– centrer le texte, c'est-à-dire placer la partie rédigée au milieu de la page.
– structurer la présentation en créant des alinéas et des paragraphes. À chaque nouveau paragraphe, la ligne commence en retrait de quelques centimètres (alinéa). Pour marquer le passage d'un paragraphe à un autre, on laisse un espace.

Conseils

Il est toujours préférable de développer un texte sur une page supplémentaire plutôt que d'opter pour une mise en page trop dense. Dans le cas particulier de la lettre de candidature, qui ne doit pas dépasser une page, il faut réduire le contenu plutôt que de diminuer la lisibilité en aérant insuffisamment la mise en page. Dans tous les cas, il faut éviter d'écrire au verso.

- Différents types de documents peuvent donner lieu à une mise en page de textes manuscrits : les notes, les lettres, parfois les comptes rendus. Souvent, il s'agit d'une première étape et le texte sera ultérieurement imprimé. On se souciera alors plus de la lisibilité de l'écriture que de la présentation d'ensemble. Mais les lettres, qui sont souvent adressées manuscrites, devront être mises en page de façon particulièrement soignée (*cf. La lettre administrative et professionnelle*, p. 128). Il reste que la diffusion de textes manuscrits est de plus en plus rare.

3 La mise en page sur traitement de textes

■ Les textes imprimés sur traitement de textes permettent de choisir une police de caractères. La police est, pour un type de caractères donné (New York, Times, Monaco, Oxford, Helvetica, etc.), l'assortiment de tous les signes typographiques (lettres minuscules, majuscules, chiffres, signes de ponctuation). Il importe de bien choisir la police : des textes informatifs (dossiers, rapports, etc.) devront être imprimés avec sobriété, alors que les textes incitatifs pourront être mis en valeur par des caractères fantaisie.

> **Conseils**
>
> Pour les textes informatifs et tous les documents longs, le choix se situe généralement entre les caractères bâtons et les caractères à empattement que l'on dit plus lisibles. (Exemple : **caractère bâton**, caractère à empattement.)

■ Le traitement de textes permet aussi de choisir corps et interligne. Le corps est la taille du caractère (exemple : corps 10, corps 12, corps 14). L'interligne est la distance entre les lignes. Pour que la mise en page soit lisible il faut que les caractères soient suffisamment gros et les lignes assez espacées : on optera pour les corps 11, 12, 13 et on laissera un blanc suffisant entre les lignes pour que les lettres descendantes et les lettres montantes (p/b) soient bien séparées.

■ Lorsqu'on imprime un texte, on peut également choisir la forme des caractères et jouer sur l'épaisseur du trait. On pourra ainsi notamment choisir entre : la minuscule (ou bas de casse) et la majuscule (ou capitale), le romain et l'italique, le maigre et le gras (exemples : minuscule, MAJUSCULE ; romain, *italique* ; maigre, **gras**).

Alors que l'écriture manuscrite ne peut mettre en valeur que par le soulignement, le texte imprimé peut user de la forme et de l'épaisseur pour attirer l'attention sur des mots ou passages importants. User (sans excès) des italiques, des gras et des capitales permet d'améliorer la rapidité et le confort de la lecture.

■ De même que pour un texte manuscrit, il importe, lorsqu'on met en page sur traitement de textes, d'aérer en créant des espacements, des marges, des alinéas, des paragraphes. L'espace libéré pour les marges (en haut, en bas, à gauche, à droite) doit représenter 20 à 30 % de la page. Chaque unité doit faire l'objet d'un paragraphe commençant par un alinéa.

On peut rendre les marges régulières en composant le texte en pavé (texte aligné). L'impression visuelle est plus agréable mais la lecture peut être moins confortable parce que

La mise en page

la répartition des blancs devient irrégulière. Il est donc parfois préférable de mettre en page au fer à gauche . Dans ce cas, seule la marge de gauche est fixe. On privilégiera cette mise en page pour les documents longs (rapports, mémoires, etc.).

■ La mise en page du texte doit être claire et aérée mais aussi logique et structurée. Plutôt que de présenter le texte de façon monotone et linéaire, il est préférable de créer plusieurs principes de lecture en créant des notes et des encadrés . Les notes peuvent être introduites en bas de page ou regroupées à la fin du document. On optera pour l'une ou l'autre méthode selon l'ampleur et la nature des explications qu'on apporte. Quant aux encadrés , ils ont deux rôles bien différents :
- ils permettent de regrouper des éléments d'information chiffrés, des dates, des exemples, des commentaires ou des développements qu'on juge secondaires ou complémentaires et qui risqueraient d'alourdir le texte et de ralentir la lecture ;
- ils peuvent servir à l'inverse à faire ressortir des éléments essentiels sur lesquels on veut mettre l'accent : rappel de faits, formulations importantes, idées principales, conclusions, etc.

Lorsqu'on met en page, il ne faut pas non plus hésiter à introduire des photos , des légendes et des schémas pour soutenir l'intérêt, simplifier certaines explications et dynamiser le texte.

■ Une mise en page réussie permet de repérer les idées principales dans un document et de traiter l'information rapidement et efficacement. Elle doit donc être sobre et simple mais elle doit aussi offrir des temps forts : titres et intertitres , aisément repérables mais bien intégrés au texte.

Conseils

- Votre mise en page doit rester cohérente. Ne changez pas de police de caractères à l'intérieur d'un même document.

- N'abusez pas de la tabulation (par exemple dans les CV). Une mise en page lisible ne peut être basée que sur un ou deux systèmes d'alignement.

- Chaque type de document appelle un principe de mise en page spécifique : simple et sans recherche graphique (documents informatifs : rapports, comptes rendus, notes de service) ou plus élaboré (documents incitatifs : communiqués et dossiers de presse). Veillez à tenir compte de la nature de vos documents au moment où vous les mettez en page.

Entraînement

1

Mettez en forme cette information en créant deux documents : l'un informatif, l'autre incitatif.

Le premier est une note à destination du distributeur, destinée à lui faire connaître la nouvelle collection.

Le second est un communiqué de presse, conçu pour la promotion des ouvrages.

Vous pourrez adapter le texte aux besoins de chaque situation.

Michel Houdiard Éditeur lance une nouvelle génération de guides. Ces ouvrages sont consacrés à des régions qui connaissent un renouveau touristique grâce au phénomène du tourisme vert. Ils s'adressent à un public cultivé, intéressé par le patrimoine (historique, culturel, naturel) en quête d'une information originale et approfondie.

Les guides Houdiard se démarquent de l'offre existante : ils s'ouvrent sur un texte de présentation très littéraire, illustré de photos qui n'ont pas une simple valeur d'illustration : cette partie de l'ouvrage fonctionne sur des renvois texte/image permanents. Les guides contiennent une série d'études sur des thèmes culturels extrêmement variés (histoire, architecture, littérature, cinéma, etc.). Ces études ne se veulent pas encyclopédiques. Il ne s'agit pas de faire le point sur l'architecture ou l'histoire d'une région mais d'éveiller l'intérêt sur un point d'histoire, une anecdote littéraire, un fait architectural, qui aiguiseront la curiosité, pimenteront la promenade, éclaireront autrement les lieux et leurs habitants. Les guides sont structurés de façon à ce que l'information « savante » mène à des découvertes au gré des itinéraires et des promenades proposés. Dans chaque guide, plusieurs parcours sont ainsi décrits : ils révèlent des aspects inattendus des paysages, attirent l'attention sur des détails riches de significations insoupçonnées.

Les guides Houdiard invitent à un tourisme curieux. Ils ne se lisent pas, comme d'autres guides, avant de partir, ils se lisent surtout en vacances et aussi après, parce qu'ils donnent envie de revenir sur ses pas sur les chemins connus, pour de nouvelles découvertes. Ils sont à l'image d'une nouvelle génération de touristes, plus attentifs et plus exigeants.

Corrigés

 NOTE INFORMATIVE

Les guides Houdiard

Les guides HOUDIARD sont des ouvrages d'un genre nouveau :
• ils sont consacrés à des régions qui connaissent un renouveau touristique grâce au phénomène du « tourisme vert » ;
• ils s'adressent à un public cultivé, intéressé par le patrimoine (historique, culturel, naturel), en quête d'une information originale et approfondie.

Les guides HOUDIARD se démarquent de l'offre existante :
• ils s'ouvrent sur un texte de présentation très **littéraire**, illustré de photos qui n'ont pas une simple valeur d'illustration : cette partie de l'ouvrage fonctionne sur des renvois texte/image permanents ;
• ils contiennent une série d'**études sur des thèmes culturels** extrêmement variés (histoire, architecture, littérature, cinéma, etc.). Ces études ne se veulent pas encyclopédiques : il ne s'agit pas de faire le point sur l'architecture ou l'histoire d'une région mais d'éveiller l'intérêt sur un point d'histoire, une anecdote littéraire, un fait architectural, qui aiguiseront la curiosité, pimenteront la promenade, éclaireront autrement les lieux et leurs habitants ;
• ils sont structurés de façon à ce que l'information « savante » mène à des découvertes au gré des **itinéraires** et des promenades proposés. Dans chaque guide, plusieurs parcours sont ainsi décrits : ils révèlent des aspects inattendus des paysages, attirent l'attention sur des détails riches de significations insoupçonnées.
Les guides HOUDIARD invitent à un tourisme curieux. Ils ne se lisent pas, comme d'autres guides, avant de partir, ils se lisent surtout en vacances et aussi après, parce qu'ils donnent envie de revenir sur ses pas sur les chemins connus, pour de nouvelles découvertes. Ils sont à l'image d'une nouvelle génération de touristes, plus attentifs et plus exigeants.

Guides HOUDIARD   **premières parutions**
Prix : 69 F   **juillet 1998**
format : 12 cm x 21 cm   **L'AUBRAC**
96 pages   **LA BRETAGNE**

COMMUNIQUÉ DE PRESSE

éditions MICHEL HOUDIARD

service communication - Tél. : 01 01 01 01 01 - Pierre Dupond - Alice Durand

LES GUIDES HOUDIARD
pour un tourisme exigeant et curieux

Les guides HOUDIARD sont des ouvrages d'un genre nouveau, consacrés à des régions qui connaissent **un renouveau touristique** grâce au phénomène du **« tourisme vert »**.

Ils s'adressent à un **public cultivé**, **intéressé par le patrimoine** (historique, culturel, naturel), en quête d'une information originale et approfondie.

Ils se démarquent de l'offre existante parce qu'ils s'ouvrent sur un texte de **présentation très littéraire**, illustré de photos qui n'ont pas une simple valeur d'illustration.

Les ouvrages contiennent une série d'études sur des **thèmes culturels** extrêmement variés (histoire, architecture, littérature, cinéma, etc.). Ces études ne se veulent pas encyclopédiques. Il ne s'agit pas de faire le point sur l'architecture ou l'histoire d'une région mais d'**éveiller l'intérêt** sur un point d'histoire, une anecdote littéraire, un fait architectural, qui aiguiseront la curiosité, pimenteront la promenade, éclaireront autrement les lieux et leurs habitants.

Les guides sont structurés de façon à ce que l'information « savante » mène à des **découvertes** au gré des **itinéraires** et des **promenades** proposés.

Dans chaque guide, **plusieurs parcours** sont ainsi décrits: ils révèlent des aspects inattendus des paysages, attirent l'attention sur des détails riches de significations insoupçonnées.

Cette nouvelle collection est une invitation à un **tourisme curieux.**
Les guides Houdiard ne se lisent pas, comme d'autres guides, avant de partir, ils se lisent surtout en vacances et aussi après, parce qu'ils donnent envie de revenir sur ses pas sur les chemins connus, pour de nouvelles découvertes. Ils sont à l'image d'une nouvelle génération de touristes, **plus attentifs et plus exigeants.**

Guides HOUDIARD Prix : 69 F Format : 12cm x 21cm 96 pages Couverture : papier 230g, brillant, quadri	premières parutions juillet 1998 L'AUBRAC LA BRETAGNE

INDEX

A

abréviations   58, 123, 244, 245
accents   238
accord   148, 149, 150, 154, 155, 158, 159, 160
accroche (techniques d')   15, 16, 50
addition (expression de l')   228
adjectif composé (accord de l')   149
adjectif de couleur (accord de l')   149
adjectif indéfini (accord de l')   150
adjectif numéral (accord de l')   149
adjectif qualificatif (accord de l')   148, 149
analyse   63, 82, 83, 84, 85, 92, 98
analyse (presse)   71
antimodèle   37
arguments (typologie des)   34, 35, 36, 37, 38
argument affectif   37
argument causal   36
argument contraignant   38
argument d'autorité   37, 43, 44, 50, 51, 52
argument inductif   37
argument rationnel   34, 35, 36, 37
argumentation   30, 34, 35, 36, 37, 38, 42, 43, 44, 50, 51, 52
article de presse   69, 70, 71, 72, 76, 77, 78, 79, 197
articulations du discours   20
articulations logiques   84, 203
aucun (accord)   150

B

bandeau (presse)   77
bilan personnel   139
billet (presse)   71
brève (presse)   69
but (expression du)   221, 222

C

canal   8, 139
capitales (emploi des)   238, 239, 240
caractères (polices de)   247
causalité   36
cause (expression de la)   218, 219, 220
cause prétexte   36
coordonnants   218, 220, 224
cent (accord)   149
chapeau (presse)   76, 78
chronique (presse)   71
citation   83, 93, 94, 233, 234, 239
code   8, 139
communiqué de presse   109
comparaison (argument)   35
comparaison (expression de la)   225, 226
compte rendu   70, 90, 122, 123, 124
conative (fonction)   9, 50
conclusion   22
concordance des temps   210
condition (expression de la)   226, 227, 228
confrontation   30, 42
conjonctions de coordination   21, 219
conjonctions de subordination   216, 217, 218, 219, 224, 225, 227, 228, 229
conséquence (expression de la)   23, 220, 221
contraction de texte   82, 83, 84, 85
coupures de mots   244
critique (presse)   71
curriculum vitae   132, 138, 139, 140, 141

D

décisions (relevé de)   122
définition (argument)   34, 44

démonstration   34
description   35
développement   22
dilemme   38, 44
discours (articulations du)   20, 28, 29, 30, 84
discours direct   208, 209, 234, 239
discours indirect   209, 210, 211
discours indirect libre   211, 212
discours judiciaire   34
discours politique   34
discours publicitaire   34
discours rapporté   124, 181, 182, 208, 209, 210, 211, 212
discours transposé   208, 209, 210, 211, 212
dissociation (argument)   35
distinguo (argument)   35
dossier de presse   109, 110

E

écho (presse)   70
écriture journalistique   68, 69, 70, 71, 72, 76, 77, 78, 79
éditorial (presse)   71
émetteur   8, 129, 138
émotive (fonction)   9, 50
en (emplois)   175
enquête (presse)   70
entretien (presse)   70
éventualité (expression de l')   226, 227, 228
exception (expression de l')   229
exemple   22, 37

F

facteurs (de la communication) : émetteur, récepteur, message, référent, code, canal   8
filet (presse)   69
fonctions (de la communication) : émotive, conative, référentielle, poétique, phatique, métalinguistique   9, 50

FOR (plan)   30, 115
formules de politesse   130, 131

H

homonymes   186, 187, 188
homophones grammaticaux   164, 165, 166
hypothèse (expression de l')   226, 227, 228
hypothèse (argument)   38

I

identité (argument)   35
illustration (argumentation)   37
implication   50, 51, 52, 114
inclusion (argument)   36
indicatif (emplois de l')   170
information (traitement de l')   14, 15, 16, 56, 62, 63, 64, 98, 99, 114, 115
information descriptive   209
information évaluative   209
interrogation directe, indirecte   181, 182, 183, 211
intertitre   76, 78, 123
introduction   22, 100
ironie   38, 44

J

journalistique (écriture)   68, 69, 70, 71, 72, 76, 77, 78, 79
judiciaire (discours)   34
juxtaposition   204

L

lecture (types de)   14, 15, 62, 63, 64
lecture d'écrémage   62, 63
lecture de repérage   62, 63
lecture de survol   14, 64
lecture flexible   62
lecture intégrale   62, 63, 64

lecture partielle   50
lecture sélective   62
lettre professionnelle   128, 129, 130, 131, 132, 197
lieu commun   37, 38, 44
lisibilité   98, 202, 203, 204, 205 246
locutions conjonctives   222
locutions prépositives   218, 222
logique (articulations)   84
logique   35, 42, 43, 216, 217, 218, 219, 220, 221, 222, 224, 225, 226, 227, 228, 229
loi de proximité   50, 51, 68

M

majuscules (emploi des)   238, 239, 240
même (accord)   150
message   8, 68
métalinguistique (fonction)   9
mise en page   59, 123, 124, 246, 247, 248
modèle (argument)   37
motivation   50
mouture (presse)   69

N

narration (argument)   35
niveaux de langue   196, 197, 198
noms propres (règles typographiques)   239
note d'information   108, 109
note de synthèse   98, 99, 100
notes (prise de)   56, 57, 58, 59, 122, 123, 124
notes de lecture   90, 91, 92, 93, 94
nul (accord)   150

O

opposition (expression de l')   224
opposition (argument)   23

ORA (plan)   30
ordre du jour   123

P

paradoxe   38
paragraphe   20, 77, 246
paronymes   186, 188, 189
participes passés (accord des)   158, 159, 160
partition (argument)   36
persuasion   34
phatique (fonction)   9
plan   28, 29, 30, 77, 84, 99, 100, 115, 123, 131, 132
plan additif   29
plan analytique   29
plan chronologique   29, 123
plan dialectique   30
plan thématique   29, 123
plans journalistiques   77
poétique (fonction)   9
politesse (formules de)   130, 131
politique (discours)   34
ponctuation   21, 203, 208, 232, 233, 234, 238
portrait (presse)   71
prise de notes   56, 57, 58, 59, 122, 123, 124
probabilité   36
procès-verbal   70, 122
pronoms (emploi des)   174, 175, 176, 177
pronoms démonstratifs (emploi des)   176, 177
pronoms relatifs (emploi et accord des)   175, 176, 177
proximité (loi de)   50, 68
publicitaire (discours)   34
pyramide inversée (principe de la)   76

Q

quelque (accord)   150
question argumentative   38, 50

R

rapport   63, 114, 115, 116
rationalisation   36
récepteur   8, 129, 138
réciprocité   35
référent   8, 139
référentielle (fonction)   9
reformulation   57
réfutation   43
registres de langue   196, 197, 198
reportage (presse)   70
résumé   82, 83, 84, 85
réunion   122, 123

S

SAR (plan)   115
schéma   58, 248
sigles   245
SOP (plan)   30
source (autorité de la)   51
source (effet de)   51
SPRI (plan)   30, 115, 132
subjonctif (emplois du)   170
subordination   204
succession   36
supposition (expression de la)   226, 227, 228
surdétermination   36
surtitre   77
survol (lecture de)   14
syllogisme   35, 43
synonymes   192, 193
syntaxe (erreurs de construction)   180, 181, 182, 183, 238
synthèse (note de)   63, 98, 99, 100

T

temps (expression du)   216, 217
terminaisons verbales   171
thèse   83, 84
titre   76, 77, 100
titres d'œuvres (règles typographiques)   239
tout (accord)   150
traitement de l'information   14, 15, 16, 56, 62, 63, 64, 98, 99, 114, 115
traitement de textes   234, 247
transitivité   35
tribune (presse)   71
types de textes   9
typographie   238, 239, 240

V

verbes (accord des)   154, 155, 158, 159, 160
verbes (construction des)   180, 181
vingt (accord de)   149

Y

y (emplois)   175

Édition : Christine JOCZ
Conception graphique : Samantha RÉMY
Couverture : Studio FAVRE & LHAÏK
Composition, photogravure et mise en pages : COMPO 2000
Fabrication : Jacques LANNOY
N° projet 10045720 (I) 10 OSBAG 80° C. 200 Juillet 1998
N° impression : 98062120

IMPRESSION ET FAÇONNAGE : MAME IMPRIMEURS À TOURS